陕西省交通规划设计研究院有限公司系列专著

公路工程设计施工总承包管理实施指南

陕西省交通规划设计研究院有限公司 主编

人民交通出版社股份有限公司

北 京

内 容 提 要

本书共包括15章,全面系统地阐述了公路工程设计施工总承包项目管理实施方法和经验,内容包括:绪论、项目前期准备策划、设计施工总承包项目管理组织、项目策划、项目设计管理、项目采购管理、项目施工管理、项目质量管理、项目安全管理、项目进度管理、项目费用管理、项目合同管理、项目财务管理、项目风险管理和项目收尾管理,以及项目管理实施方案示例。

本书可供公路建设管理人员、设计与施工技术人员工作参考,亦可作为高等院校相关专业师生的教学参考书。

图书在版编目(CIP)数据

公路工程设计施工总承包管理实施指南 / 陕西省交通规划设计研究院有限公司主编. — 北京:人民交通出版社股份有限公司,2022.7

ISBN 978-7-114-18047-7

Ⅰ.①公… Ⅱ.①陕… Ⅲ.①道路施工—施工管理—管理方法—指南 Ⅳ.①U415.1-62

中国版本图书馆 CIP 数据核字(2022)第 103935 号

书 名:	公路工程设计施工总承包管理实施指南
著 作 者:	陕西省交通规划设计研究院有限公司
责任编辑:	刘永超 石 遥
责任校对:	孙国靖 宋佳时
责任印制:	刘高彤
出版发行:	人民交通出版社股份有限公司
地 址:	(100011)北京市朝阳区安定门外外馆斜街 3 号
网 址:	http://www.ccpcl.com.cn
销售电话:	(010)59757973
总 经 销:	人民交通出版社股份有限公司发行部
经 销:	各地新华书店
印 刷:	北京印匠彩色印刷有限公司
开 本:	787×1092 1/16
印 张:	21.25
字 数:	462 千
版 次:	2022 年 7 月 第 1 版
印 次:	2022 年 7 月 第 1 次印刷
书 号:	ISBN 978-7-114-18047-7
定 价:	190.00 元

(有印刷、装订质量问题的图书由本公司负责调换)

《公路工程设计施工总承包管理实施指南》编审委员会

审定委员会

主　　任：陈长海
副 主 任：王久让
委　　员：郭永谊　刘英朴　雷　鸣

编写委员会

主　　编：熊　鹰　吕　琼
副 主 编：冯联武　姚　军　王　涛　覃春辉　许　楠
参编人员：姚　慧　臧　斌　党　祺　陶　涛　何　军
　　　　　郑大琛　裴文博　周　蓉　任万鹏　张　微
　　　　　郭忠伍

前　言

为了深化我国工程建设项目组织实施方式改革,培育发展专业化的工程总承包和工程项目管理企业,2003年2月13日,建设部发布了《关于培育发展工程总承包和工程项目管理企业的指导意见》(建市[2003]30号)。《指导意见》强调,工程总承包和工程项目管理是国际通行的工程建设项目组织实施方式。积极推行工程总承包和工程项目管理,是深化我国工程建设项目组织实施方式改革,提高工程建设管理水平,保证工程质量和投资效益,规范建筑市场秩序的重要措施;是勘察、设计、施工、监理企业调整经营结构,增强综合实力,加快与国际工程承包和管理方式接轨,适应社会主义市场经济发展的必然要求。同时《指导意见》要求各级建设行政主管部门要统一思想,提高认识,采取有效措施,切实加强对工程总承包和工程项目管理活动的指导,及时总结经验,促进我国工程总承包和工程项目管理的健康发展。

2006年12月14日,交通部发布《关于开展公路工程项目设计施工总承包试点工作的通知》(交公路发[2006]702号)。通知指出,为深化公路建设管理体制改革,进一步提高设计和施工质量,节约资源,控制工程造价,探索适合我国国情的公路工程设计施工总承包管理模式,决定在广东、河北、福建、陕西、北京四省一市范围内进行公路工程设计施工总承包试点工作。

2014年,由陕西省交通规划设计研究院与陕西路桥集团有限公司联合承建的采用设计施工总承包模式的试点项目——国道312商州至丹凤公路改扩建工程顺利实施,初步探索和总结出了一套关于公路工程设计施工总承包管理的规章制度、管理体系与业务流程。

2015年6月26日,《公路工程设计施工总承包管理办法》(交通运输部令2015年第10号)正式颁布,为公路工程设计施工总承包项目的实施提供了行业指导,同时也为设计施工总承包建设模式的推广奠定了重要基础。

2016 年至 2018 年期间,由陕西省交通规划设计研究院牵头,陕西路桥集团有限公司作为主体工程施工单位的联合体又陆续中标太白至凤县高速公路 TF-01 合同段、湫坡头(陕甘界)至旬邑高速公路、子长至姚店高速公路等项目,通过项目的建设进一步积累了设计施工总承包项目的全过程管理经验。

本指南共 15 章,通过结合陕西省已实施的商丹、太凤、湫旬、子姚等公路工程设计施工总承包项目管理实践经验,以适用性更广、操作性更强、指导性更好为目标,以公路工程设计施工总承包组织管理架构为核心,以项目全过程管控为主线,从前期工作准备,项目实施过程中设计、采购、施工、合同、风险管理,项目质量、安全、进度、费用控制以及收尾工作等方面全面系统地阐述了公路工程设计施工总承包项目管理实施的方法和经验。期望能够为公路工程设计施工总承包项目管理提供借鉴和参考。

限于时间和编者水平,本指南在编写和统稿过程中虽经反复推敲,但仍难免有不妥和疏漏之处,敬请广大读者提出宝贵意见。

编 者

2022 年 4 月

目 录

第1章	绪论	1
1.1	公路工程设计施工总承包概述	1
1.2	公路工程设计施工总承包发展概况	6
1.3	设计施工总承包模式与传统建设模式的比较	9
1.4	公路工程设计施工总承包管理主要内容	11
1.5	陕西省高速公路设计施工总承包实施总结	15
第2章	项目前期准备策划	18
2.1	总承包项目前期准备工作	18
2.2	公路工程总承包联合体	29
2.3	公路工程总承包项目投标管理	35
第3章	设计施工总承包项目管理组织	47
3.1	管理组织	47
3.2	管理职能	51
3.3	设计施工总承包项目管理制度建设	64
第4章	项目策划	65
4.1	基本要求	66
4.2	项目策划任务和内容	67
4.3	项目管理计划	68
4.4	项目实施方案	70
4.5	项目实施方案实例	73
第5章	项目设计管理	74
5.1	设计组织与实施	74
5.2	施工图设计管理	79
5.3	施工图设计文件的审查	82
5.4	后续服务管理	86

5.5	设计优化案例分析	90

第6章 项目采购管理 97

6.1	项目材料物资管理方法	97
6.2	项目采购管理体系	106
6.3	项目采购计划	112
6.4	采购实施与检验	116
6.5	运输与交付	122
6.6	仓储管理	124

第7章 项目施工管理 128

7.1	施工管理概述	128
7.2	施工分包管理	134
7.3	施工技术管理	135

第8章 项目质量管理 138

8.1	质量管理要求	138
8.2	质量计划与目标	139
8.3	质量管理组织机构及岗位职责	141
8.4	质量管理要点与方法	143
8.5	质量改进	147

第9章 项目安全管理 165

9.1	安全生产管理目标	165
9.2	安全生产组织管理机构及岗位职责	165
9.3	安全生产费用的使用与管理	169
9.4	安全生产管理	170
9.5	安全生产事故等级分类与报告	174
9.6	平安工地建设	175

第10章 项目进度管理 208

10.1	项目进度计划编制与审批	208
10.2	进度计划管理	210
10.3	进度计划统计报表与台账管理	212
10.4	进度计划修订	214

第11章 项目费用管理 216

11.1	费用管理的一般要求	216

11.2	费用估算	217
11.3	费用计划	219
11.4	费用比较与偏差分析	219
11.5	费用控制	227

第12章 项目合同管理 230

12.1	合同管理内容	230
12.2	合同管理目标与要求	232
12.3	合同管理的关键及风险控制	233
12.4	合同变更管理	236
12.5	合同索赔管理	239
12.6	合同争议解决	241
12.7	合同执行情况评估	244

第13章 项目财务管理 245

13.1	项目收入	245
13.2	保函及保证金	246
13.3	进度款收支	246
13.4	监督项目现场建设资金使用过程,提高资金使用效率	247
13.5	项目年度预算与年度考核	248
13.6	项目成本分析	249
13.7	项目联合体风险费的使用	252
13.8	项目税务管理	253
13.9	农民工及农民工工资管理	254
13.10	工程结算与决算	255
13.11	财务档案管理	255

第14章 项目风险管理 257

14.1	项目风险管理体系和职能	257
14.2	风险识别、评估与控制	259
14.3	风险管理	263

第15章 项目收尾管理 268

15.1	收尾工作主要内容和基本要求	268
15.2	项目交竣工验收	269
15.3	缺陷责任期管理	271

15.4 项目结算 …………………………………………………………… 273
15.5 项目总结 …………………………………………………………… 274
15.6 考核评价与审计 …………………………………………………… 276
附录 项目管理实施方案 ………………………………………………… 279

第1章 绪 论

1.1 公路工程设计施工总承包概述

1.1.1 公路工程设计施工总承包基本概念

公路工程设计施工总承包是指从事公路工程总承包企业受业主委托,按照一定的程序,对工程项目的勘察、设计、采购、施工、试运行等全过程或若干阶段进行承包,履行合同明确规定的工作范围、内容、权利、义务和职责,直至工程项目试运行合格后,总承包企业将其移交给业主方,最终交给业主一把插入工程项目就能够运行并实现其功能的钥匙,又通称为"交钥匙"模式。

工程总承包企业按照合同约定对所承包的工程项目进行全过程项目管理,在工程质量、工期、造价、安全、环保等方面向业主负责。工程总承包企业可依法将所承包工程中的部分工程按照招投标程序分包给具有相应资质的企业,分包企业按与总承包企业签订的合同履行相应的责任和义务。

1.1.2 公路工程设计施工总承包的类型与特点

1.1.2.1 公路工程设计施工总承包的类型

工程建设项目设计施工总承包管理模式是项目经过决策立项以后,业主将工程项目的勘察设计和施工安装阶段的任务合并统一组织发包,总承包企业承包后进行全过程工程管理的模式。工程建设项目设计施工总承包管理模式不同,直接影响项目管理主体在项目执行过程中的管理活动,从而影响项目实施的效果。

现今工程项目的主要管理模式包括传统模式和总承包模式,其中工程总承包模式又分为多种模式。按照建设部发布的《关于培育发展工程总承包和工程项目管理企业的指导意见》(建市〔2003〕30号),工程总承包主要有下列几种模式:

(1)设计-采购-施工交钥匙总承包;

(2)设计-施工总承包;

(3)设计-采购总承包;

(4)采购-施工总承包。

其中,前两种模式是基本模式。

工程总承包在石油、化工、电力等行业中通常被称为"设计-采购-施工"模式,而在一些房屋建筑、道路、桥梁等基础设施项目中被称为"设计-建造"模式。虽然这两种模式均属于工程总承包模式,但是二者存在本质区别。目前,建筑企业在承担工程总承包项目时,由于未能很好地区分这两种模式,给工程项目总承包合作带来了很大风险,从而影响工程总承包项目模式的发展。

1)设计-施工(Design-Build,DB)模式

(1)DB模式概述

DB模式是一种比较简练的工程项目总承包管理模式,业主只需要说明项目的原则和要求,并选择有资质和实力的设计-施工总承包企业;设计-施工总承包企业负责项目的设计和施工安装阶段的工程项目管理,并对工程项目的质量、工期、安全、造价等目标全面负责。

DB管理模式示意图,如图1-1所示。

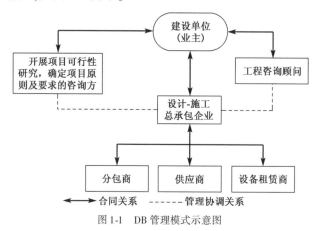

图1-1　DB管理模式示意图

DB模式采用由业主、总承包企业、工程咨询顾问组成的三元管理体制。其中,业主与总承包企业、业主与工程咨询顾问之间是合同关系,而工程咨询顾问与总承包企业是监督与被监督的关系。

(2)DB模式适用情况

一般来说,在满足下列条件的项目中,DB模式可以较好地发挥优势:

①能够比较清晰地定义业主的功能需求和有关技术标准,总承包企业能对其准确地理解。

②业主的功能需求基本可由国家或行业发布的技术标准或技术规程来定义。常采用总承包的交通设施、市政基础设施和房屋建筑等大型项目,都有较为详尽的国家、行业标准和技术规程。

③若项目设计和施工是由不同企业分别独立完成,可能存在由于设计与施工衔接不顺畅而导致的可施工性不够差的问题。在 DB 模式下,由于总承包企业同时负责工程的设计和施工,可施工性能充分在设计中加以考虑,从而避免传统模式下对设计的"可施工性"研究不够的问题。

对于以下建设项目,DB 模式则不适用:

①纪念性的建筑。这种建设项目主要考虑的是建筑存在的思想性、永久性和艺术性,造价和进度往往不是主要的考虑因素。

②新型建筑。新型建筑从一开始的立项就有很多的不确定性因素,例如建筑造型、结构类型、建筑材料等,设计单位或者施工单位可能都缺乏这方面的类似经验,对业主和总承包企业来说风险都很大。

③技术简单、设计工作量较小的项目,如基础拆除、大型土方工程等。

④工程各方面不确定性因素多、风险大的其他项目。

(3) DB 模式的优点

①由于业主委托一个实体作为设计-施工总承包企业,设计和施工只有一个合同,由总承包企业负责整个项目,可以有效降低项目的总体成本,缩短项目的总工期,也便于业主的管理。

②由一个总承包企业负责整个项目,内部可有效地沟通,减少了因设计的差错漏和解释争议引起的变更,对业主索赔少。

③业主在选定总承包企业时,设计方案的优劣可作为评标的主要因素。

(4) DB 模式的缺点

①业主的工程项目费用较传统模式略高。

②对业主的报价在详细设计之前已完成,项目实施后,业主担任监护人角色,对最终设计和细节的控制能力低,导致可能出现设计目标与项目成本目标不平衡的现象。

2) 设计-采购-施工(Engineering-Procurement-Construction,EPC)模式

(1) EPC 模式概述

EPC 模式,即一个总承包企业或承包企业联营体向业主提供某个工程项目的设计、设备和材料的采购、施工、试运行直至交付使用的全过程的产品和服务,并对工程项目的质量、安全、工期、造价全面负责,有时还包括融资方案的建议。EPC 管理模式示意图,如图 1-2 所示。

(2) EPC 模式的特点

相比 DB 模式,EPC 模式采用由业主和总承包企业组成的二元管理体制,不再设置工程咨询顾问,业主仅派遣业主代表负责项目的监督管理工作。

(3) EPC 模式适用情况

EPC 模式适用于以工艺为主要核心技术、规模大、工期长、技术复杂的大型工程项目,如石油、铁路、电力、水利、公路等项目。其土建施工、设备采购安装同设计紧密相关,这些都是项目建设最为关键的部分。因此,这类项目采用 EPC 模式可以实现设备材料的采购、工程设计与

施工的交叉并行,从而有效缩短工程工期。

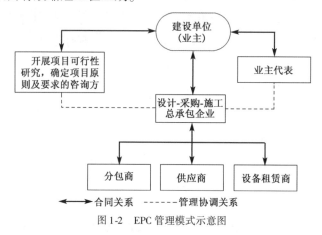

图1-2 EPC管理模式示意图

EPC模式也适用于业主缺乏项目管理经验,项目管理能力不足的项目,这类项目对总承包企业的要求较高。在EPC模式中,总承包企业承担的责任涉及设计、采购、施工等多个领域、多个专业。因此,有效地利用其在多领域技术上的专业优势和管理上协调、控制的丰富经验是EPC模式成功的关键。

(4)EPC模式的优点

①EPC项目实行设计、采购、施工全过程管理,设计在整个工程建设过程中发挥着主导作用,这样有利于工程项目建设整体方案的不断优化。

②有利于设计、采购、施工各阶段工作的合理衔接,实现建设项目的进度、成本和质量的有效控制,确保获得较好的投资效益。

③工作范围和责任界限清晰。由于总承包企业对项目实行全过程管理,大大减少了业主的合同界面,降低了业主的项目运营费用和风险。业主、总承包企业或者项目管理公司各方责、权、利明确,有效避免了推诿扯皮现象,更加有利于确立以实现项目目标为中心任务的组织结构,从而保证工程的顺利进行。

④合同总价和工期相对固定,业主的投资和工程建设期比较明确,有利于工程成本和进度控制。

⑤能够最大限度地发挥工程项目管理各方的优势,实现工程项目管理的各项目标。

⑥业主可从具体事务中解放出来,关注影响项目的重大因素,确保项目管理的大方向不出现偏差。

(5)EPC模式的缺点

①业主主要是通过EPC合同对总承包企业进行监管,对工程实施过程参与程度低,控制力度较低。

②业主将项目建设风险转移给EPC总承包企业,因此对总承包企业的选择至关重要,需要总承包企业具有较高的管理水平和实践经验,而且一旦总承包企业的管理或财务出现重大

问题,项目也将面临巨大风险。

(6)关于EPC项目牵头单位的分析

按项目牵头单位划分,EPC项目可分为设计单位牵头和施工单位牵头两种。

从过去的市场情况看,设计单位在工程总承包市场中占有的份额最大,施工单位做得好的并不多。由设计单位牵头的工程总承包市场在体量上远大于由施工单位牵头的市场。

随着建筑业市场工程总承包业务的不断涌现,一些优秀的施工单位牵头的工程总承包项目在规模上达到了以往设计单位牵头不曾达到的高度。

无论是设计单位牵头,还是施工单位牵头,两种模式各有优劣。但是,对于不同种类的工程项目,设计单位和施工单位都各有所长。对于冶金、石油、水利等工艺强、工序难的工程项目来说,设计单位牵头更有优势;而对于房建、市政等劳动力密集项目而言,施工单位来主导则优势更加明显。

随着各种工程总承包模式在国内不断推广,越来越多的设计单位加入工程总承包的队伍中来,以设计单位牵头的工程总承包项目在工程质量、造价、进度等管理方面都有较大优势,主要体现在以下几点:

①有利于设计、采购、施工紧密配合,打造精品工程。

②有利于控制工程建设造价。

③有利于工程设计改进和加快技术创新的步伐。

④可以使业主的技术骨干把精力放在抓好生产、提高效益上。

⑤能够进一步提高工程项目的整体管理水平。

对于公路工程项目来说,其具有路线长、跨区域、构造物种类多,要求的工艺技术较强,工程实施比较复杂。同时,设计施工总承包项目中设计占主导地位,设计单位从事总承包项目对项目的实施具有良好的推动作用,因此,公路工程设计施工总承包项目以设计单位为项目的牵头单位,更有利于工程的建设,有更大的优势实现项目目标。

1.1.2.2 公路工程设计施工总承包的特点

公路工程设计施工总承包有以下特点:

(1)在总承包模式下,业主的监督机制可适当放松,不用过于严格地控制总承包企业,尽可能少地干预项目的实施。总承包企业在工程项目建设中有较大的工作自由。

(2)业主对项目的管理一般采取两种模式,即过程控制模式和事后监督模式。

过程控制模式:业主聘请监理工程师监督总承包企业设计、采购、施工各个环节,并签发支付证书。业主通过监理工程师各个环节的监督,介入对项目实施过程的管理。

事后监督模式:业主一般不介入对项目实施过程的管理,但在竣工验收环节较为严格,通过严格的竣工验收对项目实施总过程进行事后监督。

(3)总承包企业具有更大的权力和灵活性,尤其在总承包项目的设计优化、组织实施、选择分包商等方面,总承包企业具有更大的自主权,从而发挥总承包企业的主观能动性和优势。

（4）总承包企业以设计为主导，统筹安排项目的采购、施工、验收等，从而达到质量、安全、工期、造价的最优化。

1.1.3　公路工程设计施工总承包发包条件和适用范围

1.1.3.1　公路工程设计施工总承包发包条件

根据《公路工程设计施工总承包管理办法》，公路工程总承包招标应当在初步设计文件获得批准并落实建设资金后进行。

总承包企业应当具备以下资格条件及要求：

（1）同时具备与招标工程相适应的勘察设计和施工资质，或者由具备相应资质的勘察设计和施工单位组成联合体；

（2）具有与招标工程相适应的财务能力，满足招标文件中提出的关于勘察设计、施工能力、业绩等方面的条件要求；

（3）以联合体投标的，应当根据项目的特点和复杂程度，合理确定牵头单位，并在联合体协议中明确联合体成员单位的责任和权利；

（4）总承包企业（包括总承包联合体成员单位）不得是总承包项目的初步设计单位、代建单位、监理单位或以上单位的附属单位。

1.1.3.2　公路工程设计施工总承包适用范围

业主在启动一个工程建设项目时，首先应确定采用何种运作模式来完成该项目。总承包模式一般适用于具有下列条件的项目：

（1）设计、采购、施工、试运行等交叉联系紧密的项目；

（2）采购工作量大、周期长的项目；

（3）业主缺乏项目管理经验，项目管理能力不足的项目。

根据《公路工程设计施工总承包管理办法》，国家鼓励具备条件的公路工程实行总承包。

总承包可以实行项目整体总承包，也可以分路段实行总承包，或者对交通机电、房建及绿化工程等实行专业总承包。

项目法人可以根据项目实际情况，确定采用总承包的范围。

1.2　公路工程设计施工总承包发展概况

1.2.1　公路工程设计施工总承包国内发展概况

设计施工总承包模式属于一种工程管理模式，同时也是我国近年来比较推崇的一种承包模式。

我国倡导和推行工程总承包管理模式至今已有30多年时间。20世纪80年代初,我国勘察设计行业即开始探索推行工程总承包模式,化工行业推行工程总承包起步最早,成果显著。1999年以后,国家引导电力、冶金、建材、机械、有色、轻工、纺织、核工业、水运、铁道等行业积极探索工程总承包,并形成良好发展态势。

设计施工总承包管理模式在我国公路建设项目管理中的研究起步较晚。从2003年开始,公路行业以及交通运输部门,先后开展了公路工程设计施工总承包的部分试点工作,主要包括武汉阳逻长江公路大桥南锚碇设计施工总承包项目、沪蓉国道主干线湖北沪蓉西宜昌至恩施高速公路土建工程设计施工总承包项目、钟祥汉江公路大桥主桥加固处治工程设计施工总承包项目、广东省兴宁市兴城至梅县江段高速公路设计施工总承包项目等。

2006年12月14日,交通部发布《关于开展公路工程项目设计施工总承包试点工作的通知》(交公路发〔2006〕702号),决定在广东、河北、福建、陕西、北京四省一市范围内进行公路工程设计施工总承包试点工作。

2011年12月,为落实中央关于建立工程建设领域突出问题专项治理长效机制的要求,进一步完善招标文件编制规则,提高招标文件编制质量,促进招标投标活动的公开、公平和公正,国家发展改革委会同工业和信息化部、财政部、住房和城乡建设部、交通运输部、铁道部、水利部、广电总局、中国民用航空局,编制了《简明标准施工招标文件》和《标准设计施工总承包招标文件》,进一步为公路行业设计施工总承包规范化招投标提供了有力参考。

2015年6月26日,《公路工程设计施工总承包管理办法》(交通运输部令2015年第10号)正式颁布,为公路工程设计施工总承包项目的实施提供了行业指导,同时也为设计施工总承包建设模式的推广奠定了重要基础。

公路工程建设总承包模式的不断应用和实践,为公路工程建设总承包管理工作的进一步开展奠定了良好的基础。

1.2.2 公路工程设计施工总承包国际发展概况

20世纪80年代,随着项目融资的兴起,一些工程项目业主在项目启动初期希望获得相对稳定的工程建设期限和比较准确的项目投资金额,并愿意支付一定的项目风险费用。因此,EPC模式在国际工程承包市场上发展迅速,在欧美等西方国家和亚、非、拉广大发展中国家已开始广泛应用。

1.2.2.1 FIDIC合同条件介绍及应用

1999年国际咨询工程师联合会(FIDIC)发布了《设计-采购-施工与交钥匙工程合同条件》(以下称"银皮书"),从而确定了EPC模式在工程承包模式体系中的独立性地位。在该合同模式下,承包商负责完成设计、设备供货、施工安装、调试开车等工作,合同采用总价模式,与FIDIC其他合同条件相比,承包商承担的工作范围更广、风险更大。

1999 年版银皮书继承了原有合同条件的优点,并根据多年来在实践中取得的经验以及专家、学者和相关各方面的意见和建议做出了重大调整。这种模式的突出特点是项目的最终价格和要求的工期具有更大程度的确定性,由承包商承担项目设计和实施的全部责任,业主风险大部分转移给承包商。

同时,1999 年版银皮书的发布,也引起了众多承包商及商会组织的不满。较为普遍的观点认为,该银皮书将承包商无法合理预见、又无法合理避免或控制的风险不合理地分配给了承包商,导致承包商项目管理难度增加,项目索赔和争端的数量亦有所上升。

鉴于 1999 年版银皮书存在的以上问题,FIDIC 于 2017 年 12 月在伦敦举办的 FIDIC 国际用户会议上发布了 2017 年版系列合同条件,即《施工合同条件》《生产设备和设计-建筑合同条件》和《设计-采购-施工与交钥匙工程合同条件》。2017 年版银皮书总结了 1999 年版银皮书在 18 年应用中的实践经验,体现了 FIDIC 对工程领域的变化和发展趋势的理解,吸收借鉴了以各专业协会为代表的广大用户提出的批评和建议,力求通过此次调整满足工程界发展变化的需求,提高项目执行的可操作性,使业主在承包商之间的风险分担更加合理。

在风险分担原则方面,2017 年版银皮书在沿袭 1999 年版银皮书基础上更加具体,同时在此基础上对业主和承包商各自承担的风险进行了一定程度的调整,同时在沟通机制、进度管理、质量管理、索赔及争端解决机制等方面进行了修改和细化,主要包括如下几点内容:

(1)强调双方权利和义务的对等。如要求业主与承包商一样有义务遵守相关法律法规,业主对承包商的索赔也受索赔时效等索赔程序的限制。

(2)对承包商的风险分配更强调可控原则,将承包商无法控制的业主行为、部分第三方行为、非仅有承包商人员参与的罢工等风险在一定范围内分配给业主。但同时强调了承包商可控的设计工作应满足项目的预期目的,而且进一步要求承包商承担相应责任。

(3)项目管理机构,特别是进度管理、质量管理程序更加细化,项目沟通机制更加清晰具体,业主在项目执行过程中的介入程度也有所加深。

(4)建立争端避免机制,更加鼓励双方在索赔事项发生后应尽可能达成一致。例如,争端裁决委员会(DAB)改为争端避免/裁决委员会(DAAB),强调其职能应包含努力促使合同双方达成一致,尽量避免争端。

总体而言,2017 年版银皮书风险分担原则在 1999 年银皮书的基础上,对部分风险按照"承包商专业上可控"的原则进行了一定程度的调整,将例外事件、法律变更、不可预见的自然力事件等造成的部分后果责任交由业主承担,其中自然类特别风险事件由双方共担——业主承担工期责任,双方共担费用风险。此外,2017 年版银皮书中增加了大量关于项目管理程序方面的规定,使其适用性和操作性更强。

1.2.2.2 国际工程总承包模式应用现状

从国际工程实践来看,建设项目业主在 EPC 项目开始实施时即派遣驻工地代表,业主也可聘请委托专业项目管理团队或专业顾问代表业主开展EPC项目的管理工作,督促总承包企业严格遵守合同,按双方约定的工作范围和技术要求完成工程建设任务。对于工期紧的项目,业主也可以先行采用直接费用补偿的方式开始实施工程项目,在具备条件时再采用固定总价交钥匙合同模式,经由业主和EPC总承包企业协商一致后达成一个对双方均有约束力的工作内容和价格。

由于EPC项目中也容易出现进度延误和费用超支等问题,因此,业主和承包商便更加重视对项目实施过程中各风险点的监控,开始使用愈加详尽明确的合同条款对EPC项目中的风险分配进行准确界定。作为设计-建造(DB)模式的延伸,EPC总承包模式经过了多年的实践和发展,并在此基础上,又衍生出了设计、采购和施工管理总承包模式,设计、采购和施工监理总承包模式,设计、采购和施工咨询总承包模式等,以适应不同业主的需要。

根据国外的大量项目实践和研究总结,工程总承包项目的成功经验主要包括:通过高质量的前端工作和设计进行详细的规划,并充分考虑所需应对的挑战;合理审慎选择整个供应链,经过实践证明合适的技术、设备以及合作伙伴;采取一流的项目管理,并合理分配资源;为施工现场设施和关键机械设备的配置准备经过预协商的合同;充分考虑项目所在国的文化、人文、地域等因素,鼓励项目管理团队、各个专业以及各利益干系人之间建立良好的合作关系;获得当地政府以及社区的支持等。

1.3 设计施工总承包模式与传统建设模式的比较

1.3.1 传统管理模式(Design-Bid-Build,DBB)

该模式又称设计-招标-施工模式,遵循设计、招标、施工、竣工交付使用等建设管理程序,是我国建筑工程领域基本的建设模式,也是最传统的一种工程项目管理模式。该模式在国际上最为通用,世界银行、亚洲开发银行贷款项目及以国际咨询工程师联合会(FIDIC)合同条件为依据的项目多采用这种模式。无论是业主,还是承包商、咨询公司以及其他相关的工程参与单位都比较熟悉这种操作,故称为传统建设模式。

这种模式在施工和设计之间有一个招投标过程,最突出的特点就是要按部就班地实施建设工程项目,只有一个阶段结束后,另一个阶段才能开始。在招投标之前,设计图纸已经完成,业主对项目预算已心中有数。这是传统管理模式的主要优点。

然而,只有满足了如下条件,传统管理模式才可能运作正常:

(1)设计工作在招投标之前已经完成。

(2)设计单位对该项目的施工工艺了如指掌。

(3)在施工阶段不发生重大的设计变更。

该模式的优点是通用性强,可自由选择咨询、设计、监理方,各方均熟悉使用标准的合同文本,有利于合同管理、风险管理和减少投资。

该模式的缺点主要表现为:

(1)项目管理的技术基础是按照线性顺序进行设计、招投标、施工管理。因建设周期长,会受到较多不确定风险因素影响,从而导致投资成本容易失控。

(2)由于承包商无法参与设计工作,设计和施工有些地方脱节,设计的可施工性差,设计变更频繁,导致业主与承包商之间协调关系复杂,同时导致索赔频发而增加项目成本。

(3)项目合同相对比较多,业主需要和设计、施工各单位签订多个合同。项目实施过程中协调管理会出现比较麻烦的情况,增加了业主方的管理负担。

传统管理模式示意图,如图1-3所示。

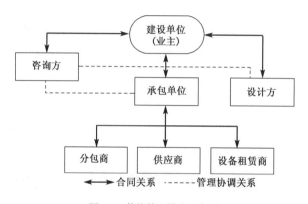

图1-3　传统管理模式示意图

1.3.2　设计施工总承包模式

设计施工总承包项目最大的特点就是实现动态设计、动态施工,设计与施工相协调,减少业主管理费用,加快施工进度。其与传统模式相比,具有如下明显的优点:

(1)设计施工总承包模式由总承包企业为业主提供包括项目设计、施工安装直到竣工移交给业主的全过程服务。采用此模式,在工程项目确定之后,业主只需选定总承包企业,该总承包企业对设计、施工及项目完工后试运行全部负责。设计与施工同时掌握在一个团队手中,可着重于现场实际问题的解决而不是责任的追究。

(2)采用设计施工总承包模式,业主在完成项目前期的策划、立项工作后,可以把建设项目的设计与施工委托给一家具有设计施工总承包资质能力的总承包企业完成该项目,从而在工程实施过程中摆脱了繁重的管理协调工作。

(3)由于总承包企业是设计与施工互相结合成的一个团队,在设计时可及早考虑可施工性,进而达成降低工程造价的目标。

(4)在传统的模式中承包商就是按图施工,而设计施工总承包模式,在符合业主要求的功能及技术标准的情况下,具有较宽的设计与施工空间,可激励总承包企业进行研发,提高技术水平。

(5)由于设计、施工资源的整合,有效减少了工程变更的发生,因此,设计施工总承包模式有利于问题的快速解决,可使工期大幅提前。

(6)设计施工总承包模式以设计为龙头,可充分发挥设计在工程建设中的主导作用,使总承包具有更大的优势。因为设计贯穿了工程建设的全过程,是工程建设的灵魂,突出设计在工程总承包中的龙头地位,对于工程建设的技术水平、质量控制、工程进度及投资控制具有十分重要的作用,是工程设计施工总承包的重要特点,体现了工程总承包的发展方向。

1.4 公路工程设计施工总承包管理主要内容

1.4.1 公路工程总承包管理的程序

公路工程设计施工总承包项目涉及从项目前期立项准备阶段到设计施工,直至项目竣工投入使用的整个过程。了解分析总承包模式的整个程序,有利于总承包企业的战略管理,使总承包企业对意向项目能够从战略分析、战略选择和战略实施的角度正确地审视判断。

一般来说,公路工程设计施工总承包项目一般分为前期准备策划、实施、交工试运行、收尾四个阶段。

(1)前期准备策划阶段主要涉及项目的立项建议及立项、开展工程可行性研究、进行初步设计、资金筹措、征地拆迁管理以及开展总承包招投标工作等。

(2)实施阶段主要是总承包项目开始具体实施,涉及设计、采购、施工全过程。在完成施工图勘察设计基础上,由总承包企业成立项目经理部具体开展项目的采购及施工,项目业主负责对总承包项目经理部工作进行监督协调。

(3)交工试运行阶段主要是开展交工验收、试运行。在这个阶段中,业主组织开展交工验收工作,总承包企业整理相关的文件、技术资料及交工报告,并配合业主完成交工验收工作。

(4)收尾阶段,业主组织开展竣工验收,总承包企业整理相关的技术资料、文件,并配合业主完成竣工验收工作,同时完成项目的结算、总结、考核与审计等工作。公路工程总承包管理程序如图1-4所示。

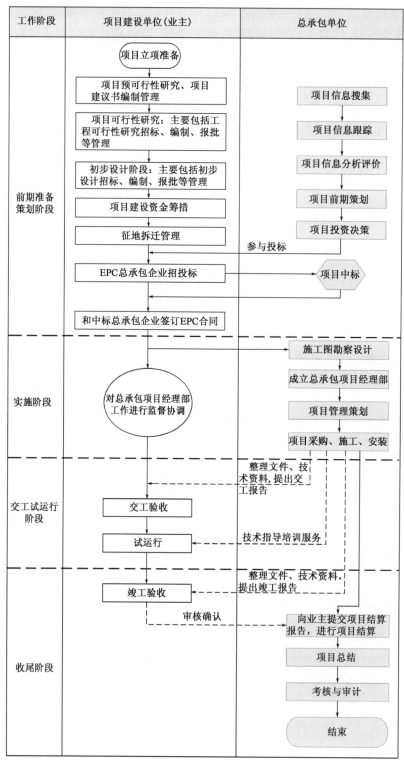

图1-4 公路工程总承包管理程序

1.4.2 公路工程总承包管理的内容

公路工程总承包项目是将整个工程的设计、采购、施工等全部打包委托给一家具有相应资质的总承包企业,而总承包企业又可以将整个项目拆分成若干个单元进行分包,因此整个项目的高效管理就十分重要。工程总承包项目管理主要包括以下几个方面的内容:设计技术与管理、资源计划与管理、项目进度管理、项目费用管理、项目风险管理、项目采购及合同管理等。

1)设计技术与管理

总承包项目的设计技术原则上由设计项目经理负责,设计部门按照工程总计划进行协调。为了保证项目质量和工期目标的完成,往往需要现场和采购等部门的积极配合。为此,现场项目部投入专人管理相关技术联络、沟通,保证技术资料、信息是最新的,同时向工程施工给予技术支持,避免造成返工和浪费。

2)资源计划与管理

工程总承包项目是由多个分项目组成的,各分项目按专业或施工方法划分为几个专业工程,分包给具有相应资质的分包商。各分包商的人力、物力、信息资源相对独立,在项目实施过程中经常有交叉、重复,一旦计划管理出现偏差,就会造成资源利用率偏低。因此,在工程总承包项目实施过程中,为了减少资源浪费,提高生产效率,在项目总计划的基础上,各专业分包商编制自己的分包计划,并上报至总承包项目经理部,总承包项目经理部统一调配设备及部分人力资源,做到资源信息共享,减少因系统生产和施工交叉造成的资源浪费。

3)项目进度管理

项目进度管理是指在项目实施过程中对各阶段的进展程度和项目最终完成的期限所进行的管理。合理控制项目的进度对于整个项目按期完成具有至关重要的作用,其主要内容包括进度计划编制和进度的控制。在项目实施过程中,总承包项目经理部根据总承包合同工期编制项目的总进度计划,并根据整个工程的综合进度、现场施工的具体情况和各种物质条件,找出关键线路,保证重点、统筹兼顾,科学合理地进行综合平衡。

4)项目费用管理

项目费用管理直接关系到整个项目是否盈利,要在整个项目建设期内建立成本费用控制体系。

(1)设立明确的成本控制目标。总承包项目经理部必须将项目投资总目标进行有效分解,一方面要避免漏项和重复,另一方面要控制投资比重较大的关键工程,做好工程量计算与测量、计算工程造价,并对合同规定的其他费用加强监督与管理,合理控制投资,以确保投资不突破限额。

(2)建立费用管理系统。总承包项目经理部设置费用估算和费用控制人员,负责编制项目费用估算,编制费用计划,实施费用管理。对于分包商上报的工程量,总承包企业要及时组织复核。对与总承包合同不符的工程量,及时报项目经理。项目经理组织查明原因,协商处理意见。总承包项目经理部及时协调费用控制、进度控制和质量控制及其相互关系。

(3)编制合理的费用计划。控制人员依据项目费用估算、工作分解结构和项目进度计划,编制项目费用计划。总承包项目经理部将批准的项目费用估算按项目进度计划分配到各个工作单元，形成项目费用预算，并将各工作单元费用列入进度计划，形成总费用计划。总费用计划作为项目费用的控制基准和执行依据。

(4)合理控制费用。费用控制主要利用目标管理的方法对费用的发生过程进行控制。在满足合同的技术、商务要求和费用计划的条件下，采用检查、比较、分析、纠正等方法和措施，将费用控制在项目预算以内。根据项目进度计划和费用计划，优化配置和人力资源，对实施费用进行动态控制。

5)项目风险管理

工程项目建设过程受到复杂的自然和社会环境等众多因素的影响。总承包企业及各分包企业属于风险命运共同体，各参与单位联合研判风险，相互监督、相互制衡，可避免不计后果的鲁莽冒进。开展风险识别、风险估计和风险评价，并以此为基础合理地使用各种管理方法、技术手段，通过内部合同分散风险，对项目实施的全过程实行有效的风险控制。制订应急预案，妥善地处理安全事故造成的后果，在总承包企业带领下，各参与单位合作联动，保证安全可靠地实现项目总目标。

6)采购管理

总承包项目采购管理是项目执行过程中的重要工作，也是体现总承包管理模式优势的活动。项目能否经济有效地运行，不仅影响着项目成本，而且也关系着项目的预期效益能否充分发挥。总承包采购可以提高大规模采购谈判议价权，降低采购成本。采购过程受到设计单位和施工单位的技术监督，有利于保证采购产品的质量。总承包采购结合设计、施工单位提供的工程进度计划，统筹安排设备采购，减少了传统模式下的采购、运输、安装滞后等影响工期的问题。采购工作应遵循公平、公正、公开的原则选定供货商，保证按总承包项目的质量、数量和供货时间要求，以合理的价格和可靠的供货来源，获得所需的设备材料及有关服务。

7)合同管理

合同管理涉及项目实施中的各方利益，是总承包项目所有工作正常开展的依据和规则。公平合理的合同和诚信履约的精神，是总承包工程项目成功的关键，为总承包项目顺利实施提供全过程控制和保障。若要明确项目的目标，必然需要各方都要拥有较强的合同意识。各方应在平等基础上，签订清晰公平地界定各方权利、责任和义务的合同，建立激励和约束机制，奖励合作诚信，惩戒违约败德。要使复杂的总承包项目管理规范，必须先做好项目合同管理，才可以保证项目目标的高效率完成。

总承包项目合同管理包括工程总承包合同和分包合同管理，是对项目合同的签订、履行、变更和解除进行监督检查，对合同履行过程中发生的争议或纠纷进行处理，确保合同依法订立和全面履行，以实现合同各方当事人的利益。总承包合同管理是指对合同订立并生效后进行的履约、变更、违约、索赔、争议处理、终止或结束等全部活动的管理；分包合同管理是对分包项目的招标、评标、谈判、合同订立，以及生效后的履约、变更、违约、索赔、争议处理、终止或结束等全部活动的管理。

1.5 陕西省高速公路设计施工总承包实施总结

1.5.1 项目管理组织

陕西省交通规划设计研究院有限公司作为牵头单位,与陕西路桥集团有限公司组成联合体,采用设计施工总承包建设模式进行项目管理,共同组建总承包项目经理部,双方设立联合体管理委员会,督促联合体总承包项目经理部全面落实项目的合同内容,对项目实施过程中出现的重大问题进行决策。同时,为保障项目的顺利实施,牵头人抽调各专业技术骨干组建项目服务团队(设计服务部)。项目服务团队长期驻守工地一线,及时解决现场发生的各类技术问题,通过高效快捷的设计服务,有效保证施工现场高效运转,施工工序无缝衔接,大大降低窝工返工现象。具体组织构架如图1-5所示。

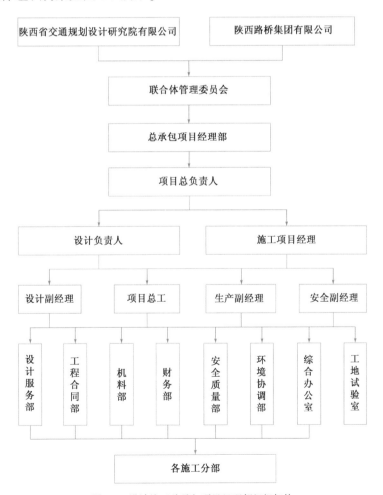

图1-5 设计施工总承包项目经理部组织架构

1.5.2 三个项目设计施工总承包模式与传统模式的总结比较

2016年以来,陕西省交通规划设计研究院有限公司和陕西省路桥集团有限公司组成联合体,先后承担建设太白至田坝高速公路、旬邑至陕甘界高速公路、子长至姚店高速公路设计施工总承包项目,三个项目建设总里程111.2km,合同额84.95亿元。

三个在建设计施工总承包项目在总结、借鉴、优化商丹高速公路建设项目和汲取省外同类建设项目施工管理经验的基础上,在提高施工管理效率、提升工程建设品质的理念指导下,充分发挥设计施工总承包项目管理模式的优势,把高效化管理、动态化设计、科学化施工融入现场实际施工管理中,充分发挥了设计施工联合体模式下的纠错功能,及时解决施工现场实际存在的明面或隐性问题,从而从总体上控制了施工成本,提高了施工效率。

同时,总承包项目经理部积极探索、大胆尝试,充分发挥技术优势,引进先进管理措施,创新管理办法,整合社会先进管理理念,在评估合理、确保质量的基础上,结合施工现场实际情况,逐步试点、修正,为新的施工管理模式的完善、推广、应用不断进行探索总结。

目前三个设计施工总承包项目已顺利通过交工验收,情况良好。经评估分析,与传统模式相比,设计施工总承包模式在设计阶段和施工阶段具有表1-1和表1-2所列的优势。

设计阶段的优势 表1-1

工作类别	传统模式	设计施工总承包模式
设计质量	地质勘察、设计工作符合相关标准规范即可	地质勘察及设计工作除满足相关标准规范要求外,设计方案更具针对性、可行性、经济性
三阶段核查	由业主组织各相关施工、设计单位被动参与	由总承包企业内部协调组织,主动性和工作成效显著提高
取弃土场位置设置	设计与施工脱节,设计位置不合理时则无法使用,施工单位进场后需进行调整	在设计阶段设计方、施工方联合确定位置,确保设计一次性到位,避免后期调整对施工的影响
土方调配	设计与施工脱节,且跨标段调运,因不同标段施工组织难以统一协调,使得调运方案无法实现,后期变更增加费用	在设计阶段设计方、施工方联合确定调运方案,且在总承包标段内统一协调施工组织方案,使得土方调运方案切实可行,有利于投资控制和便于施工组织
标准化设计	设计人员在标准化设计方面对施工便利性考虑较少,不利于施工组织	在设计阶段设计方能充分考虑施工方关于施工便利性的意见,标准化设计大幅提升了施工便利性,有利于提高施工质量和控制成本
设计后续服务	由业主协调设计单位被动提供服务	设计单位作为总承包的参与方,积极主动提供服务,在风险和利益捆绑的约束下,服务质量效率显著提升

施工阶段的优势 表1-2

工作类别	传统模式	设计施工总承包模式
设计技术交底	业主协调设计方向施工方进行技术交底	总承包企业内部组织进行技术交底,效率高,针对性强,问题反馈及时
质量责任	责任方不易清楚辨别,设计单位与施工单位、不同的施工专业之间往往相互推诿	质量由总承包企业总体负责,使工程质量责任更加明确,增加了总承包企业在质量方面的责任感
预制场地设置	各标段自行设置场地,场地规模小,标准化建设水平不高	总承包标段规模较大,发挥统筹安排的优势,可以集中设置场地,场地建设规模大,标准化程度高
场站建设	由业主安排各标段进行建设,形式统一性及标准化程度难以达到满意的效果	由总承包企业统一安排各分部按标准化要求建设,形式统一、标准化程度高
施工组织	主体工程施工单位和各附属工程施工单位均为独立个体,各单位分别组织其合同内工程的施工,相互之间工序衔接不紧密	总承包企业内部统一协调管理主体工程与附属工程的施工,工序之间的衔接更为合理、紧密,对进度管理和质量控制更为有利
业主协调管理	业主需协调设计与施工、不同施工单位之间的工作关系	由总承包企业统一协调,提升了工作效率,而业主则可以把精力集中于项目管理和及时决策上
合同价格形式	采用单价合同,工程量批复的准确程度对业主的费用控制影响较大	采用总价合同,有利于项目投资的总体控制
计量支付	采用传统的支付细目清单,细目数量较多,计量支付工作较为烦琐	采用综合清单,细目数量大为减少,计量支付工作效率提升
变更索赔	设计风险由业主承担,因设计原因导致的变更索赔由业主支付费用	设计、施工一体化,除了合同约定的业主风险外,一般设计变更均由总承包企业承担,避免了业主与总承包企业之间在设计、施工衔接方面的争端,有助于提高工作效率,减少变更、索赔的发生
征地拆迁	业主需先组织设计单位埋桩放线,后续地方政府与业主共同清点丈量	总承包企业组织埋桩放线,配合业主及地方政府清点丈量,同步进行,提高工作效率

第2章　项目前期准备策划

本书所提到的总承包项目前期准备策划,是指从项目信息跟踪开始,参与投标报价、合同谈判直至总承包合同签订等一系列工作。

总承包企业做好项目的前期工作,有利于提高项目中标率,进一步开拓市场、扩大业务渠道,从而提升单位的整体竞争力。同时,前期阶段的项目策划是对承包工程的工作内容进行策划的过程,直接影响着整个项目的可行性,在整个总承包模式的运行过程中发挥着重要的作用。

总承包项目前期准备策划主要内容包括:项目信息搜集、分析跟踪投标文件编制策划,合同谈判及签订。

2.1　总承包项目前期准备工作

2.1.1　项目前期准备工作流程

总承包项目前期准备工作主要包括以下三个阶段:
(1)项目信息搜集、跟踪、分析、评估阶段;
(2)项目投标策划、投标、报价(或竞争性谈判)阶段;
(3)合同谈判、签订阶段。
项目前期工作流程如图2-1所示。

2.1.2　总承包项目信息搜集与跟踪

2.1.2.1　项目信息搜集的内容

总承包项目信息搜集的内容分为国际项目和国内项目两部分,具体内容如表2-1所示。

第 2 章 项目前期准备策划

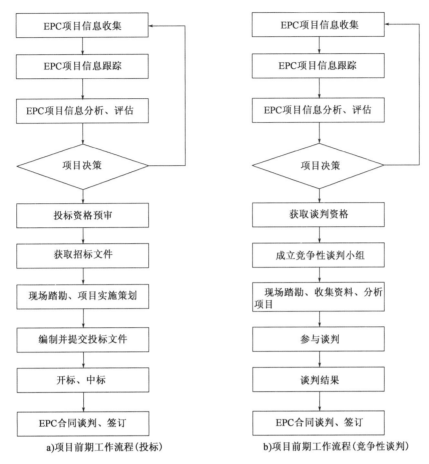

a) 项目前期工作流程(投标)　　　　　b) 项目前期工作流程(竞争性谈判)

图 2-1　总承包项目前期准备工作流程

国际项目和国内项目信息搜集重点　　　　　　　　　　　　　表 2-1

项目分类	搜 集 重 点
国际项目	项目所在地的劳务政策、政府及业主关于劳务用工的具体规定及要求
	中方项目管理人员和项目施工人员在项目所在地工作的签证期限、签证费用
	项目所在地的基材(钢筋、水泥、砂石、沥青、油料)的供应及价格情况(按型号、种类列出清单)
	项目所在地劳务人员的工作能力、素质及习惯,大概劳动效率、薪酬(按普工、技工、管理人员分列)
	项目所在地区域治安状况,集会、游行的概率,恐怖事件的可能性,涉毒品的概率
	项目所在地区域运输能力、方式及运输价格(结合初步设计文件)
	距离项目所在地最近的港口码头数量、能力,深水泊位的数量,停泊船只的吨位等情况
	项目所在地蔬菜、肉食副食品、饮用水的价格、供应能力、供应方式
	临时施工用水的价格及状况;项目所在地供电系统情况,包括电压等级、频率(周波)、容量、绝缘防护等级
	临时施工用电的价格及状况;项目所在地的网络通信(有线、无线)情况
	项目所在区域柴油、汽油的供应方式、价格
	项目所在地工程施工机械的品种、规格、新旧程度、租赁价格水平,机械加工能力(工件最大尺寸、重量)、热处理能力及种类

续上表

项目分类	搜集重点
国际项目	项目所在国家(地区)税费政策(营业税、个人所得税等)、关税及汇率
	项目所在地附近的周转材料(脚手架、模板)、其他常见工业材料(铁丝、保温材料、油漆、常见工器具)供应情况
	项目所在地常见疾病及药物供应情况,附近医疗卫生条件
	项目所在地民族文化、宗教信仰
	项目所在地自然条件(气候、风向、海拔、飓风、地震烈度)
	项目所在地政治风险、社会风险、经济风险、自然风险、技术风险、管理风险和投标环境风险
国内项目	项目建设的政治、经济、社会环境等背景
	项目实施的必要性、紧迫性与可行性
	项目现场地形地质、水文、气候,工作范围、内容,材料等;承包人可能需要的食宿条件
	现场交通道路运输情况、临时水电接入点,通信设施等条件

搜集完以上信息之后进行整理,作为项目报价、标书编制和项目实施策划的参考和依据。

2.1.2.2 项目信息搜集的途径

1)通过招标网站及搜索引擎查找项目信息

(1)在本区域内,通过正规的招标网站查询项目信息,如政府采购网站、中国招标网等。

(2)在各个国内招标网站查询项目时,重点关注项目招标信息、采购信息等,利用现有资源网站,全面覆盖项目信息。

(3)在具体项目招标内容中,要重点落实以下几个方面:

①项目名称;

②发包人:了解项目具体发包人的联系方式、负责人、邮箱等;

③项目开发进度:通过项目不同标段查找不同时期的进度和招标内容,向用户及设计单位落实项目进度;

④设计单位信息:项目设计方的联系方式;

⑤招标内容:了解招标进度、项目招标批次;

⑥项目建设周期、资金来源、投资比例;

⑦招投标截止日期,开标时间、地点;

⑧招标机构及联系方式。

2)通过各厅局、集团网站及招标机构查找项目信息

(1)要定期浏览各个集团公司的网站,关注其最新投资动态及项目信息等,并可根据公司已有的相关业绩等资源进行开拓。

(2)通过集团下属招标机构查询项目信息,可以通过集团直属招标机构布置人脉,搜集项目资源。

3）通过设计单位查找项目信息

对已经开拓的设计单位进行定期维护，并不断了解设计单位正在设计的项目及进展情况。

4）其他

其他途径包括：一些国内外公开发行的刊物，商务部发布的信息，公共关系网和有关个人的接触；对于国际性项目，还可以通过我国驻外使馆、有关驻外机构或企业驻外机构，以及国外驻华机构了解项目信息。

2.1.2.3 项目跟踪分析

工程总承包企业应始终对业内信息保持高度的敏感性，一旦发现与自身专业适合、获利可能性大、有利于企业未来发展的工程总承包项目，就要给予密切关注，经过项目信息搜集分析后，针对目标项目展开项目跟踪，并在初步决定投标后，购买资格预审文件。

1）跟踪原则

（1）符合企业的目标和经营宗旨；

（2）企业自身的条件符合总承包项目的要求；

（3）工程具有较高的可靠性，如已审批立项的项目；

（4）竞争激烈程度应适合本企业投标。

2）跟踪内容

（1）对项目所在地区或国家的市场宏观政治经济环境的调查；

（2）对项目所在地区或国家的自然环境的考察；

（3）对项目发包人的调查；

（4）对竞争对手的调查。

2.1.3 项目特点和前期工作重点

2.1.3.1 公路工程总承包项目的特点

在进行公路工程总承包项目投标前，总承包企业要对公路工程总承包项目的特点进行分析，准确把握拟投标公路工程项目的基本概况。公路工程项目相较于一般建筑项目来讲，其特点主要包括以下几个方面。

1）资金投入量大

公路建设项目相较于一般建筑工程来说投资金额巨大，少则几千万元，多则上百亿元。从融资渠道上看，由于公路工程属于国家基础设施建设，而国家的预算资金往往不能满足公路工程项目建设的需要，因此，公路项目往往会采用 TOT（移交-经营-移交）、BOT（建设-经营-转让）、BT（建设-移交）、PFI（私人主动融资）等融资模式来扩大资金的来源，从而减轻政府的财政负担。

2)线长、点多、面广,建设规模大,项目周期长

公路工程属于线状工程,建设里程短则几十公里,长则上百公里,跨越不同地质地貌地区、不同气候地理分区,沿途经过城镇、乡村、农田和自然保护区等,征地拆迁、可耕地和自然环境保护难度大,施工组织和管理复杂,项目施工期比较长。

3)工程技术复杂

公路工程涉及的专业比较多,包括道路工程、桥梁工程、隧道工程、交通机电工程、绿化工程和房建工程等,而每一专业工程的技术特点均不相同;另一方面,同一专业工程项目,也会因地质条件、自然环境的差别需采用不同的技术。例如,桥梁工程按形式可分为悬索桥、拱桥、梁桥等。不同的地基承载力,所采取的基础形式也不同;不同的地形、地质条件,所采用的施工机械、施工方法也有所不同。此外,公路工程投标项目也具有户外交叉作业多、不可控因素多等特点。

2.1.3.2 前期工作重点

公路工程项目的上述特点要求总承包企业具有较强的设计能力、技术力量和丰富的总承包运作经验,并要有丰富的施工经验,否则大量细致的工作在施工图中体现时,可能会出现偏差及较大变更。因此,公路工程总承包项目前期要做好以下工作。

1)加大地质勘察深度和精度

地质勘察资料是工程设计的依据和基础,直接影响工程方案的确定。特别是要加强对不良地质、特殊路基、大桥、特大桥、隧道等对造价影响较大的敏感节点的勘察,且必须保证勘察的切实可靠,从而保证设计方案的合理准确,避免后期出现大的方案调整和变更。

2)做好工程方案的比选和论证

在前期勘察设计中特别是在选择路线方案时,要认真贯彻"地质选线、生态选线"的理念,在满足标准规范的要求下,尽量使路线与地形相拟合,避免路基的高填深挖,绕避不良地质,并综合考虑区域布局的发展,避免由于设计深度不够和论证不充分造成设计方案的反复调整,从而影响工程进度。

3)注重对筑路材料的调查

在前期勘察设计工作中,应注重对筑路材料的调查深度,调查中尽量采用已有料场,避免新的开采;对可供料场应酌情进行勘探、调查和取样,确认其规模、品质和开采运输方式,尽量减少料场变更。

4)加强对征地拆迁的调查

对沿线城区及村庄附近的征地拆迁,要高度重视,同时加强与地方政府的沟通协调工作。

5)强化以人为本的建设理念

对于与沿线人民群众生活、生产密切相关的被交道路、灌排引渠、房前屋后处理等,应加强"人性化"设计。红线外发生的"边角地"、改路、改渠、改沟等"三改"工程线外用地,以及因设计变更等原因造成的新增用地等,应足量计入相关的工程量。

2.1.4 项目的风险性分析与评估

2.1.4.1 项目的风险分析

总承包企业首先应列举项目可能会遇到的各种风险,根据风险的来源等特征对风险因素进行统计,并对风险的各种影响因素加以分类整理,以便于在项目实施阶段制订项目不可预见事件的风险管理计划,一旦项目发生不可预见的事件,可以立即实施应急预案,及时控制住项目风险的蔓延。此外,还应对项目的风险进行动态监控,保证风险控制的及时性。

对于项目风险管理计划,应从项目的全过程进行考虑,从项目投标、项目合同谈判及签约,以及项目执行等各方面完善风险管理计划,为项目的风险管理提供依据。

2.1.4.2 项目的风险评估

总承包企业应当根据项目情况,全面、系统、持续地收集相关信息,及时进行风险评估,准确识别项目的内部风险和外部风险,确定相应的风险承受度。

项目的风险评估宜包括下列主要内容:
(1)收集项目风险背景信息;
(2)确定项目风险评估标准;
(3)分析项目风险发生的概率和原因,推测产生的后果;
(4)采用适用的风险评价方法确定项目整体风险水平;
(5)采用适用的风险评价工具,分析项目各风险之间的相互关系,确定项目的重大风险;
(6)对项目风险进行对比和排序;
(7)输出项目风险的评估结果。

总承包企业的风险分析评估应及早开始,对发包的项目进行长期跟踪,收集大量的基础资料。在投标阶段,总承包企业从合同文件的严谨性、政治、经济、法律体系、宗教、风俗、税收政策、联营体内部的风险、业主的情况、现场勘察及考察、外汇风险、设计标准、供货商、不可预见或无法确定的风险等方面进行风险规避。

在签约阶段,总承包企业可以通过谈判调整合同条件中某些关于风险分担的规定,从而有效地回避风险,做到减少总承包企业资金设备的垫付,同时加入调价公式。

风险合理转移的方法分为保险性转移和非保险性转移。保险性转移是将一部分风险转移给保险公司承担。非保险性转移的主要方法有向分包商转移和向业主索赔。

2.1.5 总承包项目投标决策

2.1.5.1 投标决策的含义及内容

公路工程总承包项目投标决策是指工程总承包企业在获得招标信息后,在分析招标文件的基础上,结合企业的市场目标及企业现状,综合分析投标过程中的影响因素,运用科学的方法,对是否投标、决定投标后如何制订投标方案的过程进行决策。投标决策是否科学,不仅直接影响到企业能否中标,还影响到中标后企业能否得到理想的效益。因此,投标决策是总承包企业经营决策的重要工作之一,贯穿于整个投标过程中,必须引起足够的重视。

总承包企业在投标前应进行大量的准备工作,广泛收集工程项目信息,精心选择和紧密跟踪。总承包企业具体业务部门需要根据获得的工程项目信息,结合项目所在地区或国家的宏观环境,选择符合本企业经营策略、经营能力和专业特长的项目进行跟踪,或初步决定准备投标。总承包企业负责人应做好以下决策:

(1)是否投标。结合总承包企业的发展战略,需要考虑的主要因素包括:

①是否满足投标人资格审查要求;

②是否具备满足质量要求和工期要求的履约能力;

③合同的公平性,即对于合同中关于预付款的条款、履约保证的形式、误期违约处罚等条款是否能接受;

④相关的资信情况是否满足要求;

⑤满足招标文件深度要求的投标文件是否能够在投标期内编制完成,投标价格如何获得竞争力;

⑥项目的相关风险能否规避或承受,存在哪些竞争对手,是否具备竞争优势。

(2)是否需要选择合作伙伴或组建联合体。

(3)对于国际项目,是否需要选择当地代理人。

(4)是否需要选择分包人。

这就需要总承包企业对投标的影响因素进行分析,并运用适当的、科学的决策方法,做出是否参与投标的决定。

2.1.5.2 投标前期决策的影响因素

投标前期决策的影响因素,分为总承包项目影响因素、总承包企业内部影响因素、总承包项目参与主体影响因素三类,其中,参与主体影响因素包括业主因素和竞争者因素。

1)总承包项目影响因素

(1)项目基本信息

总承包企业在投标之前,需要对项目的基本信息做详尽的了解,这些信息包括项目性质、项目规模、项目所在地的水电基础设施和拆迁情况、交通情况、有无后续工程等。从工程性质来看,一般重点工程项目对工程质量要求很严格,这类型项目的利润虽然低,但是有利于提升企业的信誉。从工程规模来看,工程规模的等级越高,总承包企业投标的意愿也会越强烈。此外,有无后续工程也是投标企业应当关注的重要因素,若拟投标项目还会有后续工程,则总承包企业会采取低价策略中标,而在后续项目中再采取高价策略。

通过对项目的基本信息进行分析,总承包企业应当结合自身实力、自身的发展战略,分析该投标项目是否与企业的经营宗旨和市场拓展目标相吻合。一般情况下，业主给出的投标项目基本情况是有限的，且对于工程范围的描述较为模糊，这会造成双方在理解上的偏差。因此，总承包企业要广泛搜集更多的项目信息，对项目实施过程中可能出现的情况做出充分的估计。

（2）项目环境状况

总承包企业在投标前，还必须对项目所在地的环境做仔细的分析。这些环境因素包括所在地的政治经济形势、自然条件、当地的法律法规、当地政府和社会公众对该项目的态度等，特别是对于国际工程项目，所在国的政治经济情况和社会治安等对项目实施的影响很大。项目环境越好，则总承包企业的投标意向越强。

（3）项目设计要求和施工技术复杂程度

在对项目的基本信息和环境进行分析后，总承包企业还需对投标项目的设计要求和施工技术复杂程度开展进一步的分析，这直接关系到总承包企业的承包范围、承包风险、生产资源投入量等因素，并考虑投标项目是否超出企业的承担能力。

对于复杂地质条件下的隧道工程投标项目，总承包企业就需要考虑自身有无相关的技术条件和设备。对于超出总承包企业业务范围、施工技术难度很大的项目，总承包企业就需考虑果断放弃或寻求合作伙伴，在做投标决策时应当谨慎。

（4）发包人要求

招标文件中的"发包人要求"是总承包企业应重点研究的内容。"发包人要求"包括了对项目的总体说明、功能要求、工程范围、设计和施工的要求、管理方面的要求、发包人提供的场地条件和技术条件等，总承包企业要特别重视"发包人要求"的清晰性和准确性，注意业主对项目的定义、范围、性能保证指标等有无清晰的解释，以便对项目有更准确的把握。此外，价款支付条件、投标人须知等也是总承包企业重点分析的部分。

（5）项目风险因素

在对工程项目基本信息、环境、技术要求、招标文件进行分析后，总承包企业应尽可能地识别项目的风险，这些风险包括了工程本身的风险，如质量、技术、安全、财务、工期等风险，也可能包括环境风险，如经济风险、自然风险、法律风险等，也可能是来自业主的风险。

2）总承包企业内部影响因素

（1）现有资源

为了保证公路工程总承包项目的顺利实施，总承包企业必须能够提供保证项目顺利实施的人员、设备、资金等条件，此时，总承包企业的在建工程规模会影响到资源的分配。因此，总承包企业必须针对企业目前的在建工程规模，考虑企业自身的负荷是否已经达到饱和状态，企业当前可调动的资源能否满足投标项目顺利实施的要求，这些资源应当包含合格设计人员和管理人员、劳动力的拥有量、符合项目所需的设备及资金等。

(2)技术实力

总承包企业的技术实力主要是指企业的设计水平、施工技术、人力资源和机械设备等硬实力是否能够满足投标项目的技术需要。在项目实施过程中,总承包企业的硬实力是保证项目顺利进行的前提。

(3)管理水平

企业自身的管理水平以及与相关方的协调控制能力等软实力是项目顺利实施的保障,特别是在项目实施工程中,需要将设计和施工深度交叉,以加快工期、减少因设计的可施工性差而引发的变更和索赔,这些都要求总承包企业具有较高的管理水平。

(4)与发包人的关系

总承包企业与发包人签订承包合同后,就与发包人建立起长期的合作关系,双方必然会针对项目执行过程中出现的问题不断地进行沟通和协调。如果总承包企业与发包人曾经有过合作,关系良好,相互信赖,总承包企业在投标时就占有信用优势,且在中标后,可以保障项目的顺利实施,有利于矛盾的解决,降低了工程风险。倘若总承包企业和发包人的关系不太融洽,总承包企业在投标时会处于劣势,即使中标,在项目执行过程中也是困难重重。

(5)类似项目经验

由于公路工程总承包项目的投资较大,管理较复杂,涉及的专业多,项目风险大,如果总承包企业具备类似的项目经验,会对建设项目的工作程序、工艺流程等非常熟悉,拥有的设计和施工经验以及设计与施工的交叉管理经验都比较丰富,往往可以规避很多风险,保证项目的质量和工期。在投标时,发包人往往会倾向于选择具备总承包管理相关经验的企业。

3)总承包项目参与主体影响因素

(1)发包人的信誉

发包人的信誉主要体现在公路工程总承包项目管理中,发包人有无故意为难、拖欠工程款。就商业交易关系而言,在工程总承包项目合同中,总承包企业充当的是"卖方",而对于设备材料的采购以及设计、施工、劳务分包,总承包企业充当的是"买方"。一旦发包人信誉欠佳,拖欠工程款,要求总承包企业垫资时,总承包企业作为"买方",也会承担很大的财务压力,致使总承包企业蒙受不必要的损失。因此,在投标前期决策时,总承包企业对发包人的信誉关注度比较高。

(2)发包人的经济能力

发包人的经济能力主要是指业主融资筹资的能力和价款支付的能力。由于总承包企业较传统模式下的承发包范围扩大,包含了设计、采购、施工等方面的内容,业主融资难度大、资金的调动量大、周转速度快,因此,发包人经济能力的大小直接决定了总承包企业能否顺利获得支付,保障项目顺利进行。发包人的经济能力越强,总承包企业的投标意愿也会越强。

(3)竞争者数量和综合能力

要想在投标竞争中取胜,就需要收集竞争者的情况,特别是要了解竞争者的数量及综合能力,判断竞争激烈程度,竞争越激烈则项目的利润就会越小。其次,由于公路工程总承包项目对总承包企业的综合实力要求较高,发包人十分关注的是总承包企业能否按照业主意图完成设计并提出最优的实施方案,因此还需要对竞争者的设计、施工和采购以及管理能力等综合实力进行分析。若竞争对手的优势较明显,就需要考虑是否投标,或者寻求合作伙伴结成联盟与其抗衡。

(4)竞争者的投标积极性

总承包企业要善于分析竞争形势,通过搜集竞争者的在建工程规模、以往投标资料、发展策略等信息,判断竞争者的投标积极性。一般来讲,当竞争者当前的工程比较饱和时,会不急于中标;而如果竞争者在建工程即将完成,或迫切希望进入工程总承包市场或技术领域时,他的报价会偏低。如果总承包企业想要中标的话也必须降低报价,利润空间会变小,此时,总承包企业就应该考虑是否放弃投标。

2.1.6 投标决策的方法

SWOT[S代表Strength(优势),W代表Weakness(劣势),O代表Opportunities(机会),T代表Threats(威胁)]分析法是目前比较流行的决策方法,常用于企业战略研究。SWOT分析法是基于对企业自身及外部影响因素的分析,明确企业自身的优势和劣势、机会和威胁,从而确定正确而有效的决策方案。SWOT分析法可以使企业能更加明晰、有条理地分析判断投标形势,因此能更有效地帮助总承包企业进行投标决策。

应用SWOT分析法进行投标决策的流程如图2-2所示。

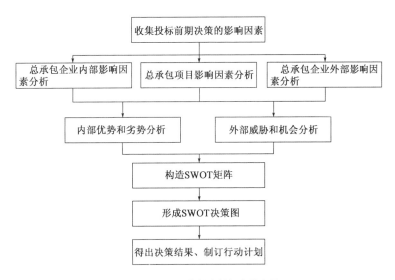

图2-2 SWOT分析法投标决策流程

当总承包企业应用SWOT分析法进行投标决策时,总承包企业通过收集分析项目、企业自身、外部主体等影响因素,可以把那些对本企业影响较大的、比较重要的因素提取出来,对企业内部优劣势、外部机会和风险进行分析,赋予权重和分值。

权重的赋予可以通过访问有经验的专家、学者,根据他们在实践中的经验,用专家打分法或层次分析法来确定各指标的重要程度;分值的赋予需要企业依据实际情况、行业平均水平比较得到,从而构成 SWOT 分析评判矩阵(表 2-2),得出评判结果,并将评判结果赋予决策图中得出最终的决策结果。

SWOT 分析评判矩阵   表 2-2

评判类别	影 响 因 素	权重	打分(-5~5)	加 权 得 分
优势/劣势	人力资源好/人力资源差 资金充裕/资金紧张 设计成果质量好/设计能力欠佳 施工技术强、引进新技术/施工技术一般 企业管理水平高/企业管理水平有待改善 与业主关系良好/与业主关系不太融洽 有类似项目经验/进入新市场			
机会/威胁	项目施工条件好/项目施工难度高 经济发展态势好/经济发展不稳定 社会稳定/社会不稳定,战争与内乱 国家政策支持/政府出台紧缩政策 业主要求明确/业主要求不清晰 业主经济能力强/业主经济能力堪忧 竞争激烈程度弱/竞争激烈程度强			

假如计算所得:总承包企业的优势/劣势加权得分为 1.70,机会/威胁加权得分为 0.85。将量化后的结果在 SWOT 决策图中标出,以确定企业是否投标。SWOT 决策图如图 2-3 所示。

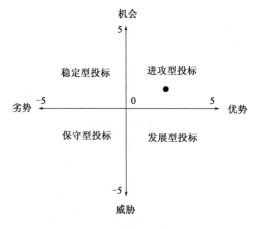

图 2-3　SWOT 决策图

分值处于第一象限时,说明总承包企业不仅具有强大的内部优势,且外部机会良好。此时,总承包企业应当采取进攻型投标战略,利用自身优势,把握机会,积极参与投标。

分值处于第二象限时,表明虽然此时外部机会良好,但是总承包企业自身优势不足,不适合参与竞争。此时,企业应当寻求稳定,考虑放弃投标,或者采取寻求合作伙伴结成联合体,双方优势互补参与投标。

分值处于第三象限时,表明总承包企业自身条件不佳,且外部又存在威胁。此时,总承包企业应当采取保守态度,果断放弃投标。

分值处于第四象限时,表明总承包企业拥有内部优势,但外部存在威胁,总承包企业的投标风险比较大。此时,总承包企业应当分析产生外部威胁的原因,通过自身的努力改变现状,取得进一步的发展,否则放弃投标。

在本例中,总承包企业的分值处于第一象限,因此应当采取进攻型投标策略,积极参与投标。

SWOT 分析法的应用看似简单,但实际上是一个长期积累的过程,并不是一蹴而就的。总承包企业必须在尊重客观现实的基础上,准确认识企业自身和行业水平,把握企业的优势和劣势以及外部环境的机会与威胁,制订出科学合理的投标策略。

2.2 公路工程总承包联合体

《公路工程设计施工总承包管理办法》(交通运输部令 2015 年第 10 号)规定,以联合体投标的,应当根据项目的特点和复杂程度,合理确定牵头单位,并在联合体协议中明确联合体成员单位的责任和权利。

2.2.1 总承包联合体的组建

总承包联合体是指两家或两家以上的设计单位和施工单位通过签订协议形成非法人性质、具有单一目标的合作团体,并以联合体名义参与资格审查、投标、签订总承包合同,此后联合体各成员凭借在各自领域的专业优势,共同完成所承包项目的设计、采购、施工任务。在这种模式下,联合体各方共享利益、共担风险,既保持一定的独立性,又建立起稳定的合作伙伴关系,直到所承包的项目完成而自动解散。联合体设牵头单位,代表联合体同发包人进行联络、谈判等。

目前,总承包联合体主要有施工单位牵头的联合体和设计单位牵头的联合体两种模式。随着工程总承包管理模式的发展,由设计单位牵头的工程总承包市场在体量上远大于由施工单位牵头的市场,由设计单位牵头的总承包管理成为工程建设行业内越来越受人推荐的模式。再加上设计施工总承包项目的特点,对于项目实施效果如何,设计单位发挥着重要的作用。因此,国家积极鼓励总承包项目中由设计单位牵头组建联合体。各参建单位关系如图 2-4 所示。

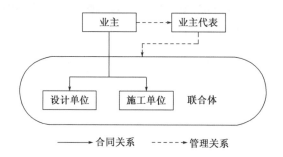

图 2-4　总承包联合体模式各参建单位关系图

2.2.1.1　以设计单位牵头的总承包联合体模式

以设计单位为核心的总承包联合体有效地消除了设计施工分段管理带来的弊端,在具体实践中,设计单位作为牵头单位,具体负责设计协调以及总包管理工作。设计单位作为联合体牵头人,相比施工单位而言,在优化工程设计方面更加具备优势,能够强有力保障总承包项目的建设价值。这种模式的主要优势如下。

1) 有利于控制项目的成本

成本控制是贯穿于工程项目全寿命周期的主旋律,规划和设计阶段对总投资的影响最大。而在发包人做出规划上的决策后,设计将成为影响工程投资的关键。由于采用固定总价合同,关于工程性能上的修改变更只能由工程总承包企业来承担增加的费用,因此,与传统模式下按取费基数和费率计取相对固定的设计费相比,以设计单位为核心的总承包联合体模式下的设计方案所节约的成本将直接影响到联合体的整体利益。

发包人、总承包企业、设计单位的各方利益实现激励相容,能够极大地激发设计单位实行优化设计、限额设计的主观能动性。设计单位充分利用自身的专业优势,主动运用价值工程对设计方案进行比选、优化和进行限额设计,让设计成果能够很好地满足工程的需要和发包人的要求,在为自身创造出额外利润的同时,有效实现项目成本的控制。

2) 有利于提高可施工性和有效控制总工期

设计单位通过发挥其主导作用,在明确发包人要求和自身设计理念的基础上,在方案设计和初步设计阶段就可以对联合体中施工单位的施工经验、技术力量、设备机械等条件和各阶段的协作搭配进行沟通合作与统筹考虑,充分考虑施工单位的意见和建议,实现设计方案的可施工性,能够从根本上减少设计与采购、施工之间缺乏交流、互相脱节的弊端,使得项目在设计、采购、施工等不同阶段能够紧密配合,同步交叉推进工程进度,实现对总工期的有效把控。

3) 有利于保证工程项目的质量

项目工程图纸的设计质量一定程度上决定了项目的整体质量。作为总承包企业核心的设计单位能够将设计意图始终贯穿于项目的建设过程当中,对施工中可能发生的问题做到透彻分析和提前预估,有效保证了设计图纸在设计思路一致性基础上的不断完善优化,从而提高项目质量管理的水平。

2.2.1.2 以设计单位牵头的总承包联合体组建方式

1) 设立联合体的最高领导机构

虽然设计单位想做好联合体的牵头工作,但是顶层领导机构的缺位,会导致设计单位的决策指令无法从上往下逐层推行分配至底层各部门岗位。因此,设立联合体管理委员会作为联合体的最高权力机构至关重要。

联合体管理委员会应由联合体各成员单位的高级管理人员组成,总人数应为奇数且不宜超过7人。为保证联合体能够以设计单位为核心顺利开展管理,在管理委员会的职务安排上应确保设计单位的核心领导地位,即联合体管理委员会主席应由设计单位委派的高管担任,同时,设计单位应考虑管理委员会中的权力制衡,委员会副主席应由合作伙伴委派的高管担任,后续各委员按交叉配置原则由设计单位和施工单位依次交替派人担任。

联合体管理委员会最后一名委员可由总承包项目经理部的项目经理担任。项目经理作为项目经理部的一把手,由其参与到管理委员会的决策,有利于将项目情况及时向上反馈至管理委员会,同时将管理委员会的精神和决策事项及时向下贯彻至项目部。

联合体管理委员会应定期召开会议,以便能够及时从顶层管理层面针对联合体总承包项目做出指示和决定,制定和调整联合体管理委员会的工作制度,明确委员会主席和各成员的工作职责;确定联合体管理委员会的决策机制和争端处理机制,组建总承包项目经理部,对项目经理部的工作计划进行审批,并监督总承包项目的实施情况;就联合体总承包项目关于进度、质量、安全、成本、设备采购等重大事项,联合体内部之间、联合体内部与外部的风险矛盾争端等突发情况做出决策。

联合体管理委员会是一种基于合作伙伴关系形成的组织,需要建立在合作各方互相信任、合作的基础上,通过有效的沟通、协商和及时的信息资源共享,方能将各单位的专业能力发挥至极致,实现多方的共赢。

由于管理委员会的成员来自不同单位部门,短时间内互相了解不深,磨合时间不长,在进行重大事项决策时,管理委员会内部可能会存在不同的声音。因此,有必要在联合体管理委员会中建立良好的沟通机制,当发生重大事项需要管理委员会决策时,应本着平等、公平、自愿、共赢的原则进行沟通协商。管理委员会做出决策前,应充分征询并听取委员会各成员的意见和建议,既要保证联合体项目的整体利益,也要考虑合作伙伴的个体利益,使决策在联合体各方的总体满意度上达到最大。

如果联合体管理委员会无法就提议事项做出令各方均满意的决策,这时联合体管理委员会主席应在充分尊重各方利益的基础上,公平、诚信、果断地做出最终决策,联合体应无条件按此决策执行,若其他成员单位认为该决策对己方不利,可提请仲裁或诉讼。

2) 组建联合体的工作机构

总承包项目经理部是负责项目实施的常务工作机构,是开展项目建设的具体事务性工作,并将联合体管理委员会做出的决策进行贯彻落实的组织。如果说联合体管理委员会是对总承包项目进行宏观调控的大脑，那么总承包项目经理部则负责将大脑发出的指令落实到具体的事务上。通常情况下，项目经理部设有项目经理、项目常务副经理、设计总工、施工总工等高层管理岗位。同联合体管理委员会的人员配置类似，上述岗位由设计单位人员和施工单位人员交叉配置组成。

关于项目经理的人选，以下两种方案可供选择：

（1）由设计单位派人担任。这样设置的好处是相当于设计单位在管理委员会和项目经理部两个组织中均牢固占据一把手位置，从组织上确立了己方在联合体中的绝对核心地位，确保联合体项目经理部能够较好地贯彻工程设计思路理念，全过程控制工程设计质量。但也必须意识到，这种设置对设计单位出任此关键职务的人员的综合素质提出了更高的要求。

（2）由施工单位派人担任。其作为总承包项目经理部的一把手，在权限范围内全面负责项目执行，包括代表联合体与建设单位、监理进行谈判、沟通，及时处理项目实施中发生的问题，定期向联合体管理委员会汇报项目信息以供决策等。这种设置方式的好处是，相比施工单位而言，设计单位人员往往缺少现场的施工经验和项目管理经验，由具备更加丰富现场管理经验的施工单位派人担任项目经理有助于项目的协调推进。

虽然由施工单位人员担任的项目经理是总承包项目经理部的一把手，但根据交叉配置原则，总承包项目经理部职能部门管理岗位也分别有设计单位的人员担任，设计单位能够参与项目部日常的决策并拥有一定的话语权。此外，项目经理部所做的一切重大决策均需要上报由设计单位出任主席的联合体管理委员会并经同意才能实施，因此，设计单位不用过于担心在项目经理部的权力稀释从而失去核心地位的情况发生。

最重要的是，设计单位代表不仅仅是构成项目经理部职能部门的成员，还必须全过程参与项目管理。如果设计单位不派驻设计人员在现场参与管理，无论选择上述哪一种方式，均会阻断自己对项目执行跟踪的视线，削弱对联合体的管控能力。因此，设计单位参与项目管理与设计的主要人员驻场办公或者定期驻场办公，无论是对项目推进还是维持设计单位核心地位而言，均是非常必要的举措。

总承包项目经理部按上述人员进行责权配置后，基本可以做到分工明确，合作顺畅，但在总承包项目的实施过程中，总承包项目经理部将有大量的工作需要处理，很多工作需要各方成员部门共同协调配合，如果在管理制度设计上稍有不慎，极易出现合作上的问题。

因此，在总承包项目经理部的管理制度层面，还应通过工程例会、图纸交底、经验总结、现场指导等各种形式的会议活动，建立起长期信赖的沟通机制，对各种常规事务的处理应予以分类并程序化，严格限定每一流程的办理时限。此外，还需要建立突发事件应急处理机制，以便快速联动高效地处理常规制度中未考虑到的突发事件。

3）总承包项目联合体的组织机构

总承包项目联合体的组织机构如图2-5所示。

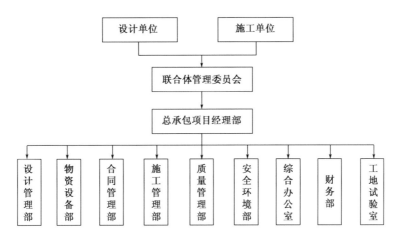

图 2-5 总承包项目联合体的组织机构

2.2.2 联合体合作协议书

总承包项目建设过程中除了与发包人及其他利益相关方签订合同外,总承包企业各参加单位的责权分配和权利义务必须通过内部合作合同的形式加以明确和规范。联合体主要成员之间在项目成功中标后,应签订联合体合作协议书。

2.2.2.1 联合体协议书签订的原则

(1)联合体协议书的内容必须符合国家法律要求,且不得与行业内法律、标准、管理办法等相冲突。

(2)联合体成员对于协议书的内容应当严格保密。

(3)联合体协议必须是联合体成员之间本着平等互利、公平合理、友好合作的原则签订的,任何一方不得利用优势条件签订具有强迫性的条款内容。

(4)联合体协议中应确定一家单位作为牵头单位,并对成员之间的工作范围等予以明确。

2.2.2.2 联合体协议书的内容

联合体协议书主要包括的内容如下:

(1)总则。签订联合体协议的各方,根据中华人民共和国的法律,本着平等互利、公平合理、友好合作的原则,组成联合体,共同承担总承包项目合同任务。联合体各方利用各自专长和资源,履行总承包企业与发包人签订的设计施工总承包合同规定的各项内容。

(2)定义。对联合体协议中的措辞和用语定义,赋予含义,包括并不限于协议、约定、负责、遵守、风险、风险费、联合体、发包人及执行机构、牵头人、招标文件、通用合同条款、专用合同条款、项目、合同、合同价款、施工图工程量清单、预算等。

(3)联合体构成。主要包括联合体合作双方或多方企业的主要信息及联合体名称等。

(4)联合体的性质。联合体成员出于共同利益,在签订联合体协议的基础上,通过组建非法人性质的联合体参与项目的投标和组织项目的实施。联合体本身不进行登记和注册。联合体仅以项目投标和实施为单一目的。

(5)与发包人的谈判。联合体成员同意由牵头人组织和管理与发包人的商务和技术谈判,但有关各方工作范围、责任、权利和义务的谈判,各方都有权充分参加,事先未经双方同意,不允许任何一方单独做出影响另一方的工作范围、责任和义务的承诺。

(6)联合体成员的工作范围。双方同意以充分发挥各自的优势、增强联合体的整体实力、取得项目、获得合理的利益为原则,划分约定的工作范围。

(7)风险划分。根据中标合同相关条款进行风险划分,确定属于发包人的风险,以及联合体成员各自应承担的风险。

(8)责任和义务。联合体成员应以联合体的信誉和利益为重,各方应以积极、友好、坦诚的态度维护联合体的信誉和利益。为明确各方的责任和义务,联合体协议应对各方所承担的责任和义务进行细化,并明确违约应承担的后果。

(9)其他协议约定。主要包括但不限于收益的分配、管理费的提取与使用、风险金的提取与使用、材料价格变动风险的承担等。

(10)资金和财务。规定联合体资金和财务管理、增值税等缴纳的内容。

(11)联合体管理委员会。联合体成立管理委员会,负责监管项目实施过程中的设计变更、对联合体成员之间的争议进行协调、处理重大突发事件等。

(12)总承包项目经理部。联合体设立项目经理部,负责组织中标后的项目实施。

(13)履约保函、动员预付款保函。规定保函办理责任方、明确费用承担等内容。

(14)保险。规定各类保险的购买及费用承担内容。

(15)税务。规定各类税款缴纳及费用承担的内容。

(16)保密。除需要给附属机构或选定的供货商和分包单位为了项目实施提供必要的信息(包括所有文件、图纸、资料)外,有关项目商业、财务、技术和其他方的信息,应当严格保密,而且选定的供货商和分包单位也应执行有关的保密协议。

(17)设备、材料的采购。各方负责采购自己工作范围内所需要的设备和材料,并保证设备和材料符合合同及技术规范的要求。

(18)利益、损失及风险。各方相关利益的内容及划分,各方应负责管理并维持自己的收入、支出、风险、利益及损失等的相关规定。

(19)分包。各方对工作内容分包的相关规定。

(20)通知。各方与发包人及项目执行机构的往来函件等信息的相互通知报备的相关规定;各方应将各自工作范围内项目进展情况及有关重大事项及时通知另一方的相关规定。

(21)修改。发现联合体协议书中条款有某项无效或不可实施时,选用合适的条款修改替代的相关规定。

(22)违约责任。违约的认定和违约责罚的相关规定。

(23)争议解决。在协议和合同执行过程中,如双方发生分歧或争议,应本着友好协商的方式解决。当无法达成一致意见时,应立即向管理委员会报告,申请召开管理委员会会议裁决。

(24)期限。联合体的期限从合作协议生效日起,至下列日期最早一项发生时为止。

①发包人书面通知联合体的投标未被接受;

②发包人与联合体的合同被终止;

③合同执行完毕,联合体的所有保证和义务被解除。

(25)其他。关于公布方面的规定:各方就联合体一切事项做出任何公布,均需各方授权代表事先书面同意。关于版权的规定:任何文件、资料、图纸及设计的版权和设计权应视为提供一方的财产。

(26)法律适用。本协议适用中华人民共和国法律。

(27)生效日期。联合体协议经各方法定代表人或其授权代表签字之日起开始生效。

2.3 公路工程总承包项目投标管理

2.3.1 工程总承包项目投标组织

组织投标是投标工作中的重点,是在前期项目跟踪及对各项投资指标进行科学研究测算之后做出的合理的决策,投标文件中的相关内容是发包人评判投标人综合实力的依据。总承包项目的一般投标过程如图2-6所示。

2.3.1.1 投标工作组的建立

总承包企业做出投标决定后,应建立投标工作组。投标工作组一般由企业的经营管理部门、技术部门相关人员组成。一般总承包企业组建的投标工作组应具备以下条件:

(1)投标小组成员应熟悉投标相关的业务知识;

(2)由经验丰富、有组织协调能力和决策能力的人员担任负责人;

(3)有各专业设计、施工技术及现场组织管理的工程师;

(4)有熟悉工程量核算和价格编制的造价工程师;

(5)有熟悉合同管理、采购的工作人员。

2.3.1.2 投标过程中各管理层面的职责分工

1)总承包企业领导层

(1)投标决策;

(2)组织建立投标工作组,任命工作组负责人;

(3)确定最终报价。

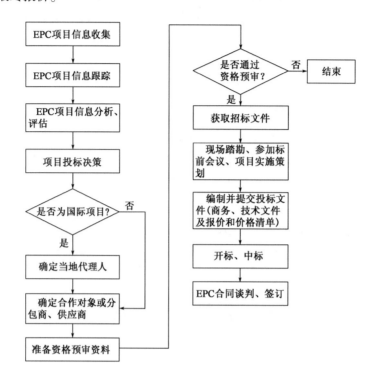

图 2-6　总承包项目投标过程示意图

2)总承包企业各职能部门

(1)选派组成投标工作组的相应商务及技术人员;

(2)为投标工作组提供支持。

3)投标小组

(1)项目投标前的准备工作;

(2)准备资格预审资料;

(3)现场踏勘、参加标前会议、项目实施策划;

(4)编制投标文件;

(5)准备投标需要的相关文件资料;

(6)参加开标。

2.3.1.3　投标前期准备

项目投标前期准备工作是投标工作的基础,投标工作组对发包人招标文件的深入分析为接下来的投标工作提供实时依据。

1)项目调查

对欲投标项目进行详细调查,包括项目所在地区或国家的市场宏观政治经济环境调查;项目所在地区或国家的自然环境考察;对项目业主的调查;对竞争对手的调查。

2)准备和提交资格预审文件

准备资格预审文件时,要详细了解业主进行资格预审的初衷和对提交的资格预审文件的要求,然后按业主要求及项目的特点准备相关材料。

3)购买和研究招标文件

通过资格预审购买招标文件后,应认真研读招标文件,主要关注投标人须知、专用条件、技术规范、项目功能描述书、投标书附录等方面。

对于投标人须知,要重点分析的内容有:

(1)投标人须知前附表及资格审查条件;

(2)有关项目概况、招标范围、资金来源和落实情况;

(3)招标文件的组成、澄清、修改等;

(4)有关投标书的文件组成、投标报价及分解;

(5)开标与评标中有关评标方法和标准。

4)选择分包商和供应商

总承包项目一般规模庞大,有时候需要将一部分工程分包出去,分包内容可能包括工程设计、采购、施工等方面。选择合适的合作单位,对整个工程的进度、质量和费用控制具有重要影响,也为设计、采购和施工的合理衔接打下良好的基础。因此,在投标准备阶段,应制订分包计划,进行分包询价和拟定分包人,同时尽早开展与供应商的业务沟通,以便于制订合理的采购计划。

5)现场踏勘及标前会议

施工现场踏勘是投标者必须经过的投标程序。按照国际惯例,投标人提出的报价单一般被认为是在现场考察的基础上编制的。一旦报价单提出之后,投标者就无权因为现场考察不周、情况了解不细或其他因素而提出修改投标、调整报价或提出补偿等要求。

现场踏勘应重点搜集以下(包括但不限于)信息:

(1)项目现场地形地质、水文、气候、工作内容等;

(2)投标人在项目开展时所需的驻地环境、食宿情况;

(3)现场交通道路运输情况,水电接入状况,通信设施等条件。

现场考察结束后,招标方一般会安排标前会议,针对招标文件中出现的差异和不清楚的地方,回答投标人提出的问题。投标人应积极参加此会议,利用这个机会获得必要的信息。投标人在标前会议提出问题时,应注意以下几个方面:

(1)对合同和技术文件中不清楚的问题,应提前说明,但要注意不要提出有悖于合同和设计的相关要求。

(2)提出问题时,应注意防止其他投标人从中了解到本单位的投标机密。

(3)仔细倾听发包人、竞争对手的谈话,从中探察他们的态度、经验和管理水平。

2.3.2 投标文件的编制

完成相关投标前期工作后,投标工作组开始着手完成投标文件的编制。按照招标文件的要求,投标工作组制订的投标策略和关键内容都要在投标文件中明确体现出来。

2.3.2.1 投标文件的组成

投标文件一般分为商务部分、技术部分和报价部分。

商务部分包括投标函、联合体协议书、法定代表人身份证明及授权委托书、投标人基本情况、主要人员情况、近年财务状况、近年完成的类似项目情况、近年发生的诉讼及仲裁情况、投标人信誉情况、履约信誉(受奖罚情况)、投标保证金、信用评价等级说明、分包商的资信文件、拟投入的主要施工机械及主要材料试验检测仪器设备等。

技术部分阐述项目的总体部署内容,用来评价投标人的技术实力和经验,主要包括项目组织管理机构、设计施工总承包管理方案、初步设计优化建议和施工图设计技术方案、施工组织设计、采购计划、总进度计划、拟分包项目情况等。

报价部分主要包括投标报价及其相关价格分解等。

2.3.2.2 投标文件编制中的关键点

在准备投标文件商务标和技术标时,要充分考虑影响项目投标质量的关键因素,提炼出投标文件编制中的关键性指标。一般工程总承包投标文件编制中的关键性指标如表2-3所示,在编制投标文件过程中要重点对其关注。

工程总承包投标文件编制中的关键性指标　　　　表2-3

分类	一类指标	二类指标
技术部分	总体实施方案	项目目标(质量、工期、造价)
		项目实施组织形式
		项目阶段划分
		项目工作分解结构
		对项目各阶段工作及文件的要求
		项目分包和采购计划
		项目沟通与协调程序
	技术实施要点	勘察设计资源配置
		识别招标文件中业主的设计需求
		勘察设计实施要点
		施工实施要点
		采购需求分析
		采购实施要点
		试运行实施要点

续上表

分　类	一类指标	二类指标
技术部分	项目管理要点	合同管理要点
		资源管理要点
		质量控制要点
		进度控制要点
		费用估算及控制要点
		安全管理要点
		职业健康管理要点
		环境管理要点
		沟通和协调管理要点
		财务管理要点
		风险管理要点
		文件及信息管理要点
		报告制度
商务部分	相关资格审查材料	投标人基本情况
		近年财务状况
		近年完成的类似项目情况
		正在实施和新承接的项目情况
		拟投入本项目的主要施工设备
		拟配备本项目的试验和检测仪器设备
		项目管理机构组成(拟投入的人员及相关简历)
报价部分	价格清单	价格清单说明
		价格清单(含勘察设计费、设备费、建筑安装工程费、技术服务费、暂估价等相关的价格分解)

2.3.2.3　投标文件编制注意事项

（1）在一般招投标活动中，投标人能否中标的关键是报价，总承包项目也不例外。投标人应在认真研究招标文件，充分了解发包人的评标体系，综合考虑下列因素后，确定总承包项目的最终投标报价：

①报价计算的准确度；

②期望利润；

③报价风险及本企业的风险承受能力；

④工程所在地区或国家的报价水平；

⑤对竞争对手优劣势的分析估计。

（2）编制投标文件时应仔细研读招标文件，明确发包人的意图，并应注意以下问题：

①应明确责任及报价范围;
②应清楚工程合同应采取的形式、保函、付款条件及保险相关的内容;
③应清楚发包人在项目设计或施工中有无特殊的技术要求,使用的材料或设备有无明确的品牌指定,不同品牌的材料和设备往往价格相差很大,会直接影响总包方最后的投标报价和利润;
④对于标书中未明确或者前后不一致之处,应当及时反馈招标单位并进行澄清,防止造成双方在标书理解上的偏差,以至于最终体现在投标报价上影响中标结果。

(3)投标文件的排版、包装和各种签字盖章等,要完全符合招标文件的要求,页码次序要顺齐,不能缺页和附带其他不相关内容的文件,否则会导致废标。

2.3.2.4 投标文件的递交

投标人必须按照招标文件投标人须知中的有关规定,在投标截止日期及时间前以密封形式递交投标文件。在投标截止日期前,投标人可以通过书面形式修改、替代和撤销标书。

2.3.3 开标

所谓开标,是发包人按招标文件确定的地点在投标人提交投标文件截止时间的同一时间公开进行的揭标仪式,是在有投标人和监督机构代表出席的情况下,当众启封投标人提交的投标文件,公开宣布投标人名称、投标价格及投标文件中的有关主要内容的过程。

2.3.3.1 开标会

应在投标截止时间前和投标人须知规定的地点公开开标,并邀请所有投标人的法定代表人或其委托代理人准时参加开标会,交易中心见证人员、有关监督人员现场见证、监督开标。

2.3.3.2 开标程序

(1)宣布开标纪律。

(2)公布在投标截止时间前递交投标文件的投标人名称,并点名确认投标人是否派人到场。

(3)介绍开标人、唱标人、记录人、监督人员、见证人员等有关人员(发包人的开标人员应包括主持人、开标人、唱标人和记录人)。

(4)设有标底的,公布标底(如采用双信封形式,则在第二个信封开标时公布),发包人代表、所有投标人代表、行政监督人员和交易中心见证人员应在场见证或监督,并在下浮率确定表中签字确认。

(5)请投标人代表检查投标文件密封情况。

(6)按随机顺序当众开标,公布投标人名称、标段名称、投标保证金递交情况、投标报价(如采用双信封形式,则在第二个信封开标时公布)等内容,并记录在案。

(7)询问投标人对开标过程是否有异议,如无异议,投标人代表、发包人代表、监督人员、见证人员等有关人员在开标记录上签字确认。

(8)开标会议结束。如采用双信封形式,首次开标仅对第一信封投标文件(商务和技术文件)进行开标,并将第二信封投标文件在所有投标人代表的现场见证下封存在交易中心,同时采用密码锁和封条形式,密码锁和封条由交易中心提供。发包人代表、所有投标人代表、交易中心见证人员均须在封条上签字。第二次开标时,在所有投标人代表的见证下启封封存的第二信封投标文件并公开开标,未通过第一信封投标文件审查的投标人的第二信封投标文件不予开标。

开标程序如图 2-7 所示。

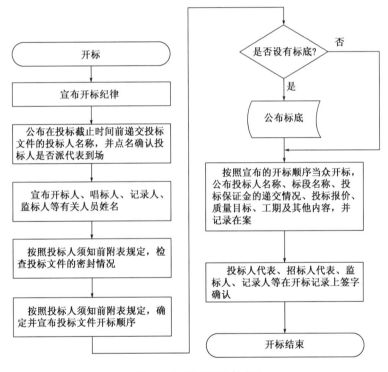

图 2-7 总承包项目开标流程

2.3.3.3 无效投标文件

根据相关法律法规条款,在开标时,投标文件出现下列情形之一的,应当作为无效投标文件,不得进入评标:

(1)投保文件逾期送达或未送达指定地点的;

(2)投标文件未按照招标文件的要求予以密封的;

(3)投标文件中的投标函无投标人的企业签章及企业法定代表人签字或签章的,或者企业法定代表人委托代理人没有合法、有效的委托书(原件)及委托代理人签字或签章的;

(4)投标文件的关键内容字迹模糊、无法辨认的;

(5)投标人未按照招标文件的要求提供投标保函或者投标保证金的;

(6)组成联合体投标的,投标文件未附联合体各方共同投标协议的。

2.3.4 合同谈判与签订

按照《中华人民共和国招标投标法》的相关规定,总承包企业确定后,发包人应当向总承包企业发出中标通知书,并同时将中标结果通知所有未中标的投标人,发包人和总承包企业应当自中标通知书发出之日起三十日内,按照招标文件和总承包企业的投标文件订立书面合同。

收到中标通知书后,意味着发包人和总承包企业之间合同关系成立,对合同双方当事人具有法律约束力。工程总承包项目进入合同签约阶段。合同签约阶段的主要工作包括:合同起草、合同谈判、合同评审、合同签订、提供履约保函(保证金)等。其中,合同谈判是合同双方对合同具体内容是否达成一致的协商过程,对今后的合同管理和工程建设项目的顺利实施都有非常重要的意义。

签订合同是招标成果的体现。在具体签订合同过程中,虽有招标文件、投标文件为基础,还有标准合同文件作参考,但到签订合同时,往往还会发现,在编制招标文件时有考虑不周的问题需要进一步商榷,有争议的问题需要解决,还可能出现有些特殊条款中的特殊问题需明确、补充和完善等。因此,仍有大量、细微甚至艰苦的工作需要去做,需要双方很好地协商解决。

合同谈判的目的是在合同通用条款和专业条款责权利平衡的基础上,就某些合同条款的理解进行澄清和解释,对合同条款的具体细节进行明晰和确定,并最终签订合同。合同谈判是合同签订过程中最重要的环节。工程总承包合同谈判时,应注意以下问题。

2.3.4.1 合同谈判准备

1)收集资料

准备工作中最不可或缺的一项就是收集整理有关对方及项目的各种背景材料和基础资料,即通过合法调查及前期所达成的意向书、会议纪要等掌握对方的资信状况、已有成绩、资金来源、项目由来、发展近况等相关信息,某些核心的内容需要进行详细的分项、细化。

2)选择人员

根据所要谈判的项目确定己方谈判人员的组成,一般可由懂商务、法律法规与政策的人员,懂工程技术方面的人员,懂工程造价方面的人员这三部分人员组成,同时要对对方谈判组成人员的身份、地位、喜好、性格等有所了解,以便在谈判过程中营造与对方人员良好沟通的氛围,并与对方建立长期的良好合作关系。

3)分析双方情况

具备了相关资料,就应对双方的情况进行认真分析。如:对双方人员的谈判习惯进行对比分析,对发包人、总承包企业各自的企业管理运营方式进行了解分析,对总承包企业所提供的工程项目建议书是否最经济地满足业主的要求进行评估,对谈判目标进行可行性及双方优势与劣势的分析等,以期在谈判中能够占据主动,赢得胜算。

4)拟订方案

拟订谈判的初步方案,有助于有针对性地运用谈判策略和技巧,保证谈判的成功。谈判方案中要注意尽可能地将双方能取得一致的内容(即共同利益)列出,还要尽可能地列出双方在哪些地方还存在着分歧甚至原则性的分歧问题(即利益冲突),进而明确谈判的重点和难点。

2.3.4.2 合同谈判过程

(1)要分配谈判角色,即根据谈判成员的不同性格特征分配各自的角色,要善于利用专业人士的权威性达到优势互补。

(2)要熟悉掌握议程,即懂得合理分配谈判时间,对准备商讨的各个议题控制好节奏,尽量在有限的谈判时间内达成己方目的。

(3)第三要做到避实就虚,即根据准备工作中的形势分析,利用对方弱点猛烈攻击,对于己方弱点则注意回避。

(4)要注意谈判氛围,即谈判双方为了维护自己的利益,其过程中不可避免地会出现各种不同程度的争执,在气氛紧张或陷入僵局时,可适当地调整或休会,以使双方冷静思考、舒缓压力,保证谈判继续进行。

2.3.4.3 合同谈判要点

1)商务方面

谈判要点包括合同生效条款、合同价格和付款条款、工期条款、罚款与索赔条款、质保期、保险、税费等。

当前,如何保证按期支付工程进度款已成为困扰总承包企业的基本问题之一。许多工程合同中对此部分条款的规定或叙述不甚明确、不够详细,尤其是对工程款支付、违约和索赔条款的约定不严密、不完整,这容易造成经济纠纷并给总承包企业带来经济损失。因此,在合同谈判中,总承包企业一定要针对此类商务问题予以认真研究与探讨,以期最大限度地保护自己的经济利益,避免日后出现一些不必要的麻烦。

同时,总承包企业应注意在合同中会包括为满足发包人要求而隐含的相关工作,以及虽未提及但为了保证工程安全和性能稳定、工程的顺利完成和有效运行所需的所有工作。在谈判过程中,双方应明确划分工作和责任范围。总承包企业要积极争取有利的合同生效和工期计算标准,缩短成本回收周期,降低罚款比例、税费和银行手续费用等。

2)技术方面

技术问题是发包人极为关切的,也是总承包企业的优势所在。随着现代科技的发展,各种新技术、新方法、新材料已广泛应用于工程项目的建设中,再加上我国所采用的技术规范同国外发达国家相比有一定的差异。因此，合同谈判中要着重关注工程技术的选用，对于强制性的国家标准，总承包企业必须严格遵守，而对于其他施工方法、手段乃至技术，必须保证其可靠性和实用性，以及图纸、文件要求的规范性和科学性。

在图纸审批要求、试验检测方法等方面，总承包企业需在认真研究、对比的基础上，在谈判中争取合理、合法的变通措施。在满足业主技术要求的前提下，谈判人员应尽可能优化设计方案，降低总承包企业的项目成本，争取到更大的利润空间。

3）施工方面

总承包企业在投标报价时工程量细节是不确定的，最终按照详细设计核算的工程量与投标报价的预估工程量之间可能存在很大的差异。因此，在合同谈判中，总承包企业应提交施工组织设计方案及施工方法特别说明，并力争使发包人赞同该方法。

另外，当发包人不能提供足够的气象、水文、地质以及当地法律法规、用工要求等相关资料时，总承包企业除了在投标报价阶段做好相应的勘察和资料收集工作外，还应考虑足够的不可预见费用及设计变更，以避免日后争执或索赔问题的出现。

在谈判中，总承包企业还应注意工程施工过程中，由于设计的修改或调整，或业主对工程具体要求的修改，工程量和工程质量要求还可能有所变化。谈判人员应在合同中规定相应的工程变更条款，来应对这些可能出现的变化。

4）其他需注意的方面

（1）合同的签订不能背离招标文件所载的实质性内容或者再行签订背离合同实质性内容的其他协议。实质性内容是指招标文件和投标文件所确定的基本内容，包括招标方对招标文件的澄清、修改、补充等，主要指工程价款、投标方案、工程工期、质量标准等。

（2）应特别注意合同中专用条款的约定。建设工程合同一般分为通用条款和专用条款。通用条款是指适宜于所有的招投标建设工程的条款，属于格式条款。专用条款是指仅适用于具体工程建设，由当事人双方约定的条款。高质量的合同主要体现在专用条款的约定上，专用条款越细化、越准确越好，其中最重要的需注意以下几点：

①发包人、总承包企业为工程施工创造条件和创造环境的权利和义务分担的约定。总承包企业的主要工作为负责施工场地周围地下管线和邻近物、构筑物、文物、古树名木的保护，但费用由发包方承担等。

②合同价款的约定。合同价款的形式有固定价格、可调价格、成本加酬金价格三种，具体采用哪一种价格形式由双方协商确定，若采用固定价格则应约定合同价款包括的风险范围。

③合同工期的约定。主要是约定除因发包人原因、停电、停水、停气及不可抗力原因造成的出现工期顺延以外的具体情形，如有人为的阻挠施工等非施工方的原因，此等情形下工期方可顺延。

④隐蔽工程和中间验收。应约定中间验收的具体部位及验收的具体方式方法、验收程序、

验收要求等。

⑤材料、设备供应的约定。应详细约定如由发包人负责材料和设备时的责任承担或由承包人负责供应时的责任承担。一般来说,发包人负责供应时,不仅要约定材料质量,还要包括供应管理的细节,避免供应脱节而影响工程进度。但发包人认为材料供应可以节约工程造价的话,发包人应对是否由其负责供应享有选择权。

⑥工程分包的约定。双方应约定要分包的具体工程名称和承担分包工程的具体施工单位,最好再约定就分包工程与第三方单独签订合同。

⑦违约责任的约定。对违约金的约定要符合法律规定,不能过分高于或低于一方违约给对方造成的损失。此外,还应约定违约损失的范围,特别是可得利益的损失范围。

⑧解决纠纷方式的约定。可约定协商、仲裁、诉讼三种方式,协商不成,可以提交仲裁或诉讼;但不能在合同中同时约定既可仲裁又可诉讼,只能约定二者之一。

(3)总承包企业在承包项目过程中不仅要对报价负责,对现场环境调查结果负责,对所有施工方法的安全性及稳定性负责,而且还应按照合同设计、实施和完成工程,并修补工程中的缺陷。

(4)总承包企业所设计、实施的工程,必须符合相应的法律法规、标准规范和环境保护等要求。可见,工程总承包模式下,总承包企业不但需要承担起工程整体功能和运行的责任与义务,同时也必须提高自身的风险管理与控制水平。

(5)在工程总承包模式中,为了最大限度地保护自己利益,避免各类经济纠纷的发生,总承包企业必须认真、细致地做好前期的合同谈判工作,才能为后续的工程顺利执行打下坚实的基础。

2.3.4.4 合同签订时的注意事项

(1)发包人和总承包企业应当自中标通知书发出之日起30天内签订书面合同。

(2)发包人和总承包企业签订书面合同的内容条款,应按照招标文件和总承包企业的投标文件来制订,它是对招标、投标文件的补充和完善;发包人和总承包企业不得再另行订立背离此合同实质性内容的其他协议。

(3)总承包企业不与发包人订立合同的,投标保证金不予退还,其中标资格应被取消。如果给发包人造成的损失超过投标保证金数额,总承包企业应当对超过部分予以赔偿。

(4)发包人无正当理由不与总承包企业签订合同,给总承包企业造成损失的,发包人应当给予赔偿。

(5)招标文件要求总承包企业提交履约保证金或其他形式履约担保的,总承包企业应当按规定提交;拒绝提交的,视为放弃中标项目。发包人要求总承包企业提供履约保证金或其他形式履约担保的,发包人应当同时向总承包企业提供工程款支付担保。

(6)发包人最迟应当在书面合同签订后5日内向总承包企业和未中标的投标人退还投标保证金及银行同期存款利息。

(7)总承包企业应当按照合同约定履行义务,完成中标项目。总承包企业不得向他人转让中标项目,也不得将中标项目肢解后分别向他人转让。此外,按《中华人民共和国招标投标法》规定,总承包企业只能按照合同约定或经发包人同意,才可将中标项目中的部分非主体非关键性工作分包给他人完成。接受分包的人应具备相应的资质条件,并不得再次分包。

第3章　设计施工总承包项目管理组织

组织有两重含义,一个是组织机构,另一个是组织行为。组织机构是指按一定的领导体制、部门设置、层次划分、职责分工、规章制度和信息系统而构成的有机整体。而组织行为是指为达到一定目标,运用组织所赋予的权力,对所需的资源进行合理配置。

项目管理组织的根本作用是保证项目目标的实现。合理的管理组织可以提高项目团队的工作效率。管理组织的合理确定,有利于项目目标的分解与完成。合理的项目组织可以优化资源配置,避免资源浪费,有利于项目内外关系的协调。

总承包项目管理常用的职能式组织模式是一种高度结构化的、正式的、非人格化的理想行政组织体系,也是项目目标控制的合理手段,是达到项目目标、提高效率的最有效形式。这种组织形式在精确性、稳定性、纪律性和可靠性等方面都优于其他形式。总承包项目的员工来自不同合作单位或联合体,各单位都想在组织机构中扮演重要角色。因此,在建立组织机构的时候会面临组织规模的困惑,组织规模往往比常规项目的组织机构庞大。

公路工程总承包项目属于线状工程,其建设条件复杂、投资大、周期长、制约影响因素较多。总承包企业组织是一个有机的系统,要将不同单位的人员组织起来,形成一个有机的分工协作体系,确保战略目标得以实现。

因此,总承包企业应根据项目特点,对项目目标进行分解,设立专业化职能部门,以事情设部门,按部门设岗位,建立与总承包项目相适应的管理组织,分工行使管理职能,提高管理效率。

3.1　管理组织

3.1.1　基本原则

公路工程设计施工总承包项目构建项目管理组织的基本原则为:
(1)有利于有效实现总承包企业的战略目标;
(2)有利于设计施工总承包项目的实施;
(3)有利于进行项目管理和相互沟通与协作;

(4)有利于实行项目经理(项目总负责人)负责制;

(5)有利于发挥工程总承包企业内部各种资源优势。

从保证组织正常运转和战略顺利实施的角度看,在进行组织设计、选择类型时,应当遵循以下基本原则:

(1)目标一致性原则。组织不是一个松散的自由组合而成的群体,它是人们为了实现共同的目标而建立的。在战略管理中,共同的战略目标规定并制约着组织的其他要素。也正因如此,组织成员才能够在共同的战略目标指导下有效地进行分工协作,并且最终实现共同的战略目标。所以,共同的战略目标是维系组织成员关系的纽带,是战略管理中组织管理工作的重要依据。

(2)稳定与适应原则。总承包企业要稳定,以求在多变的工程承包市场环境中生存下来;企业要有适应性,使组织能够不断地从外界学到有用的东西。稳定绝不意味着僵化,一个僵化的组织其实是不稳定的,甚至是脆弱的,而只有当一个组织机构能够使自己不断地适应新的情况、新的要求、新的条件时,它才能够永葆生机与活力。

(3)分工协作原则。为了使组织成员能够有效配合,产生最大的合力,依据企业战略进行组织设计时必须注重职务明确、管理跨度合理、专业分工明晰、协作有序等组织设计的原则。

(4)责权关系原则。责权关系是组织构成要素的核心内容。可以这样说,组织即是各种责权关系的体现。在组织管理过程中,明确各部门、各职位与整体组织之间的责权关系,使每个组织成员都能够明确自己应当做什么、有哪些权力、归谁领导等,这是保证组织稳定性以及增进组织运行效果的前提条件。

(5)信息畅通原则。在一个企业中,信息交流包括自上而下、自下而上以及同级之间的信息往来沟通,这是企业进行有效协调和控制的基础。信息是企业的血液,有效的组织工作必须保证企业内外部的信息交流畅通无阻。

3.1.2 组织形式

长期以来,随着企业经营管理实践的不断成熟以及相应理论研究的深入,人们规范出许多企业组织结构形式。下面将几种常见的企业组织结构形式进行简单介绍,总承包企业的战略管理层也可以从中吸收精髓,并将其作为依据战略进行组织结构设计时的参考。

1)直线制组织结构

直线制组织结构是工业发展初期企业的一种最早、最简单的组织形式。其基本原则是,下级从上级那里直接接受命令,上级对下级进行综合管理。在直线制组织结构中,高层管理者实行没有职能机构的"个人管理",权力线是直线的,关系是明确的,完全按照有效的管理跨度和企业总人数来确定组织的层级。直线制组织结构的优点是机构简明、权力集中、命令统一、决策迅速。其缺点是:没有专门的职能机构和人员作领导的助手,这就相应地要求企业的最高领导通晓各种业务,成为全能人才。

2）职能制组织结构

随着企业规模的不断扩大，管理工作日趋复杂，直线制组织结构已不能适应这种新的情况，企业开始设立专门的职能人员和职能机构，把相应的管理职责与权力交给职能部门，各职能部门在其权力范围内有直接指挥下级的权力，因此就出现了职能制组织结构。职能制组织结构的主要优点是：考虑了职能部门内部的专业化，简化了对管理人员和作业人员的培训过程，能使设备和资源得到有效的利用。但另一方面，职能制组织结构也存在着不可避免的缺点，其中最为常见的是职能部门的成员可能更重视所在部门的目标而不是企业的整体战略目标。

3）事业部制组织结构

事业部制组织结构又称产品或服务型组织结构。它是一种以成果为中心的组织形式，也是分权制的一种典型结构。事业部制组织结构的特点是将生产和销售某类产品（或服务）所必需的所有活动都集中于一个事业部内。

4）区域制组织结构

区域制组织结构的特点是将生产产品或服务所需的全部活动都按照地理位置集中在一起。区域制组织结构具有以下优点：拥有较大的灵活性，能够适应各个地区的竞争情况；有利于将权力和责任授予下级管理层；能够促进一个地区内部市场、生产和财务等职能的协调；为培养高层管理人员提供了良好的机会。区域制组织结构的缺点在于：增加了保持全公司战略方针一致性的难度；可能需要更多的管理人员；由于某些参谋职能的重复设置，可能导致管理费用的增加。

3.1.3 组织机构

随着总承包企业经营规模的不断扩大、企业文化的变迁、社会环境的变化等因素凸显，企业组织的战略也要相应地不断发展变化。总承包企业战略的发展变化要求企业组织做好相应的调整，重新确立关键性职能及其承担机构的层级地位，调整好各个职能部门之间的分工协作关系，甚至改变组织成员的工作方式方法。

设计施工总承包项目管理组织形式根据项目类型确定，项目类型主要分为：（特）大型和中小型项目，具体由项目规模、工程造价、专业特点等因素确定。项目类型划分见表3-1。

项目类型划分　　　　　　　　　　　　　　　　表3-1

项目类型		（特）大型	中小型
公路工程	工程造价（亿元）	≥5	<5
	建设里程（km）	≥10	<10
房建工程	工程造价（亿元）	≥2	<2
	建筑面积（万 m²）	≥10	<10
机电安装、园林绿化、交通安全设施、立交等	工程造价（亿元）	≥1	<1

(特)大型总承包项目组织机构按四个层级设置,即企业保障层、总承包项目管理层、项目管理层和施工作业层(图3-1)。中小型总承包项目组织机构按三个层级设置,即企业保障层、总承包项目管理层和施工作业层(图3-2)。

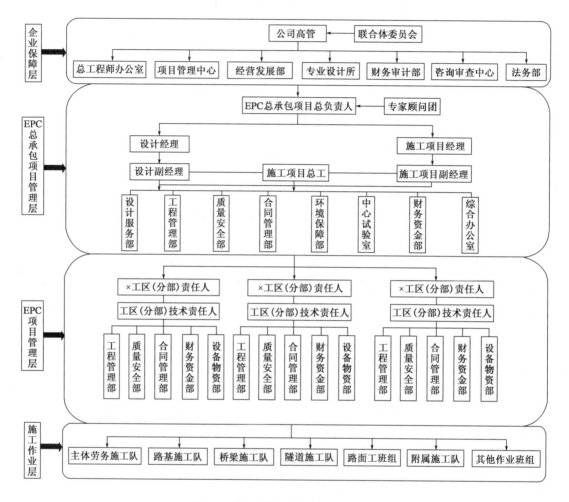

图3-1 (特)大型总承包项目组织机构图

企业保障层由企业管理层及企业总部各部门构成,如果是多家单位以联合体的形式中标,则企业保障层由联合体各单位相关部门构成,其为总承包项目管理层提供管理、技术支持以及行使监督指导职能。

总承包项目管理层主要指项目实施的主体,即总承包项目经理部,其核心团队组建和资源配置由总承包企业确定,代表总承包企业根据合同组织和协调项目范围内的所有资源,实现项目目标。

施工作业层由各专业工程或分包工程组成,分包部分根据分包合同完成单项或单位工程,甚至部分分项工程。

第 3 章 设计施工总承包项目管理组织

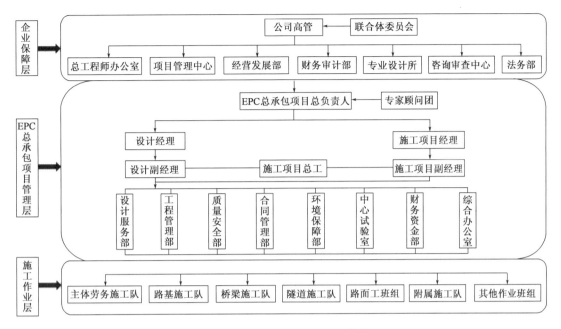

图 3-2 中小型总承包项目组织机构图

随着大数据、智慧化工程项目管理技术的发展,总承包企业组织设计朝着以下几个方面发展:组织扁平化,组织精简,团队建设,组织的学习能力,组织"无边界化",组织内部协作。

3.2 管理职能

公路工程设计施工总承包项目一般采用矩阵式管理。矩阵式管理是常见的组织结构形式之一,总承包项目合同订立后,总承包项目委员会设立总承包项目经理部,任命项目经理,组建总承包项目经理部的职能部门,并按设计单位和施工单位进行人员交叉配置。

根据总承包项目联合体协议规定,项目经理由牵头单位(即设计单位或施工单位)委派投标期间承诺的适合人员担任。项目部职能部门人员由总承包企业各参与方专业职能部门委派,组建总承包联合体的设计单位和施工单位均应安排专业技术和管理人员在各职能部门任职,在项目全过程执行中承担相应的责任,履行本职义务。在项目实施过程中,项目部人员接受总承包项目经理和联合体的设计、施工单位专业职能部门的双重管理。总承包项目经理部的工作任务由项目经理下达,工作程序和技术支持等由专业职能部门保障。

设计施工总承包项目管理的一般流程为:

(1)总承包项目委员会委托总承包项目联合体牵头单位任命项目经理,并按总承包联合体协议规定组建总承包项目经理部;

(2)总承包项目委员会委托总承包项目联合体牵头单位法定代表人与项目经理签订项目管理目标责任书；

(3)总承包项目经理部进行项目管理策划，编制项目管理计划和项目实施计划；

(4)项目设计、采购、施工等过程管理；

(5)项目交、竣工验收、结算及资料移交；

(6)项目管理总结、考核与审计。

3.2.1 总承包项目经理任命与总承包项目经理部组建

总承包企业在总承包合同签订后，任命项目经理，并由总承包企业法定代表人签发书面授权委托书。若是以总承包联合体形式中标的，由总承包联合体牵头单位任命项目经理，牵头单位法定代表人签发书面授权委托书。项目经理根据总承包企业或总承包联合体牵头单位法定代表人授权的范围、时间和项目管理目标责任书中规定的内容，自项目启动至收尾实行全过程管理。

项目经理除应满足中标合同中的要求外，还须具备以下条件：

(1)取得工程建设类注册执业资格或高级专业技术职称；

(2)具备决策、组织、领导和沟通能力，能正确处理和协调与项目发包人、项目相关方之间及企业内部各专业、各部门之间的关系；

(3)具有总承包项目管理及相关经济、法律法规和标准化知识；

(4)具有类似项目的管理经验；

(5)具有良好的信誉。

项目经理负责组建总承包项目经理部，并根据项目规模、特点等设置管理机构和岗位，目标是能够充分实现资源优化配置，提高管理效益。

总承包项目经理部班子由总承包企业人力资源部联合其他相关部门拟订组建方案，并报主管领导、总经理审核后，由董事长审批签发。因上级单位生产经营需要或人员调动导致总承包项目经理部项目班子成员有所调整的，须进行项目班子变更，变更审批流程同项目班子组建审批流程。如果是总承包联合体模式中标，则各职能部门应由总承包联合体设计、施工单位根据联合体协议交叉配置职能部门管理人员。

总承包项目经理部主要管理人员任职应考虑岗位定位、学历、工作经历、专业技术职务水平、是否具有职业资格证书等。总承包企业可根据项目的规模、性质等因素确定总承包项目经理部人员配备标准。在人员精简、职责不减的要求下，岗位设置可一专多能，一岗多责。

项目交工验收后，总承包项目经理部根据需要预留一定人员负责项目收尾工作。直到通过项目竣工验收，完成与项目相关的所有合同(协议)的工作内容，经总承包企业或联合体批准后，总承包项目经理部方可解散。

3.2.2 总承包项目经理部职能

总承包项目经理部应同时具有项目组织实施与控制职能。具体工作职能包括机构组织、项目策划、设计管理、技术管理、物资管理、生产管理、计划管理、费用管理、质量管理、安全及职业健康管理、合同管理、收尾管理、信息与沟通管理、综合事务管理等。

每一项职能均要体现在项目的工作流程中，并通过项目经理部各机构的管理来实现。总承包项目经理部的职能机构设置一般包括"八部两室"，具体为：设计服务部、财务资金部、采购管理部、合同管理部、工程管理部、质量管理部、安全管理部、环境保障部、综合办公室、工地试验室。根据总承包项目特点，在满足项目运行需求的条件下，也可对机构设置进行优化调整。

项目管理策划由总承包项目经理部负责，相关部门配合实施，并编制项目管理计划和项目实施方案。

施工图设计任务由总承包企业设计部门或联合体设计单位负责完成，总承包项目经理部在设计阶段参与施工图设计管理，在设计过程中综合考虑采购、施工及建设单位、地方政府等提出的合理化要求和建议，协调设计部门（单位）在设计文件中落实。施工图设计文件经过行业主管部门评审并取得批复后正式生效。

施工图设计及项目开工准备等项目活动完成后，项目管理重点转移至施工现场。

3.2.3 总承包项目经理部管理机构职责

3.2.3.1 设计服务部职责

(1) 结合总承包项目特点及业主的有关要求，制定后续服务管理制度和办法；
(2) 配合完成设计审查，落实审查意见和建议；
(3) 负责施工过程中的设计组织管理及后续服务工作；
(4) 负责设计图纸的交底、澄清和答疑工作；
(5) 负责实地工程与设计图纸符合性检查，制订设计变更方案并完善设计图纸；
(6) 负责对供货商图纸资料的审查和确认工作；
(7) 参与施工过程中重大技术、安全方案的审定工作；
(8) 做好本部门原始资料的收集、整理和归档工作，建立健全各类管理台账，积极组织和参加相关的业务学习和培训；
(9) 参与项目"四新"技术的推广应用和科技创新工作；
(10) 配合项目的交(竣)工验收和工程质量检查活动。

3.2.3.2 财务资金部职责

(1) 贯彻执行国家的现行财政税务政策、法规和公司财务制度，制定项目的财务管理实施细则；

(2)编制年度财务资金收支计划和费用控制标准,合理控制、使用资金；

(3)负责办理工程款项的收支结算业务；

(4)统筹协调本项目的税务申报和税务知识宣贯工作；

(5)编制财务会计报告,定期进行会计资料整理、分析,为项目经营决策提供准确的财务信息和前瞻性建议；

(6)参与项目的竣工决算和经营成果评定,配合项目审计；

(7)加强会计基础工作,严格执行会计法规,保证会计工作有序进行；

(8)参与合同、协议的审定,并监督执行；

(9)负责对各分部资金使用情况、农民工工资发放情况进行管理和监督。

3.2.3.3　合同管理部职责

(1)负责合同履约管理工作；

(2)负责项目的单价分析、成本核算,做好合同的制订与管理工作；

(3)执行合同文件,认真做好图纸复核和工程量审定工作；

(4)负责工程计量支付工作,审核分项、分部、单位工作计量及支付控制；

(5)办理期中结算、完工结算和最终结算,负责工程量现场核查工作；

(6)及时做好工程量计价,配合财务资金部向业主索取工程进度款；

(7)严格合同造价管理,控制工程成本,提高项目经济效益；

(8)建立健全相关台账,确保资料完整、准确,做好有关资料的保密工作；

(9)负责工程变更、索赔资料的收集、汇总、审核、上报工作及对施工分部变更进行批复；

(10)负责编制、汇总、上报统计报表；

(11)负责办理工程保险及理赔事宜。

3.2.3.4　采购管理部职责

(1)按照项目进度计划要求,制定项目物资采购规划及保障体系,组织设备、材料采购的招标、评标、定标；

(2)负责组织对设备、材料供应商的考察、选择和评价,组织各类采购招标谈判工作；

(3)建立物资采购台账,定期与设备、材料供货方协调沟通,落实供货进度；

(4)负责设备、材料的催交、检验、监制等工作；

(5)配合业主对重大物资开展制造过程及发货前的检验工作；

(6)做好物资的配送与交接工作,严格按照物资明细清单交接,并完善相关手续；

(7)负责对施工分部(工区)、分包单位的主要物资采购进行管理。

3.2.3.5　工程管理部职责

(1)负责项目技术管理和工程进度管理工作；

(2)负责实施性施工组织设计的具体实施;

(3)负责工程策划、施工计划,日、周、月报表、技术方案的编制,以及开工报告的编制及上报工作;

(4)配合各分部做好开(竣)工报告的编制工作,负责施工图纸会审、技术交底,严格按照相关技术规范指导各分部施工;

(5)配合合同管理部做好工程计量、各分部结算及成本核算工作;

(6)配合质量安全部做好隐蔽工程交验工作及工程质量事故处理工作;

(7)按照有关规定做好工程内业资料的收集、整理、归档工作,组织竣工资料的整理和移交。

3.2.3.6 质量管理部职责

(1)负责本项目施工质量管理工作;

(2)负责制定项目质量管理办法,并积极监督各分部予以实施;

(3)深入现场,负责检查和落实质量管理办法的执行,及时纠正违章操作,消除质量隐患;

(4)负责一般性质量事故的处理、上报工作,参与重大质量事故的处理、上报工作;

(5)负责配合各级部门对工程质量的检查验收工作;

(6)负责质量交底工作,督促各分部质量技术资料的签认工作。

3.2.3.7 安全管理部职责

(1)负责本项目安全生产管理工作;

(2)负责制定项目安全生产管理办法,并积极监督各分部予以实施;

(3)深入现场,负责检查和落实安全生产管理办法的执行,及时纠正违章操作,消除安全隐患;

(4)负责一般性安全事故的处理、上报工作,参与重大安全事故的处理、上报工作;

(5)指导各分部对新进场员工进行安全教育培训并组织开展本项目的安全专项活动,适时组织安全应急演练;

(6)负责配合政府安全生产监督部门对项目安全生产的检查工作;

(7)负责安全交底工作,督促各分部安全技术资料的签认工作;

(8)按照规定提取安全生产专项费用,建立安全专项费用使用台账;

(9)负责组织各项安全检查工作,收集安全信息化相关数据;

(10)协助总工程师编制并实施重大安全技术方案。

3.2.3.8 环境保障部职责

(1)负责宣传、贯彻执行国家、省(区、市)有关高速公路征地、拆迁工作的方针政策、法律、法规及补偿标准,以及项目所在地政府相关政策文件和规定;

(2)负责施工单位的进场、退场和工程建设过程中的协调工作;

(3)负责办理项目建设涉及文物、压矿、林业、水土、环保、铁路、天然气、国防电缆等相关部门的审批手续;

(4)负责征地拆迁工作的前期调查、宣传动员,组织、协调征地拆迁工作的实施,对征地拆迁工作进行监督和检查;

(5)负责项目临时用地的征用手续办理;

(6)负责征地拆迁数量的汇总和拆迁费用的审核工作;

(7)负责与沿线政府及有关部门的协调工作;

(8)负责征地拆迁方面法律、法规的解释工作,并协助各分部解决沿线阻碍施工及信访等有关事宜;

(9)配合有关部门做好环境保护、水土保持等工作。

3.2.3.9 综合办公室职责

(1)全面负责项目部内务和日常后勤管理及对外接待和项目建设宣传报道工作;

(2)负责项目部文件的起草、收发和信息的收集、汇总、反馈工作,建立健全有关台账和登记手续,做好各类文件归档工作;

(3)负责项目部党群建设宣传工作,适时组织开展各项文娱活动;

(4)负责项目部员工绩效考核及工资编制工作,督促检查各分部农民工工资发放情况;

(5)负责项目部员工的转正定级及职称申报工作;

(6)负责项目部的公务车辆、通信、治安保卫等各项工作;

(7)负责项目部各类会议的组织和保障工作,并做好会议记录;

(8)负责项目部的公章使用和管理工作;

(9)负责本项目信息化数据的汇总及录入工作。

3.2.3.10 工地试验室职责

(1)负责项目总体试验和检测工作;

(2)负责做好试验数据汇总分析,及时向监理和业主上报试验统计报表及试验总结;

(3)负责做好与业主、监理或第三方试验检测单位等相关方的沟通工作;

(4)协调总承包项目经理部与中心试验室联系,服从业主、监理工作指令,接受监督、检查和指导。

3.2.4 总承包项目经理部党建工作

(1)贯彻执行党的路线方针政策,制订"三重一大"制度。落实党建工作责任制、民主集中制,对重大事项决策、重要干部任免、重要项目安排、大额资金的使用坚持集体研究,民主科学决策,贯彻落实"三重一大"决策制度和双签制度,为项目建设保驾护航。

(2)充分发挥党支部的战斗堡垒作用,发挥党员的先锋模范作用,成立党员突击队,有序推进工程节点、重要工作任务的完成,确保项目建设安全稳定。

(3)开展"开路先锋工程",推动党建工作与工程建设深度融合、同频共振,推动服务型党组织建设,解决项目重难点问题,助推项目建设。

(4)建立组织架构。通过设立廉政工作办公室,强化组织领导,建立健全廉政建设长效工作机制,归口管理廉政建设工作。

(5)做好廉政风险防范工作。一是从制度入手,规范并监管操作流程,从源头防范和治理腐败;二是在招投标、工程变更、财务管理、物资采购、征地拆迁等方面制定相应廉政条款;三是推行"同步预防机制",联合地方检察机关,推行"同步预防职务犯罪机制",引入检察机关监督。

3.2.5 总承包项目经理部岗位配备

总承包项目经理部成立后,总承包企业应根据公司人力资源管理要求,结合项目实施各阶段的实际情况,为总承包项目经理部配备具有资格的合适人员。总承包项目经理部岗位及人员编制可参考表3-2配备。

总承包项目经理部岗位及人员配置表　　表3-2

部门/岗位	岗位设置	人员编制	
		(特)大型	中小型
项目领导	项目经理(项目总负责人)/书记、设计经理、施工经理、采购经理、总工程师、安全总监、设计副经理、施工副经理、协调副经理	7~10	4~6
设计服务部	部长、专业工程师	4~8	1~3
财务资金部	部长、会计、出纳	3	2
合同管理部	部长、合同工程师、计量工程师	2~4	1~2
采购管理部	部长、采购专员、采购内勤	2~4	1~2
工程管理部	部长、计划控制工程师	4~6	1~2
质量管理部	部长、质量工程师	3~5	1~2
安全管理部	部长、安全工程师	3~5	1~2
环境保障部	部长、协调工程师	2~3	1~2
综合办公室	主任、文秘、内勤	2~4	1~2
工地试验室	主任、试验工程师、试验员、资料员	15~45	—
合计		47~97	14~25

3.2.6 总承包项目经理部主要管理人员岗位职责及分工

3.2.6.1 项目经理岗位职责

(1)遵守国家和地方政府的政策、法规,执行有关规章制度,落实上级单位指示和要求;

(2)负责组织制订项目实施计划或方案并督促落实;

(3)负责项目的总体管理工作,若是总承包联合体合作形式,则负责组织、督促联合体各单位履行合同,协调各方关系;

(4)定期召开总承包项目经理部会议,督促和落实项目的各项要求;

(5)负责组织对总承包项目经理部各职能部门的目标责任考核,签发考核结果;

(6)负责定期向总承包项目管理委员会和总承包项目牵头单位做工作汇报,及时就项目实施过程中重大问题与各方进行沟通、解决;

(7)负责对项目资金使用情况进行监管;

(8)负责项目重大活动组织与迎检工作;

(9)负责组织项目交(竣)工验收工作;

(10)分管财务资金部、合同管理部。

3.2.6.2 设计经理岗位职责

(1)代表设计单位行使职权,履行合同文件中规定的权利和义务;

(2)参与制订项目实施方案并负责落实;

(3)负责项目勘察设计过程中的协调工作与管理;

(4)负责施工过程中设计优化方案的审查以及设计后续服务工作;

(5)负责施工现场设计技术管理,组织对设计优化方案的审定;

(6)参与重大施工、技术、安全方案的审定,深入施工现场处理影响工程进度、质量、安全等重大问题;

(7)参与项目的质量、合同及安全管理;

(8)负责项目合同审定,对计量支付进行管理;

(9)负责审核变更设计报告;

(10)分管设计服务部。

3.2.6.3 施工经理岗位职责

(1)代表施工单位行使职权,履行合同文件中规定的权利和义务;

(2)参与制订项目实施方案并负责落实;

(3)负责工程实施过程中成本、质量、进度、安全等控制目标的实现;

(4)负责组织编制总承包项目经理部的规章制度,建立激励、奖罚机制,推动项目建设高效运行;

(5)负责全面组织工程项目的施工与管理;

(6)深入施工现场了解和处理影响工程质量、安全等重大问题和突发事件;

(7)参与施工过程中的设计优化,提出设计优化意见和建议;

(8)负责对施工分部结算支付工作的审批,并对资金使用情况进行监管;

(9)负责应对上级有关部门检查的安排、布置工作;
(10)分管工程管理部。

3.2.6.4 采购经理岗位职责

(1)根据上级单位采购管理相关要求,制订总承包项目经理部采购制度并监督执行;
(2)按时保质保量完成项目采购任务,保证施工现场正常运行;
(3)指导、监督或参与重大原辅材料或大型成套设备的采购业务洽谈及招标工作;
(4)代表总承包项目经理部与材料、设备供应商进行谈判,完成采购合同签订,督促合同正常如期履行;
(5)负责材料、设备等验收、入库、仓储、出库等管理工作;
(6)分管采购管理部。

3.2.6.5 总工程师岗位职责

(1)贯彻执行国家有关技术政策及上级技术管理制度,对项目施工技术工作全面负责;
(2)负责施工技术管理,执行有关技术标准、规范、规程;
(3)组织技术管理人员熟悉合同文件和施工图纸;
(4)负责组织对各分部(工区)进行施工技术、安全交底;
(5)审定各分部实施性施工组织设计及重大技术、安全方案并督促落实;
(6)负责审核变更设计报告、索赔意向报告,并完成后续相关工作;
(7)负责工程计量和结算的审核工作;
(8)负责项目"四新"技术的推广应用和科技创新工作;
(9)分管质量管理部、工地试验室。

3.2.6.6 安全总监岗位职责

(1)贯彻执行国家有关安全生产法律法规,遵守各级安全管理规则制度;
(2)组织实施项目安全生产工作计划、安全生产费用投入计划和安全生产教育培训计划;
(3)建立健全项目安全生产管理体系,保证项目安全生产工作有计划、有目标、有检查、有落实、有考核、有奖罚;
(4)根据规定定期组织召开项目安全生产会议,布置安全生产工作,认真处理安全生产过程中存在的问题,及时消除事故隐患;
(5)组织制订总承包企业安全生产事故应急救援预案,检查审核各施工分部的安全生产事故应急救援预案,并策划开展应急救援演练;
(6)组织审查各施工安全专项方案并督促相关部门、各施工分部严格实施;
(7)组织安全生产事故调查、处理及上报工作;
(8)分管安全管理部。

3.2.6.7　设计副经理岗位职责

(1)协助设计经理完成施工过程的设计组织管理和后续服务工作;

(2)负责组织设计文件的技术交底,落实设计要求和规范规程;

(3)负责设计文件、资料的整理、汇编及移交;

(4)参与工程质量、进度和安全生产的管理工作;

(5)参与总包项目经理部上报资料、文件、方案的会审工作;

(6)参与项目施工管理过程中的技术问题和重大施工方案的审议;

(7)协助设计经理完成设计优化方案的审查工作。

3.2.6.8　施工副经理岗位职责

(1)协助施工经理完成质量、安全、进度控制和管理;

(2)协助制定工程质量、安全生产和环境保护的各项管理制度,组织施工现场的安全生产协调、监督、检查与考评工作;

(3)负责落实项目年、季、月的施工进度计划及工程进度的控制管理;

(4)参与施工过程中的技术问题和重大施工方案的审议;

(5)参与设计、施工、安全交底,协助完成项目交(竣)工验收工作;

(6)深入施工现场,协调解决施工生产中的各种矛盾,督促指导各分部进行合理的劳动组织;

(7)协助完成项目"四新"技术的推广应用和科技创新工作。

3.2.6.9　协调副经理岗位职责

(1)配合建设单位完成征地拆迁、环境保障政策、法规的宣贯工作;

(2)负责征地拆迁和环境保障的协调工作,消除施工干扰,为项目实施创造良好的外部环境;

(3)负责工程建设过程中环境保护、水土保持等相关工作;

(4)参与项目管理过程中重大事宜的决策及设计优化工作;

(5)负责项目的宣传、策划及维稳工作;

(6)负责与沿线政府及相关单位的接洽与沟通;

(7)负责项目工会工作,抓好民主管理与劳动保护监督工作;

(8)负责项目部后勤保障管理工作;

(9)分管综合办公室、环境保障部。

3.2.6.10　设计服务部部长岗位职责

(1)负责落实总承包项目经理部的指示、要求,统筹和主持设计服务部日常工作;

(2)制定设计服务部的工作程序、规章制度和实施细则,经批准后落实执行;

(3)制订本部门的工作计划并督促落实;

(4)负责本部门与其他相关部门的沟通与协调;
(5)负责工程施工中的设计变更管理和技术支持,组织施工图设计核查;
(6)参与施工过程中质量、安全事故的处理工作;
(7)积极组织本部门人员参加相关的业务学习和培训;
(8)参与交(竣)工验收相关工作。

3.2.6.11 财务资金部部长岗位职责

(1)贯彻执行国家的财政税务政策、法规和公司财务制度,建立健全相应的内部财务管理细则;
(2)负责资金的管理,掌握资金运转状况,及时准确地向领导提供财务信息和合理化建议;
(3)负责资金支付及结算费用的审核;
(4)全面负责会计核算工作,审核各项凭证,主持编制各类会计报表、台账;
(5)监督指导会计、出纳的工作;
(6)负责参与成本管理和内部合同的审查、签订工作,并监督合同的执行情况;
(7)监管农民工工资的发放工作;
(8)负责与税务、银行等部门的接洽工作。

3.2.6.12 合同管理部部长岗位职责

(1)贯彻执行国家法律法规,根据公司相关制度,建立健全项目的合同管理和结算管理实施细则;
(2)熟悉合同文件,组织图纸复核和工程量的审定工作;
(3)制订本部门的工作计划并督促落实,协助主管领导完成相关工作;
(4)做好各业务部门草拟合同的审核工作,参与项目内部合同评审工作,向各业务部门进行内部合同交底;
(5)深入施工现场,掌握工程进展情况和内部合同履行情况,复核工程计量和内部结算原始资料的完整性和报表、结算的正确性;
(6)审核各分部的变更、索赔原始资料,上报变更、索赔报告和费用文件,配合项目总工进行后续工作;
(7)进行动态合同管理,及时发现合同履行过程中出现的问题,及时报告相关信息,及时纠偏。

3.2.6.13 采购管理部部长岗位职责

(1)根据各部门提供的物资采购清单和项目总体计划,组织制订设备、材料的采购计划;
(2)根据物资采购计划,编制物资的招标文件,并组织评审;

(3)负责组织设备、材料的最终评标、定标工作;

(4)负责协调供应商进行现场售后、技术指导、安装等工作,并管理相关人员,对供货商进行考核和评价;

(5)负责审核供货商的支付申请,办理供货方的货款;

(6)对施工分部(工区)、分包单位的主要物资采购清单及采购计划进行审核,参与永久设备及重要材料供应商的选择和采购合同的签订。

3.2.6.14 工程管理部部长岗位职责

(1)贯彻执行国家、行业及上级主管部门颁布的施工技术规范和技术文件,并根据相关制度制定项目技术、进度管理相关办法;

(2)熟悉设计图纸,合同文件,技术规范,负责组织技术人员进行业务学习,参与技术人员的培养和考评工作;

(3)编写施工技术、质量保证措施及技术指令,并在实际现场施工中贯彻落实;

(4)主持制订生产施工计划并负责督促落实,协助生产副经理进行生产协调,考核进度计划;

(5)参与施工图纸会审工作,参与施工技术交底、作业指导书、施工安全细则的制订并组织实施;

(6)深入施工现场,协调和指导各分部现场的施工生产工作;

(7)配合质量管理部完成分部分项工程的验收;

(8)复核各分部的结算;

(9)负责本项目信息化数据采集工作。

3.2.6.15 质量管理部部长岗位职责

(1)贯彻执行国家、行业及上级主管部门颁布的质量法规、办法等管理规章制度;

(2)熟悉施工图纸、施工计划及施工方案,负责验证施工质量的实施情况及工序自检工作,配合各分部向监理工程师提出验收申请;

(3)协助项目总工做好施工前的技术交底工作,详细指出各项工作的程序、应达到的技术指标和应注意的重点和难点,以及容易发生质量问题的工作或部位应采取的防范措施;

(4)深入施工现场,检查各负责施工的专业工程师对施工程序、技术标准、规范、监理指令的执行情况,指出存在的问题和不足,提出改进意见,消除质量隐患;

(5)配合业主、监理或检测单位对工程进行检测并完善相关手续。

3.2.6.16 安全管理部长岗位职责

(1)贯彻执行国家、行业及上级主管部门颁布的安全法规、制度办法;

(2)熟悉安全技术操作规程,掌握安全防护标准,组织项目安全领导小组开展安全生产大

检查,督促做好安全检查记录,督促整改并实施安全奖惩;

(3)协助项目总工做好施工前的安全交底工作,详细指出各项工作的工作程序、应注意的要点及应采取的防范措施;

(4)负责安全应急预案方案的编制并组织演练。

3.2.6.17 环境保障部部长岗位职责

(1)全面负责对外协调的各项工作;

(2)根据施工计划,协助各分部完成征地拆迁工作;

(3)与各分部(工区)相关部门及时沟通,掌握并协助解决影响正常施工的外部干扰问题;

(4)负责汇总、上报因征地拆迁影响施工进度的相关资料;

(5)配合业主对因设计变更增加的建设用地上报国土部门审核并及时跟进。

3.2.6.18 综合办公室主任岗位职责

(1)监督检查本项目执行国家安全和环境保护方面的方针、政策、法规及各种条例和制度,督促检查安全环保,确保文明施工等各项保证措施的落实;

(2)参加生产会议和安全质量会议,参与安全事故的调查分析和处理,监督预防措施的落实;

(3)负责落实党群建设工作,积极开展组织活动;

(4)全面负责项目部对内、对外接待,宣传报道,治安保卫,公务车辆管理和后勤服务工作;

(5)做好办公用品的采购发放工作、职工食堂的管理工作;

(6)负责职工考勤,严格履行请、销假制度,组织进行绩效考核,复核工资表;

(7)及时完成信息化数据的汇总录入工作。

3.2.6.19 工地试验室主任岗位职责

(1)负责并主持工地试验室全面工作,建立完善的工地试验室质量保证体系和管理制度,组织开展各项试验检测项目,承担领导责任和质量责任;

(2)严格按照国家和行业标准、规范、规程以及合同的约定独立开展试验检测工作;拒绝影响试验检测活动公正性、独立性的外部干扰和影响,保证试验检测数据客观、公正、准确;

(3)组织制订工地试验室试验检测计划和年度工作计划,负责各检测组人员的调配和人员的工作分工,督检计划的执行情况;

(4)签发工地试验室出具的试验检测报告,对试验检测数据及报告的真实性、准确性负责;

(5)参加工程质量检查及事故分析会议,提出解决工程质量问题的意见和方案。

3.3 设计施工总承包项目管理制度建设

3.3.1 基本要求

(1)总承包项目经理部应建立和完善相关基本管理规章制度,且规章制度应满足设计施工总承包项目管理的需要;

(2)总承包项目经理部应按照规章制度对项目进行全方位规范化管理,确保总承包项目实施全过程满足"凡事有章可循,凡事有人负责,凡事有据可查"的要求;

(3)总承包项目经理部所制定的规章制度与总承包企业现行规章制度相统一,若存在不一致,应报单位或相关职能部门批准。

3.3.2 项目管理制度目录

(1)项目业务工作管理流程;
(2)项目工地标准化建设管理办法;
(3)项目设计变更管理细则;
(4)项目目标责任综合考核奖惩办法;
(5)项目工程质量管理办法;
(6)项目试验检测管理实施细则;
(7)项目安全生产管理办法;
(8)项目安全生产费用管理细则;
(9)项目采购管理制度;
(10)项目计量支付管理制度;
(11)项目例会制度;
(12)项目合同管理制度。

第4章 项目策划

项目策划是项目管理的一个重要组成部分,是项目建设成功的前提。无数建设项目的成功经验证明,科学、严谨的前期策划将为项目建设的决策和实施增值。本章主要介绍项目策划的基本概念,项目环境调查与分析的目的、工作内容、工作方法、工作成果等以及项目决策策划和实施策划的基本内容。其中项目定义、项目功能分析是项目决策策划的重点,组织策划是项目实施策划的重点。

工程建设的成就大都是基于前人的知识、经验和智慧。在新建工程项目管理中充分合理地利用前人的宝贵成果,对新建项目进行充分研究,指导建设项目积极、谨慎地推进,能够大幅度降低风险、提高建设效率。

建设项目策划是指在项目建设前期,通过调查研究和收集资料,在充分获取信息的基础上,针对项目的决策和实施或决策和实施的某个问题,进行组织、管理、经济和技术等方面的科学分析和论证,使项目建设有正确的方向和明确的目的。建设项目策划就是把建设意图转换成定义明确、要求清晰、目标明确且具有强烈可操作性的项目策划文件的活动过程,回答为什么要建、建什么以及怎么建项目的问题,从而为项目的决策和实施提供全面完整的、系统性的计划和依据。项目策划的意义在于,其工作成果能使项目的决策和实施有据可依。

公路工程设计施工总承包项目的成功取决于高效缜密的项目管理。相对于常规工程项目管理,实现总承包工程项目管理的目标难度更大,管理过程更复杂,需要调动和配置的资源也更多。因此,在总承包项目正式开始实施前,应对该项目在实施过程中可能遇到的各种问题进行预判并设计初步应对方案。

项目管理策划的过程是各方循序渐进熟悉项目情况、理解合同责任、配置管理资源的过程,是可实施的项目管理从宏观到微观、从整体到局部的不断深化的过程,也是各总承包单位编制符合自身情况的可实施性的施工组织计划的基础。

4.1 基本要求

4.1.1 项目策划编制

公路工程设计施工总承包项目应在项目初始阶段开展项目策划工作,并编制项目管理计划和项目实施计划。

(1)通过总承包项目的策划活动,形成项目的管理计划和实施计划。

(2)项目管理计划是工程总承包企业对工程总承包项目实施管理的重要内部文件,是编制项目实施计划的基础和重要依据。

(3)项目实施计划是对实现项目目标的具体和深化。对项目的资源配置、费用、进度、内外接口和风险管理等制订工作要点和进度控制点。

(4)项目实施计划通常需经过项目发包人的审查和确认。

(5)根据项目的实际情况,也可将项目管理计划的内容并入项目实施计划中。

(6)根据项目的规模和特点,可将项目管理计划和项目实施计划合并编制为项目计划。此条件下编制的项目计划可对外发放。

4.1.2 项目策划基本要求

项目管理策划应结合项目特点,根据合同和工程总承包企业管理的要求,明确项目目标和工作范围,分析项目风险以及采取的应对措施,确定项目各项管理原则、措施和进程。

(1)项目策划内容中需要体现企业的战略要求,明确本项目在实现企业战略中的地位,通过对项目各类风险的分析和研究,明确总承包项目部的工作目标、管理原则、管理的基本程序和方法。

(2)项目风险的分析和研究工作要在项目风险规划基础上进行。

(3)项目策划要具有可操作性,并随着项目进展和情况的变化及时进行调整。

(4)在项目策划阶段,总承包企业和总承包项目部应充分考虑各种风险对项目目标的影响,并确保项目实施的连续性。

(5)项目策划阶段应考虑交通运输部及各省(市)关于打造品质工程指导意见、公路工程建设"五化"管理等方面的具体要求。

(6)项目策划的范围宜涵盖项目进行的全过程所涉及的全要素。

4.2 项目策划任务和内容

项目策划的主要依据是合同,因此项目策划应满足合同要求,同时还应符合项目所在地对社会环境、依托条件、项目相关各方的需求以及项目对相关政策和法律法规等方面的要求。在项目实施过程中,技术、质量、安全、费用、进度、职业健康和环境保护等方面的目标和要求是相互关联和相互制约的,因此,在项目策划时,需结合项目的实际情况,进行综合考虑、整体协调。

4.2.1 项目策划的任务

对于总承包项目实施过程,从大的方面划分,可以分为立项、设计、施工和验收等主要环节。项目的策划文件可以分为供项目决策的策划文件和为项目实施服务的策划文件两大类,如图4-1所示。

图4-1 项目策划文件分类

项目决策和项目实施两阶段的策划任务可以归纳如表4-1所示。

项目决策和实施阶段的策划任务表　　表4-1

策划任务	项目决策阶段	项目实施阶段
环境调查和分析	项目所处的建设环境,包括能源供给、基础设施等;项目所要求的建筑环境,项目当地的自然环境,包括天气状况、气候和风向等;项目的市场环境、政策环境以及宏观经济环境等	建设期的环境调查和分析,包括自然环境、建设政策环境、市场环境、建设能源、基础设施等环境
项目定义和论证	总承包项目的开发或建设目的、宗旨及其指导思想;项目的规模、组成、功能和标准;项目的总投资和建设开发周期等	进行投资目标分解和论证,编制总承包项目投资总体规划;进行进度目标论证,编制项目建设总进度规划;进行项目功能分解,确定项目管理目标权重平衡
组织策划	项目的组织结构分析、决策期的组织结构、任务分工以及管理职能分工、决策期的工作流程和项目的编码体系分析等	确定总承包项目实施各阶段的项目管理工作内容,确定项目风险管理与工程保险方案
管理策划	制订建设期管理总体方案、运行期管理总体方案以及经营期管理总体方案等	包括投资控制、进度控制、质量控制、合同管理、信息管理和组织协调;确定总承包项目管理部的组织结构、任务分工和管理职能分工,确定项目管理工作流程,建立编码体系

续上表

策划任务	项目决策阶段	项目实施阶段
合同策划	策划决策期的总承包合同结构、决策期的合同内容和文本、建设期的合同权利义务平衡等	确定总承包合同结构方案和物资采购合同结构方案,确定分包合同类型和文本的采用,保证合同合规性,确定监督计划
经济策划	开发或建设成本分析、开发或建设效益分析;制订项目的融资方案和资金需求量计划等	编制资金需求量计划、现金流分析、债务风险评估
技术策划	技术方案分析和论证、关键技术分析和论证、技术标准和规范的应用和制定等	对技术方案和关键技术进行论证和优化,明确技术标准和规范的应用和制定
风险分析	对政治风险、政策风险、经济风险、技术风险、组织风险和管理风险等进行分析	对政治风险、政策风险、经济风险、技术风险、组织风险和管理风险进行分析

4.2.2 项目策划的主要内容

(1)明确项目策划原则。

(2)明确项目技术、质量、安全、费用、进度、职业健康和环境保护等项目目标并制订相关管理程序。

(3)确定项目的管理模式、组织机构和职责分工。

(4)制订资源配置计划。

(5)制订项目协调程序。

(6)制订风险管理计划。

(7)制订分包计划。

4.3 项目管理计划

4.3.1 项目管理计划编制与审批

项目管理计划应由项目经理根据合同和总承包企业管理层的总体要求组织编制,并由总承包项目管理委员会负责人审批。项目管理计划需要体现总承包企业对项目实施的要求和项目经理对项目的总体规划和实施方案要求。

4.3.2 项目管理计划编制依据

(1)项目合同;

(2)项目发包人和其他项目关系人的要求;

(3)与项目相关的行业规范、批复文件等;

(4)项目情况和实施条件;

(5)项目发包人提供的信息和资料;

(6)相关市场信息;

(7)工程总承包企业管理层的总体要求。

4.3.3 项目管理计划的主要内容

1)项目概况

项目概况主要内容包括项目名称、建设规模、技术标准,沿线气候特征、地形、地貌、地质构造、不良地质以及特殊性岩土,项目的特点、难点、亮点、交通、用电、用水和料场分布等内容;与投标报价和合同签订的有关情况,合同类型;合同规定的项目完成时间、技术质量要求、计量支付、违约责任和双方的权利与义务等。

2)项目范围

设计施工总承包项目包括的界面范围,衔接关系及与合同各方相关的分工。

3)项目管理目标

(1)技术目标:对采用技术的先进性、可靠性和适宜性的分析与说明。

(2)质量目标:对实施质量管理与控制,保证项目质量的说明。

(3)安全目标:对实施安全管理,保证项目建设全过程安全的说明。

(4)费用目标:对实施费用管理与控制,保证项目成本达标的说明。

(5)进度目标:对实施进度管理与控制,保证项目进度达标的说明。

(6)职业健康目标:对实施职业健康管理,保证项目管理和生产人员职业健康的说明。

(7)环境保护目标:对实施环境管理,保证项目实施全过程及各项工程符合环保要求的说明。

4)项目实施条件分析

根据项目情况和实施条件、项目发包人提供的信息和资料以及相关市场信息等,从技术、商务和项目内外部环境等方面对项目实施条件进行分析。

(1)技术方面:从项目技术原则,项目特点及难点,合同中规定的技术保证条件,总承包企业的技术储备,以往类似项目的经验,专利技术或专有技术的获得以及技术方面潜在的风险因素等方面进行分析。

(2)商务方面:根据合同价款,从项目费用估算、预算,预期的利润和与费用有关的特殊问题,可能潜在的风险,非常规合同条款等方面进行分析。

(3)环境方面:主要分析项目内外部环境因素对项目实施的影响。

5)项目的管理模式、组织机构和职责分工

项目管理计划包括项目采用的管理模式,组织管理机构设置,项目实施管理组织机构及职责,总承包项目经理部与各分部(工区)的关系。

6)项目实施的基本原则

根据项目实施条件及其分析,确定项目实施的基本原则,包括设计阶段原则和施工阶段原则。

7)项目协调程序

制订项目协调程序和规定是项目策划工作中的一项重要内容。总承包项目部与相关项目干系人之间的沟通,需要在项目策划阶段予以确定,以保证项目实施过程中信息沟通及时和准确。

8)项目的资源配置计划

资源的配置计划是确定完成项目活动所需的人力、设备、材料、技术、资金和信息等资源的种类和数量,对项目实施起着关键的作用。总承包项目中标后,总承包联合体应根据项目目标与项目工作分解结构编制资源配置计划,为项目配备合格的人员、足够的设备等资源,以保证项目按照合同要求实施。

9)项目风险分析与对策

在项目实施过程中可能存在下列风险:工艺风险、工程风险、工程设计风险、采购风险、自然灾害、施工风险、运输风险、设备材料涨价风险等。风险评估及制订的对策要获得总承包企业的审查、批准。为了防止项目后期产生纠纷甚至诉讼,在项目前期要做好主要关系人的风险分析和管理工作。要对有关控制数据取值进行说明,对项目进度特别是施工进度(包括控制性工程)进行分析;需要时对费用控制的方法和重点进行说明,提出规避风险的建议与措施。

10)项目合同管理

工程总承包合同管理包括组织人员熟悉和研究合同文本,了解和明确合同的全面要求并将其纳入项目实施过程中;规避潜在的未满足项目发包人要求的风险;按照合同的目标和要求,制订项目的管理控制目标,并围绕管理控制目标,制订实施计划和保证管理控制目标实现的对应措施。确定项目合同的控制目标,包括阶段性控制目标和最终控制目标,对合同履行中发生的违约、索赔和争议等事项进行处理。

除以上所列内容外,项目管理计划还包括内部控制的其他相关内容,具体项目可根据实际情况进行调整。同时,还应在项目管理计划中对项目的税费筹划和组织模式进行描述。

4.4 项目实施方案

4.4.1 项目实施方案的编制与审批

项目实施方案是实现项目合同目标、项目策划目标和总承包企业目标的具体措施和手段,也能体现工程总承包企业对项目管理所提要求的落实情况。项目实施方案应在项目管理计划获得批准后,由项目经理组织项目经理部人员进行编制,应具有可操作性,并经项目发包人认可。

4.4.2 项目实施方案的编制依据

(1)获批后的项目管理策划书。

(2)项目管理目标责任书。公路工程设计施工总承包项目一般实行项目经理负责制,应将总承包企业对项目实施目标的具体要求纳入项目实施计划中。

(3)项目的基础资料。包括合同,各阶段设计批复文件,水土保持方案报告、环境影响报告书、地质灾害评估、地震安全评估、文物调查评估、防洪评价等批复文件。

4.4.3 项目实施方案应包括的主要内容

1)概述

(1)项目简介;

(2)项目范围;

(3)合同类型;

(4)项目特点、重难点及亮点;

(5)控制性工程;

(6)其他特殊要求。

2)总体实施方案

(1)项目目标;

(2)项目实施的组织形式;

(3)项目阶段的划分;

(4)项目工作分解结构;

(5)项目实施要求;

(6)项目沟通与协调程序;

(7)对项目各阶段的工作及其文件要求;

(8)项目分包计划。

3)项目实施要点

(1)项目设计实施要点;

(2)项目施工实施要点;

(3)项目合同管理要点;

(4)项目资源管理要点;

(5)项目质量控制要点;

(6)项目进度控制要点;

(7)项目费用估算及控制要点;

(8)项目安全管理要点;

(9)项目职业健康管理要点;

(10)项目环境管理要点;

(11)项目沟通和协调管理要点;

(12)项目财务管理要点;

(13)项目风险管理要点;

(14)项目文件及信息管理要点;

(15)报告制度;

(16)工作计划、控制管理、管理规定和报告制度要点,包括以下内容:

①工作计划要点的主要内容包括编制依据,工作原则、要求,工作范围、分工,工作程序、内容,标准、规范,工作进度、主要控制点,接口关系,特殊情况处理。

②控制管理要点的主要内容包括执行效果测量基准的建立,计划执行的跟踪、检查,偏差分析与反馈,纠正措施。

③管理规定要点的主要内容包括管理系统、规章制度、规定,管理原则与内容,管理职责与权限,管理程序与要求,变更管理与协调。

④报告制度要点的主要内容包括报告的种类与功能,报告的编制与审批,报告的内容与格式,报告提交的时间,报告的发送。

4)项目初步进度计划

项目初步进度计划应确定下列活动的进度控制点:

(1)收集相关原始数据和基础资料。

(2)发布项目管理规定。

(3)发布项目计划。

(4)发布项目进度计划。

(5)发布工程设计执行计划。

(6)发布项目采购执行计划。

(7)发布项目施工执行计划。

(8)完成工程总承包企业内部项目费用估算和预算,发表项目费用进度计划。

项目初步进度计划应确定下列主要内容:

(1)签订分包合同。

(2)发布项目各阶段的设计文件。

(3)完成项目费用估算和预算。

(4)关键设备、材料采购。
(5)取得项目施工许可证。
(6)开始现场施工。
(7)项目交工,开始试运。

4.4.4 项目实施方案管理规定

(1)项目实施计划由项目经理签署,并经项目发包人认可。
(2)项目发包人对项目实施计划提出异议时,经协商后可由项目经理主持修改。
(3)项目经理部对项目实施计划的执行情况进行动态监控。
(4)项目结束后,项目部应对项目实施计划的编制和执行进行分析和评价,并把相关活动结果的证据资料整理归档。

4.5 项目实施方案实例

见附录。

第 5 章　项目设计管理

工程设计是按照设计施工总承包项目合同规定,遵守国家法律法规,吸收国内外先进的科学技术成果和生产实践经验,选择最佳建设方案进行设计,为设计施工总承包项目提供建设依据的设计文件和图,并为项目在建设期间提供现场技术指导和方案变更等后续服务。设计成果的质量与项目投资、质量及后期运营安全有着密切的关系,直接影响项目的经济效益、环境效益和社会效益。工程设计是工程建设的灵魂,工程质量、进度、成本、安全等控制都必须从设计开始。

传统的公路建设模式是将设计、施工完全分离,待设计文件完成后进行施工招标,施工单位只能按照设计的方案进行施工。一个阶段的工作完成后,下一阶段的工作才能开始,这种单项的建设流程阻碍了项目参建各方的互相交流,破坏了工程项目的整体性和系统性,设计的不足往往到后期才被发现,造成较晚进行设计修改,甚至大规模设计返工。设计的方案不能充分考虑到项目整个生命周期的各种需要和限制,造成项目可施工性低,实施过程变更多,投资效益和管理效益低下。

区别于传统项目,设计施工总承包项目的设计过程施工方须全程参与,设计人员对施工方提出关于取、弃土场及料场选址、路线方案、构造物细部尺寸、标准化作业施工等合理建议进行充分论证,并完全体现在施工图设计文件中。

采用传统的建设过程显然不能发挥总承包模式的优势。并行工程是对产品及其相关过程进行并行、一体化设计的系统化工作模式,各成员围绕一个设计对象,并行交互地进行设计工作,最终得到符合要求的设计方法。力图使开发者从一开始就考虑到产品全生命周期中的所有因素。

5.1　设计组织与实施

设计协同管理最显著的特点就是多学科、多领域知识的集成,要求从设计一开始就考虑到整个项目的实施过程。公路总承包项目前期设计文件的深度不够,对总承包带来较大的风险,项目实施过程中存在许多不确定性和不确知性。

总承包企业应认真研究合同文件中与设计有关的内容,明确项目承包范围和设计工作任务。重点研究合同文件、招标文件中的项目建设基础资料、设计数据、标准规范、工程总工期、合同价款、验收标准及违约责任。通过对合同文件的研究,确定设计施工总承包项目设计单位应具备的设计资质和能力,设计应满足合同约定的技术性能、质量标准以及项目可施工性和可操作性要求。再与业主方充分沟通,确定设计工作范围。根据联合体分工,由设计单位成立项目设计组织机构,按照项目的总体计划安排和招标要求编写设计大纲,安排工程地质勘察,完成施工图设计文件及预算文件的编制。

5.1.1 设计组织机构

设计组织机构如图 5-1 所示。

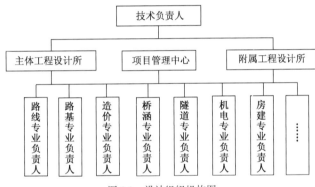

图 5-1 设计组织机构图

5.1.2 设计管理模式

公路勘察设计工作涉及测量、勘探、土方、排水、结构、路面、隧道、绿化等专业,在设计过程中各专业设计人员不可避免产生各种矛盾,为了在设计过程中及早解决各专业之间的矛盾,就必须要求各专业之间能够及时做到数据共享。在整个设计周期内需要随时进行交流并解决问题,如果一时沟通不力,就可能对下一步的设计造成误导,使设计中存在的问题到施工时才被发现,造成工程延误及损失。

为了加强设计内部设计人员的协同工作机制,设计项目组应设立专门的负责人进行协调。随着计算机系统的快速发展,可以引入项目协同设计系统,建立一个具有群体性、交互性、分布性和协作性的人机网络工作环境,来协同在空间上可以分散、在时间上允许非同步的设计管理系统。设计施工总承包项目设计管理由技术负责人负责,并适时搭建设计管理组织架构,在设计施工总承包项目实施过程中,设计技术负责人既受总承包项目经理领导又接受设计单位上级领导直接管理。

设计施工总承包项目设计管理采用矩阵式管理方式,专业设计负责人是设计矩阵管理的交叉点,具体落实到专业负责人的工作任务,既是项目技术负责人的目标,也是各专业设计部门负责人管理的目标,项目专业负责人在项目经理部要接受项目技术负责人和设计负责人的双重领导,在设计标准、技术方案、工作程序和质量方面要服从设计单位的规定和指导,在项目任务范围、进度、费用等方面要服从设计单位的总体安排及领导。

5.1.3 主要设计管理人员岗位职责

5.1.3.1 项目技术负责人

(1)指导、督促、检查各设计部门的项目相关工作;
(2)协调处理各设计与业主及合作单位之间、内部专业之间存在的重大技术问题;
(3)参加或组织重大技术方案讨论,主持项目各级评审;
(4)审批设计计划。

5.1.3.2 专业设计所所长

(1)根据设计施工总承包合同确定设计工作范围,明确设计分工,受项目技术负责人委托,直接与业主及合作单位处理设计问题或技术问题,落实执行与设计有关的工作;

(2)做好设计前期准备工作,配合其他部门搭建设计组织架构,商定设计各专业负责人,落实并组织审查设计工作所必须的条件和基础资料,包括设计依据文件、基础资料和有关协作方面的协议文件,组织各专业确定工程的设计标准、规范、重大设计原则,保证设计输入符合合同约定;

(3)编制设计施工总承包项目设计计划和设计大纲;

(4)组织设计过程中的各项重要会议,如文件评审、外业验收会议等;

(5)协调处理设计内部接口,各设计专业内部协调;

(6)审核批准有关设计文件(包括图纸、设计变更),负责处理与业主及合作单位的有关函电,督促各专业及时答复和处理;

(7)组织编制预算文件,根据项目设计情况制定各专业的费用控制指标,组织落实限额设计和优化设计方案实施;

(8)工程施工前负责组织设计文件审查、图纸会审、设计交底和设计修改;

(9)进行设计进度跟踪,编写设计进度报表,定期召开设计计划执行检查会,检查和分析设计工作中存在的问题,研究解决并及时向项目技术负责人汇报;

(10)组织设计文件的汇总、存档和分发;

(11)设计结束后,组织整理和归档设计的工程资料、文件,组织各专业做好项目设计总结,编写设计总结报告;

(12)对设计组人员进行考核,考核数据报项目技术负责人及设计单位相关部门。

5.1.3.3 项目管理中心

(1)以完全执行设计施工总承包合同约定内容为出发点,确定设计工作范围,明确设计分

工,全过程参与设计工作,并在设计中积极对接业主及合作单位,落实其提出的合理意见或要求;

(2)协调处理设计内部接口,各设计专业内部协调;

(3)审核设计图纸中影响项目实施及工程造价的关键方案,对有异议部分,积极对接相关专业负责人;

(4)组织专业负责人进行工程量清单划分、联合体内部单价分析等造价相关工作;

(5)根据预算文件,协助专业设计所根据项目设计情况制定各专业的费用控制指标,组织落实限额设计和优化设计方案实施;

(6)组织处理设计施工总承包项目施工过程中的设计变更及方案优化设计,并对相关文件进行汇总整理、归档等工作。

5.1.3.4 设计专业负责人

(1)收集项目基础资料,落实设计条件,明确设计工作范围;

(2)准备评审资料,参加专业设计方案的各级评审,落实关键技术问题和合同约定的要求,做好技术经济性比较,落实限额设计指标;

(3)编制专业设计详细进度计划并落实至专业组内个人,积极督促、指导组内员工设计工作;

(4)严格执行设计单位内部质量管理体系运行管理办法,审核本专业的设计文件,落实本专业与其他专业的衔接和配合工作;

(5)组织对本专业的设计文件、资料、信函、变更、专业联系单、设计总结等整理归档,编写本专业的工程总结和技术总结。

5.1.4 施工图勘察设计技术工作大纲编制

在设计施工总承包项目设计初始阶段,项目技术负责人应组织参与设计的各级负责人认真研究、熟悉合同文件中与设计有关的内容,如工程承包范围、设计工作任务、设计施工总承包项目建设的基础资料和设计数据、采用的标准规范、工程进度、考核验收及违约责任等,同时应将合同技术协议发放给各设计所。

施工图勘察设计技术工作大纲由项目技术负责人牵头,项目管理中心和各专业设计所参与编制,经总工程师办公室审核后由院总工程师批准发布。

1)编制目的

施工图勘察设计技术工作大纲是对项目计划在设计工作方面的补充和细化,用于控制项目子项和各专业设计进展。

2)编制依据

(1)合同文件;

(2)本项目有关各级或各环节批复文件;

(3)项目总进度计划和单项工程进度计划;

(4)项目工作结构分解;

(5)项目控制性工程实施计划;

(6)国家或行业的有关规定、规范和要求;

(7)院管理体系的有关要求。

3)编制说明

(1)在设计开工会之前,专业设计所组织各专业负责人,编制施工图设计指导意见书,经院总工程师办公室审查确认后,作为各专业开展设计的依据;

(2)根据业主提供的基础资料(工可及初步设计相关文件)、合同约定内容和院内部相关要求,在设计指导意见书的基础上确定施工图勘察设计技术工作大纲,必要时经业主确认;

(3)施工图勘察设计技术工作大纲分为总体和专业两个部分,总体部分由专业设计所及项目管理中心共同负责编制,专业部分由各专业负责人编制;

(4)施工图勘察设计技术工作大纲经院相关管理科室审核后汇总成册,纳入项目设计计划中发布执行。

4)总体部分主要内容

(1)设计依据;

(2)设计范围;

(3)设计原则和要求;

(4)组织机构及责任分工;

(5)标准规范;

(6)质量保证程序和要求;

(7)技术经济指标要求;

(8)进度计划和主要控制点;

(9)安全及环境保护要求;

(10)设计文件管理规定。

5)专业部分主要内容

施工图勘察设计技术工作大纲专业部分是建立在总体部分基础上,进一步明确以下内容:

(1)根据业主提供的基础资料,确定本专业采用的设计数据;

(2)根据设计单位的专业设计手册,确定本专业采用的设计原则;

(3)规定设计采用的标准、规范和规定;

(4)确定设计优先采用的材料及部分材料的来源地;

(5)对于非常规设计内容的说明;

(6)其他未尽事宜。

6)其他要求

(1)各专业设计所负责人根据项目规模、设计量大小等编制项目总进度计划、单项工程进度计划、图纸出图计划等;

(2)施工图勘察设计技术工作大纲应满足合同约定的质量目标与要求、相关的质量规定和标准,同时应满足设计单位的质量方针与质量管理体系及相关管理体系的要求;

(3)施工图勘察设计技术工作大纲应明确项目费用控制指标和限额设计指标,并建立项目设计执行效果测量基准。

5.2 施工图设计管理

5.2.1 设计基础资料与数据管理

设计基础资料来源主要分两部分,一部分为业主在招标文件或中标后提供,另外一部分为中标后设计单位自主采集。设计部门应对基础资料进行审查;如存在有效性和完整性问题,应及时向相关部门或单位提出;如业主或其他部门提交新的基础资料,各分项负责人应组织人员重新进行审查和评估。

项目设计数据是设计部门根据业主提供的基础资料进行整理、编辑、野外放线、踏勘后,最终形成的信息经总工程师办公室及项目技术负责人批准后发布。

项目采用的设计标准和规范应严格按照项目设计计划执行书执行。设计部门在设计过程中严禁采用过期、失效、作废的标准和规范。

5.2.2 施工图设计实施与控制

在开展施工图设计前,需认真研究业主提供的初步设计文件,环保、水保项目相关的其他各级批复文件,项目发包人和相关方的其他意见和要求,结合项目实际情况进行技术方案论证,方案经总工程师办公室审核后确定。

5.2.2.1 进度控制

首先,需要建立设计的进度总目标,并根据设计内容的分解建立各专业的进度目标,通过对各专业的进度控制,实现设计总体进度控制。其次,在设计过程中进行过程进度控制,这是设计进度计划能否实现的关键环节。一旦发现实际进度偏离目标进度,必须及时进行偏离分析并采取措施。最后,对项目已经发生的进度偏差,需要客观分析进度偏差产生原因,并采取有效措施加以解决。

设计进度控制的措施包括组织措施、技术措施和经济措施。组织措施包括建立健全领导机构,制定进度控制制度和流程,落实具体控制责任人和管理职能分工,建立进度协调工作机制。技术措施主要包括学习掌握新技术、新材料的发展情况、技术引进应用工作,进行成熟先进标准设计的成套推广应用或局部引进集成应用,全面普及当前技术成熟的计算机辅助设计技术。经济措施包括采取适当的经济激励措施和经济处罚措施,把设计人员的工作绩效和个人利益结合起来,调动设计人员的积极性,实现集体利益与个人价值双赢。

在具体工作中,设计计划主要按照下列程序实施。

1)设计计划执行情况例会

设计施工总承包项目技术负责人按照设计计划进度的检查工作,可以采用每周、每月召开专题设计计划执行情况例会的形式进行设计计划检查,参加设计计划执行情况例会的人员包括设计技术负责人、专业设计所负责人(进度、费用控制)、专业负责人,必要时邀请总工程师办公室、设计管理中心参加。

例会目的是加强各方信息沟通,检查各设计专业计划执行情况、各专业之间的设计条件衔接和进度衔接、技术方案和人力安排等。

会议的主要内容:

(1)专业设计所负责人通报上一次检查会以来的项目进展(质量、费用、进度等)和有关问题的处理情况;

(2)通报近期项目进展和设计进展;

(3)各专业通报存在的有关问题,以及进展实施情况;

(4)协调各专业设计之间的衔接问题。

2)设计进度偏离分析

对影响设计进度的因素,应迅速制定有效措施,其控制点包括下列内容:

(1)设计各专业间的条件关系及其进度;

(2)设计完成和提交时间;

(3)影响进度的关键专业基础数据文件的提交时间,如路线数据、立交数据、桥孔布设数据、隧道起讫点桩号等;

(4)施工图设计完成和提交时间;

(5)设计工作结束时间。

各专项负责人每周将本周完成设计情况和下周设计计划报专业设计所负责人及项目管理中心。

5.2.2.2 质量控制

根据设计施工总承包项目的特点,结合设计单位《质量管理体系运行管理办法》及《勘察设计质量责任制及责任追究管理办法》,建立设计质量标注和项目质量管理体系,编制项目设计质量计划。设计部门按规定填写质量记录,按照质量管理手册的规定向上级职能部门反馈设计质量信息。各专业设计人员应具备相关的资质条件和设计能力,各专业设计所及总工程师办公室对设计成果进行审核、校审与会签,以保证项目执行过程中能够满足业主的要求。项目设计的全过程必须严格按照院《质量管理体系运行管理办法》及《勘察设计质量责任制及责任追究管理办法》要求执行,对设计成果进行检查和质量监督,对不合格设计应采取纠正措施。

5.2.2.3 预算分析

项目预算分析贯穿于项目建设生命周期全过程。其主要包括实施前的投资决策和施工图设计阶段,在项目做出投资决策后,控制项目投资的关键就在于设计。联合体中设计单位和施工单位需要按批准的费用限额进行限额设计以及按照预算分析进行风险划分。设计施工总承包项目应建立限额设计控制程序和流程,根据合同要求设定各阶段及整个项目限额设计费用目标。设计部门通过优化方案实现对项目费用的有效控制。

5.2.3 施工图设计协调管理

5.2.3.1 项目设计执行计划书的实施

项目设计执行计划书经院总工程师批准发布后,召开设计开工会议,由项目技术负责人主持,邀请院总工程师、院总工程师办公室相关专业副总、各专业设计所负责人、专业分项负责人、项目管理中心以及主要设计人员参会。

会议由项目设计技术负责人进行开工说明,介绍项目概况,明确设计工作范围,工作分解结构,发表项目设计计划,说明业主对设计的要求以及工程设计中的特殊规定,分发项目设计执行计划书、项目设计沟通协调机制和程序、部署工程设计任务等。

5.2.3.2 建立沟通协调机制和程序

项目设计沟通协调机制和程序是指在合同文件的基础上进一步明确设计单位内部、设计单位与业主及施工单位之间在设计工作方面的关系、联络方式和报告制度、信息沟通渠道和程序等,各专业设计所和项目管理中心在研究、熟悉合同的基础上与项目技术负责人进行沟通,制定项目设计协调机制和程序,主要明确以下内容:

(1)设计范围;
(2)业主、施工单位以及内部各专业相关的联络人和联络方式;
(3)设计施工总承包项目的基础资料;
(4)项目特殊规定;
(5)需经业主审查和认可的设计文件;
(6)设计的外部评审、设计联络会;
(7)设计文件和图纸出版及报送,包括报送内容、份数、方式、地址、收件人等。

5.3 施工图设计文件的审查

施工图设计文件的审查工作依据国家和交通运输部相关法律、法规、政策,现行技术标准、规范、规程、细则、指南,以及省交通运输厅有关的技术政策、办法等。

5.3.1 审查组织及责任的确定

总工办接到任务书后,根据项目特点、难点和技术要求,确定审查负责人和各专业审查人员,形成审查工作组。

总工办技术审查工作实行专业负责制。审查负责人、专业负责人、审查人员承担相应责任。审查人员应遵守国家法律、法规,恪守职业道德,独立、客观、公正地进行审查,从严把关,不断提升审查质量。

审查负责人职责:代表总工办,负责项目技术审查工作的组织、协调;负责组织视察、中间检查、外业验收、设计输入评审会等审查活动;负责审查组各专业之间、审查组与生产单位之间,以及设计单位与项目审查有关的外部单位之间的沟通、协助。

专业负责人职责:代表总工办(总工程师)对本专业技术方案、技术管理工作负责。审查人员职责:代表总工办(总工程师)在专业负责人的指导下,对本专业技术方案、技术管理工作负责。专业负责人对本专业审查意见负总责,审查人员对审查意见负责。

5.3.2 施工图文件审查程序及内容

审查工作应严格按照项目建设基本程序和交通运输部、省交通运输厅相关要求进行。

5.3.2.1 施工图文件审查工作程序

(1)组建审查工作组,确定审查负责人及审查人员;

(2)勘察准备工作输入评审,填写准备工作输入评审单,确认准备工作符合要求,为视察做准备;

(3)由各相关部门会同审查负责人及总工办有关专业副总在现场视察前初步沟通路线方案、重点视察路段及重要工点,并由审查负责人确定视察重点后进行现场视察,编制事先指导书;

(4)工程方案审定,为外业勘察做准备;

(5)勘察外业中间检查,依据项目里程长度、工程规模和勘察工作难易程度,视需要进行中间检查,编制中间检查意见;

(6)勘察外业验收,在勘察工作结束后,进行外业验收,编制勘察外业验收意见,根据《公

路工程勘察设计质量评分办法》进行外业勘察质量评定;

（7）设计输入评审,在内业设计开展前,进行设计输入评审,填写设计输入评审单,确认外业验收意见落实情况以及内业准备情况满足设计要求;

（8）设计方案审定,编制方案审定单,为内业设计做准备;

（9）设计图纸审查,填写院级审查表,各专业根据内业审查进行设计质量评定;

（10）设计文件会签出版,按院质量体系程序文件规定,设计文件出版前,履行文件输出签署。

审查资料和图纸送总工办前,应进行设计方案审定。设计方案审定由总工办专业负责人组织审查人员、设计人员及相关人员进行。审查资料和图纸通过总工办符合性审查后,再进行图纸审查。勘察设计质量由项目审查人员负责评定。审查过程中,审查者应与设计者充分沟通交流,理解设计意图。

施工图阶段技术审查时,生产部门应提前2~3个工作日提交相关资料,经核查后,总工办应合理安排审查时间,确保项目保质按时完成。方案审定时,高速公路项目总工办原则上应在5~7个工作日完成审定,其他公路项目应在3~5个工作日完成审定。文件审查时,高速公路项目,生产部门应分批送审,每批次不超过总项目1/3的工作量,总工办原则上应在3~5个工作日完成审查。其他公路项目,生产部门应分批送审,每批次不超过总项目1/2的工作量,总工办原则上应在3~5个工作日完成审查。

5.3.2.2 施工图设计文件审查内容

1）勘察技术审查内容

详勘阶段的技术审查主要包括勘察前准备工作、中间检查、外业验收3部分。总工办进行勘察输入、输出评审及质量评定。

（1）详勘准备工作

主要包括各专业技术资料准备、定测和详勘相应准备工作、《施工图勘察设计工作计划》的编制等。

专业技术资料准备包括路线、路基路面、桥涵、隧道、交叉口等专业,根据初测、初勘资料及初步设计审查和批复意见,完成路线、互通式立交平纵面优化,基本明确主要工程和技术复杂工程的设计方案与对策措施。

路线及路线交叉专业,依据初步设计审查和批复意见,完成路线和互通式立交方案优化设计,基本确定路线和立交平纵面设计,并通过总工办方案审定;对因其他原因方案发生较大变化或建设条件复杂路段,可根据需要进行现场核查后确定。

路基路面及防护排水、桥梁、隧道等专业,应对照初步设计审查和批复意见,根据施工图路线优化调整结果,对难点和复杂的技术问题进行深入研究,基本确定设计方案和工程措施,并通过总工办方案审定。

定测和详勘准备工作包括依据初步设计审查和批复意见及相关资料,补充地质调绘资料,确定地质详勘工作量,明确地质勘察方法。依据初步设计审查和批复意见,结合施工图平纵面线位、地形地貌特点,确定需要补充详勘调绘的范围以及勘察方法。

根据施工图线位,认真核查初勘地质报告,确定初勘利用和详勘补充勘察的工作量,编制《地质详勘工作计划》。

详勘准备工作完成后,编制《施工图勘察设计工作计划》。先进行路线方案审定,再开展勘察工作。未通过方案审定的项目,原则上不得进行外业勘察工作。若因特殊原因需要交叉作业的,应按照相应程序进行审批,并及时完善相关程序。

外业勘察过程中,如发现准备阶段初定的方案与现场地形、地貌或地质条件差异较大,以致原方案实施有问题时,现场负责人应及时告知总工办(或审查负责人),总工办应在3~5个工作日组织相关技术人员赴现场研究解决,依据现场调查情况,提出变更或优化方案,完成相应方案设计和比选论证,并组织召开技术方案讨论会,确定方案。

(2)中间检查

是对项目外业勘察进行现场指导、调整重大方案并解决复杂技术问题,避免项目勘察工作返工的重要环节。中间检查可根据外业勘察实际需要进行安排,路线里程长、工程规模大、技术复杂的项目,可适当增加中间检查次数。中间检查应进行外业质量评定。中间检查还应满足以下四条要求:

①路线勘察长度大于50km的项目,长度每增加50km,宜增加1次中间检查;小于50km的项目视其复杂程度,结合现场各专业工作需要,由生产部门提出,总工办根据院生产任务情况,统一安排中间检查。

②中间检查时间原则上按工作计划安排,若需要调整,主体部门负责人应提前1周与总工办协商确定,并告知总工办中间检查需要解决的主要技术问题,准备好相关资料,主要包括地质资料、地方政府意见、相关协议、现场测量放样、调查记录资料等,总工办根据现场检查需要安排技术人员。

③地质勘探工作可根据现场需要,不定期进行现场检查和技术指导工作;对重大地质问题的方案审定、技术审查,相关地质技术人员必须参加。

④总工办应根据中间检查情况,提交中间检查意见,并进行外业质量评定。

(3)外业验收

是对项目外业勘察质量、深度、基础资料调查收集、路线和工程方案拟定及初步比选等情况的全面检查,是保证设计质量的前提和基础。院承揽的较大或重大勘察设计项目原则上均需进行外业验收,未进行外业验收的项目不得转入内业设计,总工办不安排下阶段审查工作。

①外业验收时间原则上按工作计划确定的时间安排。生产部门应提前一周与总工办协商确定,总工办根据院生产任务总体情况进行统一安排。无特殊原因,应按期进行外业验收。

②外业验收原则上应在工地进行,验收资料应由主体部门按照《初测、初勘外业验收要点》《定测、详勘外业验收要点》的要求进行准备,项目负责人、技术负责人、总工办专业负责人

及审查人参加。

③外业验收具体程序为:生产部门汇报外业勘察情况—现场核查—审阅资料—交流沟通—现场小结提出补充资料清单(如需补充)—生产部门补充调查—总工办对补充资料核查—出具验收意见—验收总结,完成勘察质量评定。

④生产部门重要资料准备不全或资料质量低劣时,总工办有权拒绝验收,待具备验收条件时,再进行验收。

⑤生产部门对外业现场验收提出的补充调查资料应尽快完成,并形成补充材料报送总工办进行核查,总工办根据补充资料完善外业验收意见,一周之内进行外业验收总结和质量评定,并下发外业验收意见。

⑥若地勘工作受进度影响,外业验收时未完成相应勘察工作,可单独安排专项验收,并保证设计所需地质资料的按期提供。

前期工作及改扩建项目外业勘察工作和验收应按照《公路工程基本建设项目编制办法》(交公路发〔2007〕358号)、《公路勘察规范》(JTG C10—2007)、《公路工程地质勘察规范》(JTG C20—2011)中的相关要求增加相应外业勘察内容和验收。

2)施工图设计技术审查内容

设计方案审定是项目勘察设计中的一个重要环节,贯穿于项目设计的全过程,设计中各专业均应进行方案审定。其中包括设计方案审定、设计图表(说明书)审查、设计文件输出评审等3部分。技术审查除执行办法外还应符合《质量、环境、职业健康安全管理体系》相关要求。总工办在完成技术审查后应进行设计质量评定。具体规定如下:

(1)设计方案审定工作应在详勘验收工作以后进行,先进行路线、互通式立交、服务区及停车区、主线收费站等大型构造物的方案审定,再进行路基路面及防护排水、桥型方案、隧道等工程方案审定,审定时应综合考虑工程方案安全性、经济性、合理性和可实施性。

(2)审定路线、互通式立交、服务区及停车区方案时,应结合路基、桥梁、隧道等工程方案、地方政府意见、工程造价、环境保护、拆迁占地等因素,并参照双院制咨询单位和咨询公司咨询意见,全面考虑,合理确定。

(3)设计方案审定由总工办专业审查负责人组织审查人、设计单位分项负责人、设计人员和相关人员进行;审定资料由生产部门负责准备,审定中审查人与设计人员有重大分歧时,提请总工程师裁决,总工程师认为有必要时,提请院工程技术委员会进行方案评审。

(4)提交设计单位工程技术委员会评审的重大项目和复杂技术方案,一经审定后原则上各部门应予执行。设计单位工程技术委员会方案评审会议由主任委员或副主任委员组织召开,项目负责人、技术负责人、主要审查和设计人员以及相关生产部门和生产质量管理部主要负责人参加。方案评审会由生产部门准备专项汇报材料,项目技术负责人汇报。方案评审后由总工办拟定方案评审会议纪要,工程技术委员会签发,相关生产部门执行。

(5)设计过程中若发现审定后的方案与地形、地质条件不符,或存在缺陷,或与相关工程方案存在冲突时,应及时报告总工办,总工办应在3~5个工作日研究解决。设计人员应向审查人员阐明原方案存在问题和变化原因,提出变更或优化方案,完成相关比选论证工作。审查人员根据设计人员所反映的情况,核实相关问题,组织相关人员,重新审定方案。

(6)施工图设计方案审定主要内容包括:路线平、纵、横组合设计,互通式立交形式及匝道平、纵面设计,路基防护、排水形式、特殊路基处理方案,路面结构、厚度,特殊及特大、大中桥形式、布孔,隧道断面形式、洞口处理以及主要结构尺寸,交通工程及沿线设施设计等。

(7)设计文件及图表审查具体程序为:接收审查资料或图纸—符合性审查—图纸审查—形成意见—设计人员答复意见并修改完善—审查人员确认、签署。送审资料应满足下列要求:

①送总工办审查图纸应经过生产部门内部严格复核和审核,签署完整、内容齐全、格式统一,杜绝差、错、漏、碰等问题。文件及送审资料未通过总工办符合性审查的,内容不全或严重缺失的,质量低劣,差、错、漏、碰等问题突出的,总工办可拒绝审查或退回,要求完善重新送审。

②图纸及资料送审时应同时报送生产部门的校核意见以及计算书、方案审定单等资料。

(8)设计图纸审查应侧重于审查构造物选型及主要几何尺寸、工程措施的合理与经济性等。设计文件审查应填写设计文件审查表。

(9)审查人应与设计人或部门负责人、分项负责人充分交流,尊重设计人员的劳动成果及设计创新,形成初步意见,与专业审查负责人进行沟通统一后返回。设计人员对图纸进行修改完善,对审查意见进行认真答复,修改完善后图纸返回审查人员进行确认。

(10)经审查通过的设计图纸,审查人员进行签署。凡明确不再进行院审的设计图纸,院审栏由生产部门签署。设计图纸必须签署齐全,方能进行文件编制。

(11)生产部门应对双院制咨询意见、省交通运输厅、交通运输部或业主等各级部门的审查(或批复)意见进行认真研究答复,并对设计文件进行修改完善。总工办对《答复意见》进行审查。

5.4 后续服务管理

后续设计服务管理是指施工图设计文件经审批部门批准后,进入现场实施阶段的设计管理。在工程实施过程中,必须维护设计批复的严肃性,严格按照批准的设计施工,任何单位和个人不得随意修改已经审批的设计文件。根据实际情况确需变更的,必须严格按照《中华人民共和国公路法》《建设工程质量管理条例》《建设工程勘察设计管理条例》、交通运输部《公路工程设计变更管理办法》以及上级部门相关规定履行审批程序。

勘察设计后续服务工作由院统一管理,项目设计经理组织并实施,生产质量管理部监督、协调、考核。后续服务主要目的是为项目建设提供全过程优质服务,及时把握和了解工程动态,参与施工管理,积极解决工程施工过程中的技术难题。

5.4.1 后续服务工作方针

为规范化、制度化和统一化后续服务工作,对后续服务工作要求如下:

(1)由项目管理中心派驻经验丰富的专业骨干人员组成后续服务团队常驻工地,做好施工现场服务,做好施工图设计交底、技术咨询服务,根据施工现场进行技术配合工作。

(2)设计单位相关各级领导,尤其是项目技术负责人、专业设计所负责人以及设计施工总承包项目管理中心负责人要及时监督、监察现场服务工作,定期组织设计回访工作,确保现场服务落到实处。与此同时,应积极跟踪项目动态,听取业主意见,及时采取措施,确保计划实施。

(3)后续服务人员自觉遵守现场组织纪律,尊重各方领导,遵守工地有关制度和规定,在现场领导部门的统一指挥和安排下做好本职工作。

5.4.2 岗位职责

5.4.2.1 项目设计经理

(1)负责制定建设项目现场管理工作各项规章制度,并落实执行;

(2)负责建设项目安全生产的监管工作,配合政府、建设业主等有关部门处理重大安全事故;

(3)负责建设项目后续设计管理、资料整理归档、工程竣(交)工验收工作;

(4)负责或配合建设项目工程(财务)决算工作;

(5)配合项目审计,提交项目投资分析报告;

(6)完成院、联合体及项目业主交办的其他任务。

5.4.2.2 项目设计副经理

(1)负责施工过程中设计优化方案的审查、汇报以及设计后续服务工作;

(2)根据施工进度及时做好各项工程的技术交底工作和各专业的协调工作,并解决设计技术方面的各种问题;

(3)参与重大工程的技术决策;

(4)负责对计量支付进行管理;

(5)负责组织"三个阶段"设计核查工作;

(6)配合项目经理完成各项工作。

5.4.2.3 项目设计服务部部长

(1)负责审查施工方上报的设计变更意向,参与现场考察,经现场考察确定后,负责向监理单位和管理处提交变更方案、变更工程数量和费用估算,及时提交设计变更文件,并承担相应责任;

(2)负责向监理单位、管理处以及联合体管理委员会汇报设计变更方案并取得批准；

(3)负责对设计变更进行技术交底,并对实施过程进行指导和监督；

(4)建立"设计变更图纸台账",及时对已上报和审批的设计变更图纸情况进行汇总,每月20日前分别与工程管理部和合同管理部进行核对。

5.4.3 设计变更管理

为加强对设计施工总承包项目在实施过程中工程设计变更的有效管理,确保工程质量、进度及安全,严格控制工程建设规模、标准及投资,依据交通运输部《公路工程设计施工总承包管理办法》(中华人民共和国交通运输部令 2015 年第 10 号)、《公路工程设计变更管理办法》(交通运输部令 2005 年第 5 号)、陕西省交通运输厅《关于加强我省高速公路项目勘察设计管理和投资控制的指导意见》(陕交发〔2018〕103 号)、《关于印发〈陕西省高速公路设计变更管理办法〉的通知》(陕交发〔2019〕14 号)以及业主的相关文件要求,结合项目实际情况,制定设计变更管理办法。

5.4.3.1 设计变更原则

(1)施工图设计文件是经交通运输行政主管部门批准的具有法律效力的文件,是控制整个项目建设规模和投资的基本依据。在工程实施过程中,必须维护设计文件的严肃性,严格控制工程设计变更,不得随意扩大或缩小建设规模,不得随意提高或降低建设标准。

(2)工程设计变更是指对已批准的施工图设计文件进行的修改完善等。

(3)工程设计变更应以优化、完善原设计为前提,以提高设计质量、节省建设资金、节约资源、方便施工、有利环保、利于安全运营为目标,必须符合国家有关建设工程强制性标准和技术规范的要求,符合建设工程质量和使用功能的要求,符合环境保护的要求,符合现场地形、地貌、地质、水文及材料等的实际情况。

(4)工程设计变更的基础文件为批准的施工图设计文件,设计变更原则上使用施工图设计时采用的标准、规范、规程和定额,除非另有规定。

(5)任何工程的设计变更,一般只能变更一次,无特殊原因不得进行多次变更,也不得将大的变更分解为多个小的变更规避审批。设计变更应尽量在分项工程开工前完成,避免在施工过程中变更而造成不必要的浪费和返工。

(6)设计变更的申请、审批、交付实施等程序必须以文件形式传递,未经审查批准的设计变更不得实施。

(7)设计变更应满足以下条件：

①原设计不合理、不完善,不能满足使用功能的；

②由于地形、地质、水文条件发生变化,按原设计难以满足设计质量要求的；

③颁布新标准、规范、规程后,确需设计变更的；

④由于建设环境原因,确需设计变更以适应社会、经济及环境要求的;

⑤设计优化后,确能有效地保证或提高工程质量,加快工程进度,缩短工期,降低工程造价或节约其他资源的;

⑥不可抗拒的自然灾害发生,需进行设计变更的。

5.4.3.2 设计变更程序及要求

(1)设计变更必须在执行强制性技术标准和设计规范,符合初步设计批复的前提下,对既能降低工程造价又能加快施工进度,且有利于工程管理的设计变更应给予积极支持。

(2)设计变更须由业主以书面形式通知后方可进行。特殊情况下,可以先变更、后补办手续,补办手续的期限不得超过下一次出现变更的时间。

(3)业主、设计施工总承包企业、沿线政府或有关单位均可提出设计变更的建议和要求。按合同隶属关系,总承包企业、监理单位或地方政府等有设计变更要求时,应通过业主书面通知方可受理。

(4)设计变更办理首先要填写《设计变更申请单》,申请单中的设计变更原因要具体明确,变更责任划分要清晰,不得含糊其辞,文字说明要简洁。设计经理要对变更责任进行确认,对于变更责任划分不清的,院生产质量管理部不予办理。

(5)设计变更通过设计变更通知单输出。办理设计变更通知单的登记、编号、盖章时需提供完整变更设计图纸及电子版(含概算、设计变更通知单、设计变更申请单、有关会议纪要、函件等)。

(6)设计变更期限:一般设计变更,7日内提交设计变更通知单;较为重大的设计变更,15日内提交设计变更通知单;重大设计变更,30日内提交变更设计通知单及文件。

5.4.3.3 设计变更分类

1)重大设计变更

(1)连续长度10km以上的路线方案调整的;

(2)特大桥的数量或结构形式发生变化的;

(3)特长隧道的数量或通风方案发生变化的;

(4)互通式立交的数量发生变化的;

(5)收费方式及站点位置、规模发生变化的;

(6)超过初步设计批准概算的。

2)较大设计变更

(1)连续长度2km以上的路线方案调整的;

(2)连接线的标准和规模发生变化的;

(3)特殊不良地质路段处置方案发生变化的;

(4)路面结构类型、宽度和厚度发生变化的;

(5)大中桥的数量或结构形式发生变化的;

(6)隧道的数量或方案发生变化的;

(7)互通式立交的位置或方案发生变化的;

(8)分离式立交的数量发生变化的;

(9)监控、通信系统总体方案发生变化的;

(10)管理、养护和服务设施的数量和规模发生变化的;

(11)其他单项工程费用变化超过300万元的;

(12)超过施工图设计批准预算的。

3)一般设计变更

一般设计变更是指除重大设计变更和较大设计变更以外的其他设计变更。

5.4.3.4 设计变更审核权限

(1)设计变更费用小于100万元,由专业分管设计副经理、项目设计经理及设计施工总承包项目实施部门负责人审核。

(2)设计变更费用大于100万元小于300万元,由专业分管设计副经理、项目设计经理、设计施工总承包项目实施部门负责人、分管院领导审核。

(3)设计变更费用大于300万元,由专业分管设计副经理、项目设计经理、设计施工总承包项目实施部门负责人、分管院领导、总工办主任、总工程师审核。

(4)较大或重大设计变更须由相关专业副总与业主共同考察确认,再经项目设计经理、总工办和总工程师审批。具体工作由项目设计经理组织人员完成,按设计文件审查程序审核后输出。

5.4.4 设计变更台账整理归档

当项目按计划完成全部工程之后,设计服务部会同工程部、合同部、环境保障部等相关部门共同对工程实施期间设立的设计变更台账进行梳理,再次核查变更程序文件是否完整,核查无误后进行整理存档。

设计服务部需配合施工方按照原设计文件及设计变更文件进行竣工图的编制工作,全部工作完成之后组织编制项目设计文件总目录并存档。项目竣工验收、移交业主后,设计服务部应进行设计工作总结,将项目的经验和教训作为单位的重要资产,以供后续项目借鉴和参考。

5.5　设计优化案例分析

高速公路设计施工总承包项目的实施过程中,路线设计不仅仅是所有专业设计的基础,更是直接影响项目的进度控制、成本控制的最重要因素。所以,路线专业人员在初步设计的基础上,应结合地勘文件以及其他专业意见进一步加强路线总体方案的综合优化论证工作。

以"子长至姚店高速公路"为例,设计人员针对项目重、难点,通过对多段路线的优化,合理避让不良地质,缩减桥梁、隧道长度,充分发挥设计施工总承包项目特点,达到了降本增效的目的。以下选取其中 13 段优化方案列举说明:

1)K6+400~K8+300(墩儿山隧道段)(图 5-2)

结合地形及初步设计审查意见对该路段平、纵面进行优化,调整后平面线形以满足隧道口"3s"行程要求,同时减短隧道 55m。

图 5-2　K6+400~K8+300(墩儿山隧道段)路线优化设计图

2)K8+600~K9+500(大寨段)(图 5-3)

初步设计 K9+200 于淤积坝坝体设置桥梁通过,桥梁规模大,且存在安全隐患。路线左移约 60m,于淤积坝坝体左侧通过,同时减短桥梁 280m。

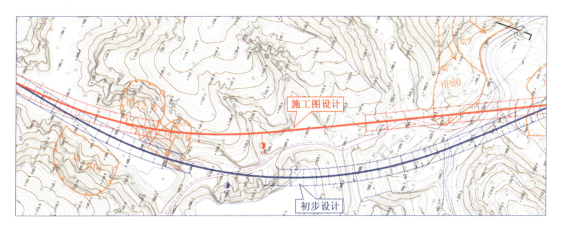

图 5-3　K8+600~K9+500(大寨段)路线优化设计图

3)K9+500~K11+000(王山沟段)(图 5-4)

初步设计路线沿滑坡 HP34、HP40 前缘以桥梁通过,桥梁工程规模大。结合地形及初步设计审查意见,施工图线位右移约 100m,沿滑坡中后部通过,虽然增加挖方,但是减少桥梁 340m,同时避免了滑坡前缘设置桥梁,增加了公路安全性。

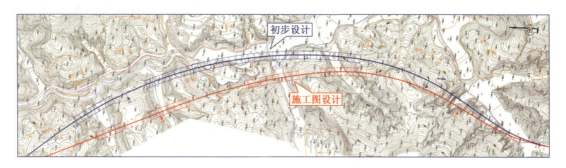

图 5-4　K9+500~K11+000(王山沟段)路线优化设计图

4)K13+600~K16+500(永坪立交段)(图5-5)

路线于永坪镇东侧设置永坪互通式立交后,桥梁跨越 S205、郝家川、西气东输管线后沿川道南侧布设。初步设计永坪立交挖方量较大,路线调整后,路线平面顺直,利于立交布设,减少了挖方,同时减短桥梁长度。

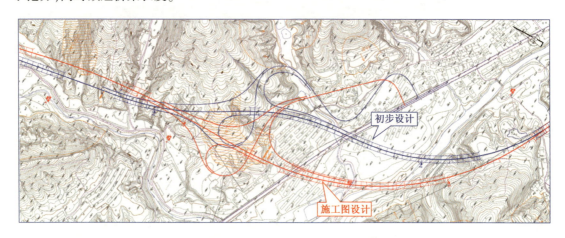

图 5-5　K13+600~K16+500(永坪立交段)路线优化设计图

5)K18+200~K20+000(刘家崖隧道段)(图5-6)

该路段优化了隧道平面线形,同时减短了隧道长度。

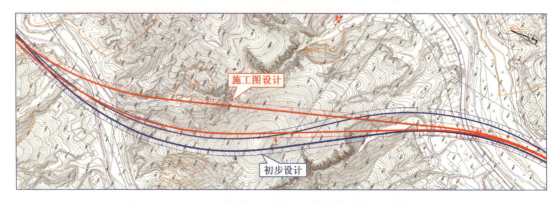

图 5-6　K18+200~K20+000(刘家崖隧道段)路线优化设计图

6) K20+500～K21+700(刘家渠段)(图5-7)

该路段路线右移约30m,减少了挖方,同时降低了边坡高度。

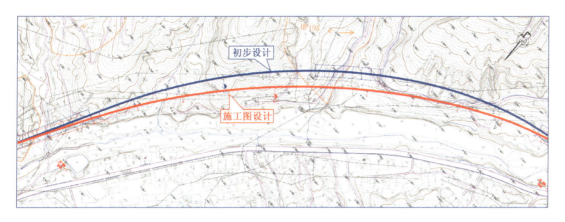

图5-7　K20+500～K21+700(刘家渠段)路线优化设计图

7) K28+600～K32+800(鲁家湾段)(图5-8)

该路段制约路线布设的主要因素是不良地质,该滑坡为老滑坡,目前发育有四次滑动,坡脚处滑体基本将沟壑堵塞,处于稳定状态,滑体土总体积约433.6万m^3,属深层牵引式巨型黄土质滑坡。初步设计路线于滑坡后部以挖方通过,施工图阶段经现场勘察,认为初步设计虽然于滑坡后缘以路堑通过,但是仍然需要采用抗滑桩治理,且桩长较长,治理费用大,建议路线右移至滑坡前缘,减短桩长。因此路线在该位置右移约160m,以浅填于滑坡前缘通过,减短了该处滑坡抗滑桩的桩长,降低了治理费用,同时避免拆迁两条高压线路。

图5-8　K28+600～K32+800(鲁家湾段)路线优化设计图

8) K34+800～K36+100(寨子沟隧道段)(图5-9)

结合初步设计审查意见,对隧道路段进行了优化调整,减小了隧道间距,改善了隧道平面线形,同时减短桥梁长度。

9) K37+800～K40+200(蟠龙立交段)(图5-10)

K37+800至K38+600段初步设计沿沟心以桥梁通过,施工图阶段路线右移,沿西侧坡脚设线以路基形式通过。K38+600至K40+250段,初步设计沿鱼塘东侧布设,为避免产生较多高边坡,路线距离鱼塘较近,路基处理困难。因此施工图阶段将路线调整至鱼塘西侧坡面布设。

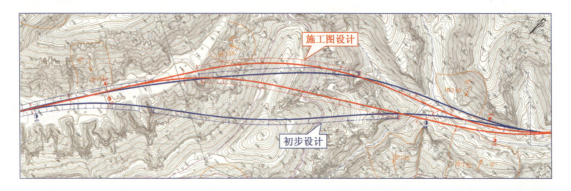

图 5-9　K34+800~K36+100(寨子沟隧道段)路线优化设计图

图 5-10　K37+800~K40+200(蟠龙立交段)路线优化设计图

10)K40+800~K42+300(康家塬隧道段)(图 5-11)

路线优化结合地形及施工图详勘资料,隧道均于初步设计左洞位置处出线,调整后减短隧道 148m。

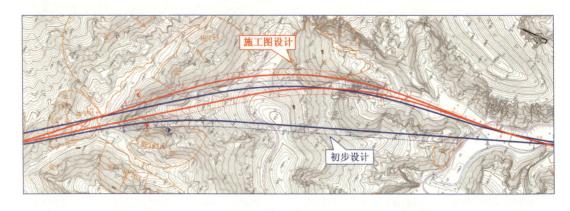

图 5-11　K40+800~K42+300(康家塬隧道段)路线优化设计图

11）K42+300~K43+500（起磴沟段）（图5-12）

初步设计该路段沿沟心布设，桥梁规模大，施工图阶段路线右移，沿东侧坡脚布设，虽然增加了挖方，但是减少桥梁280m。

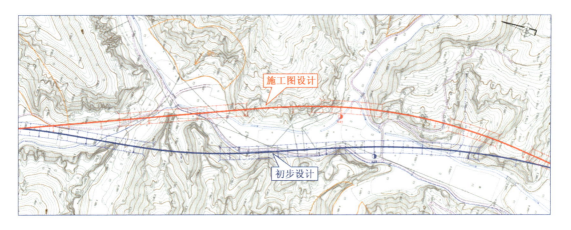

图5-12　K42+300~K43+500（起磴沟段）路线优化设计图

12）K44+500~K48+100（蒲屯村段）（图5-13）

初步设计该路段推荐沿沟道西侧坡面布设的F方案，该方案桥梁规模大，对村庄干扰较为严重，初步设计认为西侧坡面地质情况优于东侧坡面。施工图阶段经现场踏勘，认为沿东侧坡面布设的方案对不良地质干扰较少，且基本以挖方路基的形式通过，路线调整后平面顺直，对村庄干扰较少，虽然增加挖方，但桥梁减少约268m，且减少了对村庄的干扰。

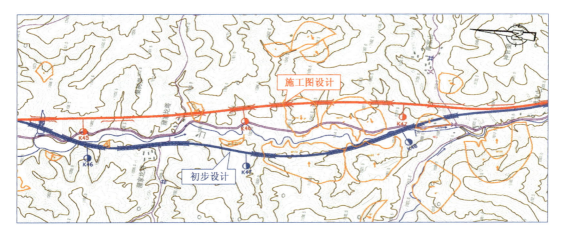

图5-13　K44+500~K48+100（蒲屯村段）路线优化设计图

13）K51+000~K53+600（元龙寺段）（图5-14）

制约该路段路线布设的主要因素是两条输油管线，初步设计沿西侧坡面布设，挖方及高边坡多，与不良地质干扰大，施工图阶段路线沿西侧坡脚布设，减少挖方及高边坡。

图 5-14　K51+000~K53+600(元龙寺段)路线优化设计图

第6章 项目采购管理

总承包项目采购管理是项目执行过程中的重要工作,它能否经济有效地进行,不仅影响着项目成本,而且也关系着项目的预期效益能否充分发挥。采购工作应遵循公平、公开、公正的原则,选定供货商。保证按总承包项目的质量、数量和时间要求,以合理的价格和可靠的供货来源,获得所需的设备材料及有关服务。

设计施工总承包项目采购模式是集中采购,管理主要分为两部分,第一部分为项目材料物资管理,第二部分为项目物资招标采购管理。为进一步加强和规范项目物资设备管理工作,项目联合体应制定项目材料物资管理办法。

6.1 项目材料物资管理方法

6.1.1 材料的计划管理

施工项目材料计划是施工项目所需要材料的预测、部署和安排,是指导与组织施工项目材料的订货、采购、加工、储备和供应的依据,是降低成本、加速资金周转、节约资金的一个重要因素,对提高施工项目经济效益具有十分重要的作用和意义。

6.1.1.1 施工项目材料需用量计划的编制

施工项目材料需用量计划是材料采购的基础。施工项目所需的材料包括工程用料和临时设施用料,均应纳入需用量计划。

1)施工项目材料需用量计划的编制程序

施工项目材料需用量计划的编制程序如图6-1所示。即根据图纸计算分项实物工程量,再按材料消耗定额计算各分项工程、分部工程的材料需用量,在此基础上编制单位工程材料分析表,最后根据施工进度计划确定分期需用量,编制出按时间需要的品种规格和数量齐全的材料需用量计划。

2)材料需用量的计算

材料需用量计算的主要依据是:设计文件、施工方案、技术措施计划及有关的材料消耗定额。编制程序分三步：

（1）根据设计文件、施工方案和措施计划计算工程项目各分部、分项工程量；

（2）根据各分部分项的工程量、工艺操作方法和材料消耗定额，计算各分部分项工程各种材料需用量。其计算公式为：

$$某种材料计划需用量 = 分部分项工程实物工程量 \times 材料消耗定额$$

（3）汇总各分部分项工程材料需用量，求得整个工程项目的各种材料的总需用量。

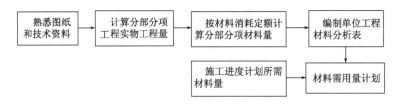

图 6-1　材料需用量计划编制程序

确定材料需用量的方法通常有以下几种：

（1）定额计算法。此种方法计算的材料需用量比较准确，适用于规定有消耗定额的各种材料。首先计算施工项目各分部、分项工程量并套取相应的材料消耗定额，求得各分部、分项的材料需用量，最后汇总各分部、分项的材料需要量，求得整个施工项目各种材料的总需用量。

分部、分项材料需用量计算公式如下：

$$某项材料需用量 = 某分项工程量 \times 该项材料消耗定额$$

（2）比例计算法。多用来确定无消耗定额，但有历史消耗数据，以有关比例关系为基础来确定材料需用量。其计算公式如下：

$$材料需用量 = 对比期材料实际消耗量 \times \frac{计划期工程量}{对比期实际完成工程量} \times 调整系数$$

式中，调整系数一般可根据计划期与对比期施工技术与组织条件的对比分析、降低材料消耗的要求和采取节约措施后的效果等来确定。

（3）类比计算法。多用于计算新产品对某些材料的需用量。它是以参考类似产品的材料消耗定额来确定该产品或该工艺的材料需要量的一种方法。其计算公式如下：

$$材料消耗量 = 计划工程量 \times 类似产品的材料消耗定额 \times 调整系数$$

式中，调整系数可根据该种产品与类似产品在质量、结构、工艺等方面的对比分析来确定。

（4）经验估计法。根据计划人员以往的经验来估算材料需用量的一种方法。此种方法科学性差，只限于不能或不值得用其他方法的情况。

材料需用量计划是用表 6-1 的表格形式完成的。

施工项目材料需用量计划表

编制单位_____　　　　　　　　　　　　　　　　　　　　　　　　　　　　　表 6-1

序号	材料名称	规格型号	计量单位	合计数量	单位工程需用量			按时间分配数量									
					××工程	××工程	××工程	一季度			二季度			三季度			四季度		
								1	2	3	4	5	6	7	8	9	10	11	12

6.1.1.2 施工项目材料供应计划的编制

施工项目材料供应计划，是指在计划期内如何满足各工程项目材料需用的一种实施计划，为组织货源、订购、储备、供应提供依据，为投标提供资源条件。

1) 编制材料供应计划的准备工作

编制施工项目材料供应计划应做好以下准备工作：

(1) 掌握计划期内施工进度对材料供应的要求；

(2) 掌握材料市场及加工生产信息，包括产地、数量、质量、价格、运输条件等；

(3) 查清订货合同、库存量；

(4) 分析影响材料供应的各种有利和不利因素。

2) 施工项目材料供应计划的编制程序

(1) 根据工程项目材料需用计划，结合现有库存资源，设置周转储备，经综合平衡后确定材料供应量，其计算方法是：

材料供应量 = 材料需用量 + 计划期末储备量 − 计划期初可利用量 − 技措降低量

其中：计划期初可利用量 = 上期末预计库存量 − 计划期中不合用数量

式中，计划期末储备量为下期工程顺利进行所建立的储备量；上期末预计库存量指根据编制计划时已掌握的实际库存量，再考虑到报告期末的预计进货量和预计消耗量得出的；计划期中不合用数量指考虑库存材料中，由于规格、型号不符合计划期工程要求而扣除的数量；技措降低量指采用代用材料或技术措施后，冲抵的材料消耗量和材料消耗降低的数量。

(2) 针对材料供应量，提出实现供应的保证措施并编制措施计划，如材料采购加工计划、库存和项目间调拨计划、储备计划等。

3) 编制材料供应计划的注意事项

(1) 合理确定材料需用量。主要是审核项目材料需用计划，对需要预先进行加工制作的材料应考虑加工制作周期。

(2) 准确统计库存资源量。根据编制计划时的实际库存，考虑计划编制期内库存增减因素，确定可提供调拨的资源量。

(3) 根据材料消耗速度、运输及到货间隔，合理确定周转储备量。

(4)对上述因素进行平衡后,确定供应量并制定供应措施。

材料供应计划的主要内容见表6-2。

××工程项目×月材料供应计划　　　　　　　　表6-2

材料名称	规格质量	计量单位	初期库存量	本期需用量	周转储备量	供应量	其中供应措施		
						合计	采购	利库	加工

4)材料供应计划的实施

材料供应计划的编制,只是计划工作的开始,更重要的是组织计划的实施。实施中的关键问题是实行配套供应,即对各分部、分项工程所需的材料品种、数量、规格、时间及地点,组织配套供应,不能缺项,不能颠倒。

要明确供求双方的责任与义务,以及奖惩规定,签订供应合同,以确保施工项目顺利进行。材料供应计划在执行过程中,如遇到设计修改、生产或施工工艺变更时,应做相应的调整和修订,但必须有书面依据,要制定相应的措施,并及时通告采购经理,妥善处理并积极解决材料的余缺,以避免和减少损失。

在材料供应计划执行过程中,应定期或不定期进行检查。主要内容是:供应计划落实的情况,材料采购情况,订货合同执行情况,主要材料的消耗情况,主要材料储备及周转情况等,以便及时发现问题并处理解决。

6.1.2 材料的库存管理

6.1.2.1 库存管理的目标

施工过程对材料的需求是连续不断的,而各种材料的进场则是间断的、分期分批的。为了避免材料供应中的意外或中断,保证施工连续进行,就必须建立一定的库存,即材料储备。材料库存一般包括经常库存和安全库存两部分。经常库存是指在正常情况下,在前后两批材料到达的供应间隔内,为满足施工生产连续而建立的库存。经常库存的数量是周期性变化的,一般在每批材料入库后达到最高额,随着生产的消耗,在下一批材料入库前降到最低额。所以经常库存又称周转库存。安全库存是为预防因到货误期或品种规格不符合要求等原因影响生产正常进行而建立的材料库存。它在正常的情况下不予动用,是一种固定不变的库存。

施工现场的材料库存量必须经济合理,不能过多也不能过少。如果库存材料的数量过少,会影响施工生产正常进行,造成损失;如果库存量过多,就会造成材料积压,即资金的积压,增加流动资金占用和材料保管上的负担。因此,必须对库存量进行严格的控制和管理。库存管理的重要目标就是,在保证生产正常进行的情况下,使得库存量为最小,也就是使得库存总费用最少,提高项目的经济效益。

为了达到上述目标,库存管理主要研究解决以下两方面的问题:一是在一定时期内合理库存量是多少,即确定经济库存量和安全库存量;二是什么时候补充库存,即确定合理的订购时间。

6.1.2.2 库存管理的方法

1) ABC 分类法

要搞好材料管理,首先就要对库存材料进行分类,抓住"关键的少数,次要的多数",找出重点管理的材料。施工项目所需要的材料种类繁多,消耗量、占用资金及重要程度各不相同,如果对所有的材料同等看待全面抓,势必难以管好,且经济上也不合理。只有实行重点控制,才能达到有效管理。ABC 分类法就是一种科学的抓重点的管理方法。

材料的库存价值和品种数量之间存在一定的比例关系。大约有占品种数量 5%~10% 的材料,资金的占用额达 70%~75%;约有 20%~25% 的材料,资金占用额也大致为 20%~25%;还有 65%~70% 的绝大多数材料,资金占用额只有 5%~10%。根据这一规律,将品种较少但需用量大、资金占用较高的材料划分为 A 类;将品种数不多、资金占用额相当的划分为 B 类;而将品种数量很多、占用资金比重却较少的材料划分为 C 类,如表 6-3 所示。

材料 ABC 分类表　　　　　表 6-3

分类	$\dfrac{品种数}{总品种数}\times 100(\%)$	$\dfrac{占用资金额}{总占用资金额}\times 100(\%)$
A 类	5~10	70~75
B 类	20~25	20~25
C 类	65~70	5~10
合计	100	100

根据 ABC 三类材料的特点,可分别采取不同的库存管理方法。A 类材料是重点管理材料,对其中的每种材料都要规定合理的经济库存量,尽可能减少安全库存量,并对库存量随时进行严格盘点。把这类材料控制好了,对资金节省将起重要的作用。对 B 类材料也不能忽视,也要认真管理,控制其库存。对于 C 类材料,可采用简化的方法管理,如定期检查库存,适当加大订货批量等。

2) 定量订购法

定量订购法是指某种材料的库存量由最高库存消耗到最低库存之前的某一预定的库存量水平时,就提出并组织订货,每次订货的数量是一定的。提出订货时的库存量称为订购点库存量,简称订购点。每次订货的数量称为订购批量。

(1) 订购点(库存量)

当材料库存达到订购点库存量时,就提出订购。订购点库存量是由订购期间内的材料需要量和安全库存量组成的,即:

$$订购点 = (平均日需要量 \times 备运时间) + 安全库存量$$

备运时间是指从提出订货到验收入库为止的时间。它包括订货、运输、验收的时间,有的材料还包括加工前的准备时间。

安全库存量是用来防止缺货的风险的,它的确定要综合考虑仓库保管费用和缺货费用。如果安全库存量大,则缺货的概率小,这将降低缺货费用;反之,将增加仓库保管费用。所以,合理的安全库存量应能使这两种费用之和为最小,其值取决于仓库保管费用、缺货费用和发生缺货的概率。由于缺货费用很难测定,故通常安全库存量可以根据经验估计或数理统计方法求得。

(2)经济订购批量的确定

经济订购批量是指某种材料的订购费用和仓库保管费用之和最低时的订购批量。

订购费用包括采购人员的工资、差旅费、采购手续费、检验费等。订购费用的特点是随着订购次数的增加而增加。通常年需要量一定时,订购费用又随订购批量的增加而减少。

仓库保管费用是指材料在库或在场所需要的一切费用,主要包括库存材料占用流动资金的利息、仓库及仓库机械设备的折旧费和修理费、燃料动力费、采暖通风照明费,仓库管理费(如,仓库职工工资及办公费、管理费),库存材料在保管过程中的损耗,以及由于技术进步而使库存材料性能陈旧贬值而带来的损失等。仓库保管费用的特点是随库存量的增长而增长,也就是说与订购批量成正比。通常以年度为期限,按平均库存值的百分率表示。

订购费用和仓库保管费用之和,即总费用为最小的经济订购批量计算公式推导如下:

设:R——全年某种材料的需要量;

C——该材料的单价;

P——每次订购费用;

I——单位材料年度保管费率;

Q——每次订购批量。

则年度总费用 T_C 为:

$$T_C = \frac{R}{Q} \cdot P + \frac{C \cdot Q}{2} \cdot I$$

求 T_C 为最小时的订购批量 Q^*:

即:

$$\frac{dT_C}{dQ} = -\frac{R \cdot P}{Q^2} + \frac{C \cdot I}{2} = 0$$

则:

$$Q^* = \sqrt{\frac{2RP}{CI}}$$

定量订购法由于订购时间不受限制,所以在材料需要量波动较大的情况下适应性强,可以根据库存情况,考虑需要量的变动趋势随时组织订货,补充库存,这样安全库存可以少设一些。但采用这种方法要求外部货源充足,即能根据需要随时供货。另外,需要对每种材料实行永续盘点。当到达订货点时,就要单独组织订货或运输,这不仅加大了材料管理工作量,还可能增加订货费用、运输费用和采购价格。

定量订购适用于高价物资,包括安全库存少、需要严格控制、重点管理的材料,需要量波动大或难以预见的材料,不常用的或因缺货造成的经济损失较大的材料。

3）定期订购法

定期订购法是事先确定好订货采购的时间,例如每月、每季或每旬订购一次,到达订货日期就组织订货,订货的周期相等,但每次订货的数量不一定。

采用定期订购法,一是需要确定订购周期,即多长时间订一次货,具体什么时间订货,二是需要确定每次的订购数量。

(1) 订购周期

订购周期,一般是先用材料的年需要量除以经济订购批量求得订购次数,然后用365天除以订购次数。即:

$$订购周期 = \frac{365}{年需要量/经济订购批量}$$

订购的具体日期应考虑提出订购时的实际库存量高于安全库存量,并满足订购期间的材料需要量。

(2) 订购数量

每次订购的数量是根据下一次到货前所需材料的数量减去订货时的实际盘存量而定。其计算公式为:

订购数量 = (订购天数 + 供应间隔天数) × 平均日需要量 + 安全库存量 − 实际库存量

定期订购由于订货时间是固定不变的,所以其保险储备必须考虑整个供应间隔期和订购期间的需要,不得不适当多留一些。

采用定期订货方式,由于在订货期对各种材料统一组织订货,所以不要求平时对每种材料严格实行永续盘点,这可以简化订货组织工作,降低订货费用。另外,这种订货方式可以事先与供货方协商供应时间,做到有计划地安排产需衔接,有利于双方实行均衡生产。

6.1.3 材料的现场管理

现场材料管理是在现场施工的过程中,根据工程施工、场地环境、材料保管、运输、安全、费用支出等需要,采取科学的管理办法,从材料进场到成品产出的全过程中所进行的材料管理。

6.1.3.1 现场材料管理的原则及任务

1）现场材料管理的原则

(1) 按时、按质、按量地组织各种材料进场,保证施工进度需要。

(2) 严格保证进场材料的质量完好、数量准确、妥善保管,不降低材料使用价值。

(3) 控制使用,确保节约、降耗,实现降低成本的目标。

2）施工项目材料管理的任务

(1) 做好施工现场材料管理规划,设计好总平面图,做好预算,提出现场材料管理目标。

(2)按施工进度计划组织材料分期分批进场,既保证需要,又防止过多占用存储场地(或仓库),更不能形成大批工程剩余材料。

(3)按照各种材料的品种、规格、质量、数量要求,对进场材料进行严格检查、验收,并按规定办理验收手续。

(4)按施工总平面图要求存放材料,既方便施工,又保证道路畅通,在安全可靠的前提下,尽量减少二次搬运。

(5)按照各种材料的自然属性进行合理码放和储存,采取有效的措施进行保护,数量上不减少,质量上不降低使用价值。因此要明确保管责任。

(6)按操作者所承担的任务对领料数量进行严格控制。

(7)按规范要求和施工使用要求,对操作者手中的材料进行检查,监督班组合理使用,厉行节约。

(8)用实物量指标对消耗材料进行记录、计算、分析和考核,以反映实际消耗水平,改进材料管理。

总之,上述任务可归纳为:全面规划,计划进场,严格验收,合理存放,妥善保管,控制领发,监督使用,准确核算。

6.1.3.2 现场材料管理的内容

1)施工前的现场材料管理内容

(1)调查现场环境,包括:工程合同的有关现场规定,工程概况,工程地点及周围已有建筑、道路交通、运输条件,主要材料、机具、构件需用量,施工方案,施工进度计划,需用人数,临时建筑及其用料情况等等。

(2)参与进行施工平面使用规划。

材料管理部门参与施工平面使用规划,并注意以下问题:

尽量使材料存放场地接近使用地点,以减少二次搬运和提高劳动效率;存料场地及道路的选择不能影响施工用地,避免倒运;存料场地应能满足最大存放量;露天料场要平整、夯实、有排水设施;现场临时仓库要符合防火、防雨、防潮、防盗的要求;现场运输道路要符合道路修筑要求,循环畅通,有周转余地,有排水措施。

2)施工过程中的现场材料管理内容

(1)建立健全现场材料管理责任制。项目经理全面负责,划区划片,包干到人,定期组织检查和考核。

(2)加强现场平面管理。要根据不同施工阶段材料供应品种和数量的变化,调整存料场地,减少搬运,方便施工。

(3)有计划地组织材料进场。要掌握施工进度,搞好平衡,及时提供用料信息,按计划组织材料进场,保证施工需要。

(4)保持存料场地整齐清洁。各种进场材料、构件要按照施工总平面图堆放整齐,做到成行、成线、成垛、成堆,经常清理、检查。

(5)认真执行现场材料收、发、领、退、回收管理标准,建立健全原始记录及台账,定期组织盘点,抓好业务核算。

(6)严格进行使用中的材料管理。采取承包和限额领料等形式,监督和控制班组合理用料,加强检查,定期考核,努力降低材料消耗。

3)竣工收尾后的现场材料管理

(1)估计未完工程用料,在平衡的基础上,调整原用料计划,控制进场,防止剩余积压,为完工清场创造条件。

(2)提前拆除不再使用的临时设施,充分利用可以利用的旧料,节约费用,降低成本。

(3)及时清理、利用和处理各种破、碎、旧、残料、料底和建筑垃圾等。

(4)及时组织回收退库。对设计变更造成的多余材料,以及不再使用的周转材料,抓紧作价回收,以利于竣工后迅速转移。

(5)做好施工现场材料的收、发、存和定额消耗的业务核算,办理各种材料核销手续,正确核算实际耗料状况,在认真分析的基础上找出经验与教训,在新开工程上加以改进。

6.1.3.3 现场材料管理实务

1)现场材料验收程序

现场材料的验收程序是:做好场地、设施、计量器具、有关资料等验收准备;核对凭证;质量验收;数量验收;办理验收手续;如发生问题及时通知经办人,能退货的应及时退货,一定不能退货的,在协商期限内妥善保管,不丢失,不损坏。

2)现场材料的消耗管理

现场材料消耗管理普遍采用限额领料办法,是通过限额领料单的签发与下达、领料与发料、检查、验收与结算、考核与奖罚等环节,把班组施工用料控制在与其任务相符的品种和数量内。限额领料可促使班组合理地、有效地使用材料;促进企业加强经营管理,节约材料,降低成本;可动员职工参加项目管理,把用料结果与职工物质利益结合起来,正确实行按劳分配,调动职工的节约积极性。

限额领料单的管理程序是:签发→下达→应用→执行情况检查→验收→结算→根据限额领料单执行结果进行奖罚。

限额领料单可根据承包要求按分项工程签发、按工程部位签发或按单位工程签发。其内容包括:工程项目、工程量、定额用料量、发料数量、退料数量、节约措施及节约量等。

3)进行材料的使用监督、回收和统计

班组领料以后,便对材料管理负全责,做到使用合理,无抛撒,无浪费,无垃圾,工完场清。材料人员应督促、检查班组按操作规程及规范化做法使用材料,了解材料使用不当超耗浪费的原因,纠正不当做法,故要建立和执行材料监督员制度。

余料必须回收。回收时应根据材料质量和用途采取有偿回收的办法,并使回收手续齐全,建立完备的回收台账。

现场材料统计的内容包括:进料计划执行情况的统计;现场材料收、发、存统计;限额领料执行情况统计;项目竣工实际耗料统计;工程项目实际耗料与施工预算对比节超统计;临时设施用料与原定额用料计划节超对比统计;超耗数量统计及超耗原因分析。

6.2 项目采购管理体系

6.2.1 项目采购组织机构及岗位职责

项目采购管理应由采购经理负责,并适时组建项目采购组,采购经理应接受项目经理和工程总承包企业采购管理部门的管理。

6.2.1.1 项目采购组织机构

(1)项目联合体主管领导任组长,物资设备、财务、工程、纪监部门人员组成的招标采购小组,负责本级范围内招标采购的组织实施,并将招标结果向本级总经理汇报最终审定。项目经理部协同配合招标工作。招标采购小组办公室设在物资设备管理部门。

(2)项目联合体负责组织同一区域(同一或就近建设项目)有两家以上工区承建项目的物资集中招标采购;审批工区和项目主要物资设备采购计划并指导监督工区的物资设备招标采购工作;建立项目联合体物资设备的供应商数据库和评标专家库;定期发布各类主要物资信息。

(3)各工区负责本单位招标采购计划的编制;可根据项目联合体的授权组织某一批次物资设备的招标采购,组织主要物资、燃油料、周转物资和设备的招标采购;制定本级采购招标、评标细则;审批项目主要物资采购计划,指导监督项目部的物资采购。

(4)各工区负责本项目采购计划的编制;负责招标采购合同的执行和信息反馈、索赔;组织招标采购前期市场调查;实施经各工区授权的辅助物资、机械配件、小型机具、低值易耗品或其他相关物资设备的采购。

6.2.1.2 项目采购各岗位职责

1)采购经理

根据合同要求,执行项目采购计划,负责组织、指导和协调项目的采购工作,处理采购有关事宜以及和供应商的关系。完成项目合同对采购要求的技术、质量、安全、费用和进度以及工程总承包企业对采购费用控制的目标与任务。

具体工作如下:

(1)负责项目的采购管理,包括所需设备、材料厂商确定、采买、催交、检验、物流和现场物资管理；

(2)组织编制项目采购执行计划；

(3)组织编制项目设备、材料合格供应商名单并按照程序获得批准；

(4)根据项目采购工作需要，向工程总承包企业采购管理部门提出项目采购组的机构设置和人员需求；

(5)接收设备、材料请购文件，根据采购执行计划，组织采购工作；

(6)组织采购组按照合适的采购方式进行采买工作，并组织签订采购合同或订单；

(7)组织采购组进行催交、检验、运输、接货、开箱检验、入库、保管和发放等工作；

(8)组织编制采购月报，进行费用、进度监测。定期召开采购计划执行情况检查分析会，针对存在的主要问题，提出解决办法，并及时向项目经理和工程总承包企业采购管理部门报告；

(9)组织设备、材料的现场采购工作；

(10)组织设备、材料供应商的现场服务工作；

(11)组织编写项目完工报告的采购部分。

2)采买工程师

(1)在采购经理的领导下开展采买工作，向采购经理汇报工作；

(2)协助采购经理编制项目采购计划；

(3)协助采购经理确定设备、材料的采购方式，如需采用招标采购方式，按照国家现行有关法律法规进行采购；

(4)如按照非招标采购方式，可参照下列流程：

①采买工程师协助采购经理编制项目采购设备、材料询价供应名单，并按照程序逐级进行审批；

②编制商务询价文件，包括询价书、报价须知和采购合同基本条款等，整合询价文件技术和商务部分，提交采购经理或项目经理批准；

③向批准的供应商发出完整的询价文件；

④督促供应商按照要求报价并接收报价文件；

⑤负责报价的商务评价，组织报价的综合评价，并按照程序逐级进行审批；

⑥根据需要组织供应商报价澄清和谈判会议；

⑦根据询价文件和中标供应商的报价文件编制采购合同，报采购经理审核；

⑧组织与中标的供应商签订合同或订单；

⑨在采买期间负责与供应商之间的业务联络；

⑩负责处理合同执行过程中与采买相关的事宜。

3)催交工程师

(1)在采购经理的领导下负责设备、材料的催交工作；

(2)根据项目采购执行计划确定的设备、材料催交等级,编制项目催交计划;

(3)按照催交计划开展催交工作;

(4)督促供应商按照合同要求及时提交图纸、文件资料和最终产品资料;

(5)审查供应商月报,了解并监控供应商的生产进度,包括重要物资的采购情况等,确保供应商的制造进度满足合同要求;

(6)一旦发现有延期倾向或已发生拖延,立即向采购经理汇报,提出补救措施,尽量减小由此对项目进度造成的不良影响;

(7)负责催交竣工资料;

(8)按照项目规定的要求提交设备、材料的制造状态报告和催交状态报告。

4)检验工程师

(1)制定设备、材料的检验计划;

(2)负责组织设备、材料的检验工作;

(3)负责组织召开设备、材料预检验会议;

(4)依据采购合同约定参加设备、材料的中间检验、车间检验、最终检验、试验和包装检验,并编制检验报告和检验放行单;

(5)检查供应商提交的各种检验、试验报告和质量证明文件;

(6)负责编制检验状态报告;

(7)参加进口物资在海港、空港的检验、验收工作。会同海关、商检等机构进行商检、安检、盈、缺、损鉴定及异地检验。

5)运输工程师

(1)编制设备、材料运输计划;

(2)负责设备、材料的运输管理工作;

(3)协助采购经理选择确定物流分包商;

(4)处理超限设备运输有关问题;

(5)负责设备、材料运输包装检查和运输文件的准备;

(6)负责报关、海运保险和商检等手续办理或委托业务;

(7)负责物流合同的管理和结算;

(8)负责编制设备、材料运输状态报告;

(9)负责运输文件接收、移交和保存。

6)仓储管理工程师

(1)在采购经理的领导下,负责设备、材料的入库验收、保管和发放工作,以及仓库和货场管理工作;

(2)编制仓库作业规章制度,并指导执行;

(3)组织仓库作业全过程管理;

(4) 组织设备、材料的接收和开箱检验工作;

(5) 负责对验收合格的设备、材料清点、核实,并办理入库手续,不合格品按制度实施有效控制;

(6) 定期发布设备材料入库、出库信息和库存状态报告。

6.2.2 采购的原则和要求

1) 经济原则

在规定的费用范围内,投资和操作费用综合考虑,以最佳效益为采购目标。

2) 质量保证原则

(1) 技术先进、可靠,关键设备要考虑专利商的推荐意见;

(2) 严格审查并评定供货商的能力,选择合格的厂商;

(3) 对分包企业方实施有效控制,确保其严格执行质量保证程序;

(4) 严格执行产品检验、试验标准和程序;

(5) 在经济性和质量保证方面出现矛盾时,质量优先,安全第一。

6.2.3 采购管理制度

采购工作组应按项目的技术、质量、安全、进度和费用要求,获得所需的设备、材料及有关服务。

(1) 编制采购进度计划时要关注合格供应商询价名单的审批、采购询价、澄清、投标、供应商资料的提交、出厂检验、发货、运输和现场接收等主要里程碑及其进度日期,以及与设计、施工等工序的接口进度日期。

(2) 关注项目发包人采购的设备、材料,需要项目承包人完成的采购服务工作。

(3) 项目承包人要与项目发包人一起根据工程建设项目的性质和规模,依据国家现行有关法律法规,共同确定项目必需的设备、材料是否属于依法要进行招标的范围。

①属于依法要进行招标的设备、材料的采购,项目承包人要按照国家现行有关法律法规执行。

②不属于依法进行公开招标的设备、材料的采购,项目承包人要按照项目发包人批复或指定的供应商名录进行采购;如果项目承包人在合同约定的供应商名录之外进行设备、材料的采购,要事先得到项目发包人的书面批准。

(4) 在项目采购工作过程中要体现公平竞争、"适当采购"原则。项目采购要选择三个以上的询价对象,除非特殊技术要求,要严格控制独家采购。

①适时采购。以保证项目进度为前提,对可能影响整个项目建设进度的长周期设备、关键设备,要尽早订货,以保证项目关键路径工期要求。非关键路径的短周期、通用设备、材料以满

足施工进度要求为前提,尽量压减库存,降低现金占用。

②适地采购。设备采购要考虑供应商与施工现场的相对位置,优化采购,以降低设备、材料相关费用。大型设备运输受限又具备现场制作条件的,可考虑安排现场制作,也可考虑大型成套、复杂设备在运输条件具备的预制工厂模块化生产、预组装。

③适质采购。要充分考虑设备、材料与装置整体水平,设备、材料相互间质量的适配性,性能、能力的合理性,杜绝质量、能力浪费。设备、材料的规格、等级或材质是决定其价格的主要因素。采购人员要建立对设备、材料的价格费用控制观念,提出适合的、满足项目技术、安全、职业健康与环境要求的技术询价文件。采购组在企业合格供应商的基础上,选择确定项目询价供应商,以保证项目成本最优化,提高采购效益。

④适量采购。在合理的设计深度统计要采购的材料量,将材料裕量控制在恰当的范围内。将类似设备、材料的采购尽可能地合并在一个合同内,减少标包,降低项目采购成本,减少采购管理工作量。

⑤适价采购。采购的目标是价格的合理性,而不是单纯的价格最低化,单纯的低价有时会导致合同执行不顺利,或供应商现场服务不到位。工程总承包企业要加强设备、材料价格信息收集和整理工作,提高费用估算的精度,运用综合评价方法对采购环节费用进行分解,以期在采购合同谈判中,有理、有据、有力地合理降低采购费用。

(5)采购过程要符合质保体系。

①采购全过程的程序化:按照制度实行采购程序化作业,增加制约措施,严格授权程序。严明采购业务纪律,最大程度地杜绝个人行为,为防止腐败和杜绝行业不正之风奠定制度基础。

②工作标准化:包括采购计划格式、询价文件、报价文件、报价评价文件、合同文件、采购状态报告、质量记录和文件归档等实现标准化。

③公开化、公正化:厂商来源公开,推荐渠道公开,评审程序公开,评审过程公开,达到评审结论公正。

(6)采购与设计、施工的接口关系。

在采购与设计的接口关系中,对下列主要内容的接口实施重点控制:

①采购接收设计提交的采购文件;

②采购接收设计提交的报价技术评价文件;

③采购向设计提交订货的设备、材料资料;

④采购接收设计对制造厂图纸的评阅意见;

⑤采购评估设计变更对采购进度的影响;

⑥如需要,采购邀请设计人员参加产品的中间检验、出厂检验和现场开箱检验。

在采购与施工的接口关系中,对下列主要内容的接口实施重点控制:

①采购向施工提供设备、材料到货状态;

②采购组织所有设备、材料运抵现场;

③现场的开箱检验；
④施工过程中发现与设备、材料质量有关的问题，由采购与制造厂协调解决；
⑤评估采购变更对施工进度的影响；
⑥仓储管理人员负责按照批准的领料单发放合格的设备、材料，办理物资出库交接手续。

6.2.4 采购工作程序

(1)根据项目采购策划，编制项目采购执行计划。
(2)采买。
(3)对所订购的设备、材料及其图纸、资料进行催交。
(4)依据合同约定进行检验。
(5)运输与交付。
(6)仓储管理。
(7)现场服务管理。
(8)采购收尾。

6.2.5 采购资料归档

1)台账和档案管理
(1)总承包企业物资设备部建立Ⅰ、Ⅱ类设备的总台账，施工单位建立本单位所有设备的分户台账。
(2)总承包企业物资设备部负责相关资料的归档管理，如合同、基础图纸、产权证等，归档的文件应是原件。
(3)施工单位负责各类施工设备履历书和技术文件(包括产品合格证、使用说明书、图纸和配件手册等)的建档保存。

2)建立统计报表制度
各级设备管理部门应建立完善的统计报表制度，并予应及时、准确、完整填报。
(1)总承包企业每年年底对施工单位的施工设备进行一次实物清查盘点，以掌握设备的真实数量，保证账实相符。
(2)施工单位每季度上报一次施工设备使用动态分布表及Ⅲ类资产的增减明细表。
(3)施工单位设备管理部门于12月25日之前将年终固定资产盘点表报联合体物资设备部，由物资设备部完成联合体的年度设备统计报表。

3)对在账设备实行统一编号
总承包企业所有在账设备实行统一编号，编号原则是能够直接反映设备的基本技术信息。施工单位在账设备的编号必须与联合体保持一致。

6.3 项目采购计划

6.3.1 编制依据

1)采购计划编制依据

(1)项目承包合同及有关附件;

(2)项目管理计划和项目实施计划;

(3)项目总进度计划;

(4)工程总承包企业有关采购管理程序和规定。

2)编制过程应注意事项

(1)编制采购计划过程的第一步是要确定项目的某些产品、服务和成果是项目团队自己提供还是通过采购来满足,然后确定采购的方式和流程并找出潜在的卖方,确定采购量,确定采购时间,并把这些结果都写到项目采购计划中。

(2)编制采购计划过程也包括考虑潜在的供应商情况,了解采购物品的特性,确定采购方式、方法。

(3)在编制采购计划过程期间,项目进度计划对采购计划有很大的影响。制订项目采购管理计划过程中做出的决策也影响项目进度计划。根据项目进度网络计划和相关部门提交的设备需求计划,编制项目物资采购计划或招标计划,此计划要采购部门和各相关部门共同协商编制,做到合理、具有可操作性。

(4)编制采购计划过程应考虑"项目自采"和"公司集采"关系密切的风险,优先考虑进行"公司集采",降低采购风险,更有利于控制项目采购成本。

6.3.2 主要内容

6.3.2.1 采购计划的主要内容

(1)编制依据;

(2)项目概况;

(3)采购原则包括标包划分策略及管理原则,技术、质量、安全、费用和进度控制原则,设备、材料分包原则等;

(4)采购工作范围和内容;

(5)采购岗位设置及其主要职责;

(6)采购进度控制的主要目标和要求,长周期设备和特殊材料专项采购执行计划;

(7)催交、检验、运输和材料控制计划;

(8)采购费用控制的主要目标、要求和措施;

(9)采购质量控制的主要目标、要求和措施;

(10)采购协调程序;

(11)特殊采购事项的处理原则;

(12)现场采购管理要求。

6.3.2.2 采购组织规划

主要包括:采购组人员安排初步意见,与项目其他工作组的分工与衔接的补充说明。

6.3.2.3 其他说明

特殊采购问题,诸如不能按正常程序采购的特殊设备、要求提前采购的设备、超限设备的采购和运输、现场组装设备的采购等,应逐一加以详细说明。

6.3.2.4 采购计划的审批

项目采购计划编制完成后提交部门审核,采购部组织有关人员对项目采购计划进行全面评审,形成评审会议纪要,提出评审意见,由项目经理负责组织修订和改进,修订经确认后由联合体签发执行。

6.3.3 采购计划实施的管理与监控

6.3.3.1 实行采购计划管理责任制

1)生产单位责任

(1)根据生产要求,提供本单位物资需求的实际情况,作为物资供销分公司制定采购计划的基础;

(2)根据生产实际,提出本单位物资补充计划和急需计划;

(3)负责反馈物资使用单位的意见。

2)保供服务中心责任

物资采购流程设立保供服务中心作为计划管理中心,负责对计划进行统一调度和管理。具体责任是:

(1)汇总、审核生产单位上报的物资需求计划,编制物资采购计划;

(2)对有库存或有需要调剂的无动态物资计划,建议并监督采购中心进行平衡利库;

(3)建议物资计划的采购方式;

(4)协调并处理有关物资计划的争议和纠纷;

(5)对计划执行情况进行在线监督,并对物资供销分公司的采购事务进行统一调度,对未按规定时限到货的计划执行部门,进行责任追究;

（6）对年度和月份的计划执行情况进行分析和评判。

3）物资采购中心责任

物资采购中心是物资采购计划的执行单位，具体的责任是：

（1）认真研究计划管理中心下达的采购计划，并对所有计划逐条处理；

（2）按照"应招尽招"的原则，具体组织招标采购和比价采购工作，保证物资质量可靠和价格低廉；

（3）对物资到货情况负责。

4）仓储配送中心责任

按计划将物资送达使用单位。

5）信息网络中心责任

为物资采购计划的制定、库存情况、采购计划执行全过程提供信息支持。

6.3.3.2 采购计划的编制与管理

1）物资需要量的确定

（1）要按消耗定额来计算物资需要量。也就是用计划期内的生产计划和物资消耗定额来确定需要量。

（2）没有消耗定额的物资，按经验估算法确定物资需要量。所谓经验估算，包括历史数据的统计分析，以及同类条件的类比计算。

（3）参照其他计划调整、补充物资需要量。特别要注意的是设备检修计划、基建工程计划、技改工程计划，这些是除生产计划之外，对物资需要量影响最大的计划。设备检修要按检修方案准备物资，基建工程和技改工程按工程预算准备物资。

以上是确定物资需要量的主要依据，是年度和月份正常物资采购计划编制的基础。

2）急用料计划管理

（1）急用料计划，是生产单位在紧急情况下，上报的物资需用计划；

（2）急用料计划的处理，以不影响生产为原则，随时提报，随时办理；

（3）对急用料形成原因，要根据情况逐条登记分析，看是由于计划失误，还是突发情况所致，如果是计划工作失误，应追究责任。

3）专用物资计划管理

专用物资计划是生产单位在停产检修、防汛、防寒等非日常生产中所需的物资需用计划，由使用单位根据不同项目需求提报。

一般来说，专用物资时间要求急、对生产影响大，必须在第一时间完成专用计划的处理，并进行跟踪落实。

4）设备计划管理

（1）设备计划分为年度维修计划、大修计划、基建计划、零星购置计划等。

（2）设备计划要注明工程项目名称。工程项目信息统一纳入计算机管理，其信息由供应站设备管理员录入。

(3)设备采购员应加强与供应站设备管理员的业务联系,并积极做好与相关部门及使用单位的协调工作。

(4)计划员对于仓库中有库存的设备,在提交计划时,要进行平衡利库。

5)补充储备计划管理

(1)补充储备计划,是计划员根据生产单位需用计划和仓库的储备水平,对储备进行必要的补充而编制的计划。

(2)计划员要充分研究生产消耗规律,适时对储备进行补充,尽量避免急用料采购计划的生成。

(3)补充储备计划,要根据物资的消耗规律和物资库存情况编制,要做到既充分保证物资供应,又少占用储备资金。计划好坏,是计划员工作水平、工作质量的集中体现。

6.3.3.3 采购计划的执行

计划的编制是计划工作的开始,但更重要的是计划的执行。物资采购计划执行工作主要是由物资采购中心和仓储配送中心完成。物资采购计划执行的内容包括落实资源、控制进货、组织供应。

1)落实资源

落实资源是指按照物资计划所列的品种、规格、型号、质量、数量和需用的时间,积极组织力量做好采购、加工定制、进口等工作,同时做好选择和评价供应商的工作。不仅使计划所列的物品有好的供应商来供货,而且在企业需用时,能及时拿到质量合格、数量足够的物资。

2)控制进货

控制进货是按照计划规定的物资品种、规格、质量、数量和交货时间来控制供应商的供货。采购人员要经常与供应商保持联系,做到按需进货,既满足生产经营所需,又使库存量保持较低的水平。

3)组织供应

组织供应是将物资按计划送达、发放。有消耗定额的物资按定额发放,没有消耗定额的物资,按需用单位提出的计划发放,对计划外需用的物资,发放要严格控制。

6.3.3.4 采购计划执行的检查

采购计划的执行情况,由保供服务中心负责检查。检查的方法,分为日常检查、计划期末检查和物品核销分析。

1)日常检查

日常检查是指在计划执行过程中进行的不定期检查,或随时进行的在线检查。日常检查的主要内容有:

(1)资源的落实情况。包括计划采购物资是否逐项有了安排,供应商的选择是否合理,采

购合同有无问题,用什么方式采购,质量、数量、价格如何等;

(2)物资进货情况。包括合同执行情况,交货时间和验收结果;

(3)物资的供应情况。包括是否按时交付使用,以及使用单位的意见。

2)计划期末检查

计划期末检查是在计划期结束后,对采购计划执行情况进行全面检查。检查主要内容有:

(1)计划期需要量和实际消耗量的对比分析;

(2)计划期需要和资源的对比分析;

(3)计划期合同执行情况的检查分析;

(4)物资消耗定额和实际平均单耗的对比分析;

(5)实际库存资金占用和储备资金定额的对比分析。

3)物资核销分析

物资核销是对物资采购供应计划执行一个阶段后,或在计划期末,对物资使用情况进行考察分析的工作。分析的内容有:

(1)物资实际用项是否与计划规定用项相一致;

(2)物资实际消耗量是否与消耗定额相一致。

通过分析,为修订消耗定额和编制物资供应计划提供可靠的依据。采购经理应对采购执行计划的实施进行管理和监控,发生偏差时,及时采取纠正措施,如发现重大偏差,及时调整执行计划,并按照规定进行审批。

6.4 采购实施与检验

6.4.1 招标采购

1)招标采购前期工作

每批次物资设备采购前,由总承包企业组织人员进行市场调查,并编写市场调查报告。

2)招标文件的编写

总承包企业发布招标采购文件范本,由各级物资设备管理部门负责招标文件的编写。招标文件应包含技术质量条款、商务条款及合同文本,主要包括投标邀请书、投标书格式、授权书、投标人须知、报价清单、投标人实施方案和业绩。

3)招标文件的审核

总承包企业组织招标的,由总承包企业各级领导负责对本级编制的招标采购文件和评标办法进行审核。总承包项目部组织招标的,由项目部经理及其主管领导负责对招标采购文件和评标办法进行审核。

4)招标信息的发布

(1)公开招标的公告经审核后在集采管理平台或网站等媒体上公示,公示时间不得少于7天。

(2)各级物资设备管理部门应从总承包企业认定的供应商数据库和新供应商中选择符合条件的生产厂家或代理商,发出投标邀请书并记录。

5)投标人资格预审

投标人必须是集采平台注册成功的供应商,根据报名情况,招标采购小组对投标单位报送的资质文件进行审核,确定符合条件的单位,并发送投标邀请书。

6)招标文件的发售

招标文件由各级物资设备管理部门负责登记发放,并收取一定的制作标书成本费用。

7)投标文件的收取

由各级招标采购小组负责登记接收,标书密封不规范、超过招标文件约定递交标书截止日期的、要求递交投标保证金而未交的投标文件都应拒收。

8)开标

(1)各级招标采购小组提前3天通知开标人员和监督人员参加开标。

(2)开标一般选择在公司内进行,特殊情况经领导批准可选择其他地点进行。

(3)开标时,参与开标人员办理签到手续,由投标单位或推举代表检查投标文件的密封情况,再由招标方人员按照投标顺序依次公开唱标,专人负责填写唱标记录,现场投标人员和监督人员签字确认。

(4)集采平台开标时,必须将开标结果发送给所有报价的投标单位。

9)评标

(1)招标采购小组在物资设备评标专家库抽取专家组成评标小组,成员为7人及以上单数。总承包企业组织的招标评标小组,须抽取联合体组成单位评委2至5名;项目部组织的招标评标小组,须邀请其所属公司评委1至2名,邀请其他联合体单位评委1至2名。

(2)评标工作应严格按照招标文件要求和评标办法进行评审。物资招标采购应采用合理低价法或综合评分法确定中标候选人;设备招标采购应采用综合评分法确定中标候选人。

(3)评标中出现投标人未按要求缴纳投标保证金、超出经营范围投标、代理投标人未附投标人有效委托书、无法定代表人签字或签字人无法人委托书、投标书申报的交货期晚于招标文件要求时间的,应予废标。

(4)提供的技术规格和指标要求不满足或超出招标文件规定范围,应予废标。填写性能参数和化学成分比较表时,要按招标文件要求和投标书中的参数如实填写,必要时可要求投标人提供样品,对其样品进行检验比较。

(5)对投标书中不清楚的问题以书面形式进行澄清,但报价不能更改。

(6)小组填写评标记录表及评标意见,评委签字确认。评标过程由纪委或监察部门跟踪监督。

10)中标单位的确定

各级招标采购小组根据评标小组的意见,编写评标报告,推荐中标候选人,确定中标价格,报招标采购小组审核,总承包企业领导审定。

11)中标通知书的发放

确定中标或入围单位后,由各级招标采购小组发放中标通知书,中标单位凭中标通知书办理合同签订事宜。

6.4.2 非招标采购

询价采购、谈判采购、直接采购的流程相比招标采购简单很多,标准作业要求如下。

6.4.2.1 询价采购作业流程及要求

询价采购有的企业又称为竞价采购,其操作流程如下:

1)编制并发出邀请函或公告

采购人编制并向3家以上供应商发出询价邀请函或公告,内容应包括:

(1)每一个参与的供应商是否需把采购"标的"本身费用之外的其他任何要素计入价格之内,包括任何适用的运费、保险费、关税和其他税项;

(2)参与的供应商数量要求,以及数量不足时的处理办法;

(3)供应商竞价规则,如报价方式、起始价格、报价梯度、是否设有最高限价、最高限价金额、竞价时长、延时方式等;

(4)是否需要缴纳保证金,保证金金额等;

(5)确定成交供应商的标准;

(6)提交报价的形式,如信函、电子文件等。

2)组建评审小组

采购人可依据项目的复杂程度和技术要求组建评审小组,是否需要从企业咨询专家委员会聘请专家参加评审小组由采购人决定。

3)报价

从邀请函或公告发出之日起至供应商提交响应文件截止之日止不得少于3日;允许每个供应商以规定的方式在规定的时间内一次报价或多次报价,并在规定截止时间后报出不可更改的价格。

4)成交结果

中选报价应当是满足竞价邀请函或公告中列明的采购人需要的最低报价。

5)成交通知

给供应商发布公开通知。

6.4.2.2 谈判采购作业流程及要求

1)组建谈判团队

依据谈判项目的特点组建谈判团队,团队的结构包括本企业项目相关部门的主要负责人和技术专家,必要时可聘请企业外部专家参加谈判。

2)确定谈判目标

确定本次谈判短期或长期目标。寻找谈判问题和焦点,归纳阻碍实现目标的问题。熟悉谈判对手,包括决策者、对方、第三方。进行风险预判,包括交易失败的应对预案、最糟糕的情形预判。

3)确定谈判预案

了解双方各自利益所在。在现有方案的基础上寻求更佳方案,确定无法按照本企业计划达成协议时的其他最优方案。

4)确定决策规则

确定本企业内部决策的程序,如投票制、协商制等。

5)谈判准备

(1)分析双方需求或利益,包括理性的、情感的、共同的、相互冲突的价格诉求等需求;

(2)了解谈判各方的想法,通过角色转换,针对文化和矛盾冲突,研究取得对方信任的钥匙;

(3)注意对方的沟通风格、习惯和关系;

(4)确定谈判准则:了解对方谈判的准则和规范;

(5)再次检查谈判目标:深入思考双方同意或拒绝的原因;

(6)集思广益:研究可以实现目标、满足需求的方案,交易条件及关联条件;

(7)循序渐进策略:确定在循序渐进谈判中降低风险的具体步骤;

(8)注意第三方:分析共同的竞争对手且对有影响的人制定风险防范预案;

(9)表达方式:为对方勾画蓝图、提出问题;

(10)备选方案:如有必要,对谈判适当调整或施加影响。

6)谈判过程及结果

(1)依照预案,团队谈判主发言人陈述己方意见,辅助发言人补充预案;依照谈判议程、注意谈判截止时间以及需要改善谈判环境的安排;

(2)分析破坏谈判的因素、谈判中的欺诈因素,调整最佳方案或优先方案;

(3)在谈判过程中不断评价各项发生的事情,提醒己方适时调整目标和策略;

(4)针对对方的承诺,企业作出有余地的答复;

(5)最终公布谈判结果。

6.4.2.3 直接采购作业流程及要求

1)确定邀请方式

(1)采购人采用订单方式直接采购,由生产计划部门提出;

(2)采购人决定采用邀请函方式直接采购的设备、物资应符合条件并应由企业有关部门批准或属企业单源采购清单目录内的项目。

2)采购准备

采购人应根据需求对采购标的物的市场价格、质量、供货能力以及税率等重要信息进行充分调查摸底。

3)发出采购订单或采购邀请书

(1)采购人向特定供应商发出采购订单或采购邀请书。

(2)采购订单内容应包括:采购人全称地址、供应商全称地址、订单号码、采购日期、品名、规格、数量、币种、单价、总价、交货条件、付款条件、税别、单位、交货地点、交货时间、包装方式、检验、交易模式等内容。

(3)单源采购邀请书内容应包括:

①采购人名称和地址;

②采购货物或者服务的使用范围和条件说明;

③提交响应文件的截止时间;

④拟协商的时间、地点;

⑤采购人或采购代理人的联系地址、联系人和电话采购订单。

4)采购小组

(1)采用订单直接单源采购的采购机构和程序由企业制度规定。

(2)采用邀请书方式单源直接采购的采购小组由采购人依据企业制度规定组建,采购人可根据需要决定是否聘请有经验的咨询专家参加采购小组。

5)采购协商

(1)采用订单方式单源直接采购的采购小组与供货商协商的主要内容包括:

①适价:价格是否合适;

②适质:质量是否满足要求;

③适时:交付时间是否满足要求;

④适量:交付量是否满足要求;

⑤适地:交付地点是否满足要求。

(2)采用邀请书方式单源直接采购的采购小组应编写协商情况记录。

(3)记录签字,协商情况记录应由采购小组参加谈判的全体人员签字认可,对记录有异议的采购人员,应签署不同意见并说明理由,采购人员拒绝在记录上签字又未书面说明其不同意见和理由的视为同意。

6.4.3 检验工作流程和要求

6.4.3.1 出厂前的检验

依据采购合同约定,采购组应按检验计划,组织具备相应资质的检验人员,根据设计文件和标准规范的要求确定检验方式,并进行设备、材料制造过程中以及出厂前的检验。重要、关键设备应驻厂监造。

(1)检验是通过观察和判断,必要时结合测量、试验所进行的符合性评价。

(2)检验工作是设备、材料质量控制的关键环节,为确保设备、材料的质量符合采购合同的规定和要求,避免由于质量问题而影响工程进度和费用控制,项目采购组需做好设备、材料制造过程中的检验或监造以及出厂前的检验。

(3)检验工作需从原材料进货开始,包括材料检验、工序检验、中间控制点检验和中间产品试验、强度试验、致密性试验、整机试验、表面处理检验直至运输包装检验及商检等全过程或部分环节。

(4)检验方式可分为免检、资料审阅、中间检验、车间检验、最终检验和项目现场检验。

(5)资料审阅是对供应商提供的内部检验资料的审阅,可包括下列主要内容:

①审核关键工序操作工的资格;

②审核主要元件、原材料质量证明书、复验报告等;

③审核各类检验报告;

④审核最终资料。

(6)中间检验的活动发生在供应商工厂内,可包括下列主要内容:

①审阅资料中的所有内容;

②确认供应商用于制造、检验、试验的生产设备、仪表的完好性;

③确认供应商采用的制造、检验方法符合要求;

④抽查材料标志和加工标记;

⑤抽查各工序原始记录和检验报告;

⑥见证规定项目的检验过程并审核其检验报告的符合性。

(7)车间检验的活动发生在供应商车间内,除中间检验的活动外,还包括下列主要内容:

①检查供应商各工序质量控制实施情况;

②见证所有外观,检查几何尺寸并审核其检验报告;

③见证规定项目的检验过程并审核全部的检验报告。

(8)最终检验的活动发生在供应商工厂内,可包括下列主要内容:

①对外观、最终几何尺寸进行检查,并审核检验报告;

②见证规定的最终检验项目并审核其检验报告;

③审核所有无损检验报告并抽查射线探伤底片;

④对表面处理、油漆和包装进行确认;

⑤确认产品铭牌参数与产品一致性;

⑥审核所有交工资料是否齐全;

⑦如放弃中间检验,则最终检验活动还包括对中间检验全部活动相应的检验记录和报告

进行审核；

⑧如放弃车间检验,则最终检验活动还包括对车间检验活动内容相应的检验记录和报告进行审核。

6.4.3.2 第三方检验

对于有特殊要求的设备、材料,可与有相应资格和能力的第三方检验单位签订检验合同,委托其进行检验。采购组检验人员应依据合同约定对第三方的检验工作实施监督和控制。合同有约定时,应安排总承包企业派人参加相关的检验。

(1)由第三方实施的设备、材料供应商现场检验要满足合同要求,并在采购订货合同和第三方检验委托协议书中予以明确。

(2)总承包企业的验收不能免除供应商提供合格产品的责任和义务。

6.4.3.3 检验报告

检验人员应按规定编制驻厂监造及出厂检验报告。检验报告宜包括下列主要内容:

(1)合同号、受检设备、材料的名称、规格和数量。

(2)供应商的名称、检验场所和起止时间。

(3)各方参加人员。

(4)供应商使用的检验、测量和试验设备的控制状态并应附有关记录。

(5)检验记录。

(6)供应商出具的质量检验报告。

(7)检验结论。

6.4.3.4 补充说明

(1)检验记录包括检验过程记录、文件审查记录,以及未能得以证明的主要事项的记录。必要时,需附实况照片和简图。

(2)检验结论中,对不符合合同要求的问题,需列出不符合项的内容,并对不符合项整改情况进行说明。如果在检验过程中有无法整改或无法消除的不符合项,需由项目经理组织相关专业人员进行论证,给出结论。

6.5 运输与交付

6.5.1 运输计划制定与实施

采购组应依据采购合同约定的交货条件制定设备、材料运输计划并实施。计划内容应包括运输前的准备工作、运输时间、运输方式、运输路线、人员安排和费用计划等。

(1)运输是将采购货物按计划安全运抵合同约定地点的活动。

(2)运输业务是指供应商提供的设备、材料制造完工并验收完毕后,从采购合同或订单规定的发货地点到合同约定的施工现场或指定仓储这一过程中的运输、保险和货物交付等工作。

6.5.2 运输过程监督管理

采购组应依据采购合同约定,对包装和运输过程进行监督管理。

(1)设备、材料的包装和运输需满足采购合同约定。在采购合同中,需包括包装规定,还需包括标识标准、多次装卸和搬运及运输安全、防护的要求。

(2)运输包装要符合国家和行业现行有关标准规范,并在采购合同中明确。

(3)运输包装是用于保护设备、材料在运输过程中免遭损坏,便于搬运、装卸和运输的手段,对于某些特殊材料的包装还要达到防盗的要求。

(4)运输包装规定要包含运输和存储期间设备、材料的防护和识别的附加要求。

6.5.3 专项运输方案

对超限和有特殊要求设备的运输,采购组应制定专项运输方案,可委托专门运输机构承担。

超限设备是指包装后的总重量、总长度、总宽度或总高度超过国家、行业有关规定的设备。做好超限设备的运输工作需注意下列主要内容:

(1)从供应商获取准确的超限设备运输包装图、装载图和运输要求等资料。对经过的铁路、公路桥梁和涵洞进行调查研究,制定超限设备专项的运输方案或委托制定运输方案。

(2)委托运输。
①编制完整准确的委托运输询价文件;
②严格执行对承运人的选择和评审程序,必要时,需进行实地考察;
③对运输报价进行严格的技术评审,包括方案和保证措施,签订运输合同;
④审查承运人提交的运输实施计划。

(3)检验设备的运输包装、加固和防护等情况。

(4)必要时,需进行监装、监运、监卸货。

(5)必要时,需检查沿途的桥涵、道路的加固情况,落实港口起重能力和作业方案。

(6)检查货运文件的完整、有效性。

6.5.4 货物的接收

采购组应落实接货条件,编制卸货方案,做好现场接货工作。

设备、材料运至指定地点后,接收人员应对照送货单清点、签收、注明设备和材料到货状态及其完整性,并填写接收报告并归档。

根据设备、材料的不同类型,接收工作包括下列主要内容:

(1)核查货运文件;

(2)对数量进行验收;

(3)检查货物和货运文件相一致;

(4)检查外包装及裸装设备、材料的外观质量和标识;

(5)对照清单核查随货图纸、资料,并加以记录。

6.6 仓 储 管 理

6.6.1 仓储管理职责

采购组应制定并执行物资发放制度,根据批准的领料申请单发放设备、材料,办理物资出库交接手续。

(1)仓储管理人员要严格遵守物资发放制度,杜绝错发、漏发和重发等错误。按照施工组提交的用料计划,编制出库计划,落实搬运机具、人员和场地,保证施工进度和工程质量。

(2)对于不符合规定或没有正式领料申请单的领料要求,仓储管理人员有权拒绝。

(3)出库交接手续要在仓储管理人员对申领物资和资料复核无误后由领料人当面签收。

(4)除准允免检的商品外,未经检验的或经检验确定不合格的商品不得发放使用。

(5)发货完毕后,要对库房和账目进行盘点,核对结余,查明损耗,整理单据,发现问题,及时解决。

6.6.2 入库检验

设备、材料正式入库前,依据合同约定应组织检验。检验以合同为依据,决定检验工作范围和检验内容,进口设备、材料的检验按照国家有关法律法规以及设计要求参数执行。

(1)根据设备、材料类别,确定检验组人员组成:

①项目采购组派出的检验负责人;

②采购组专业检验人员、仓储管理人员和档案资料管理人员;

③设计专业代表(必要时);

④施工专业工程师;

⑤供应商代表;

⑥施工安装单位的质检代表;

⑦总承包企业的检验代表;

⑧劳动主管部门安全监督检查代表(必要时)。

(2)检验合格的设备、材料,具备规定的入库条件,应提出入库申请,办理入库手续。

①检验需按合同检查设备、材料及其备品备件和专用工具的外观、数量、实验参数等是否满足要求且齐全,并做好记录。

②凡不符合合同要求的设备、材料,不能办理入库手续。

6.6.3 物资保管

仓储管理工作应包括物资接收、保管、盘库和发放,以及技术档案、单据、账目和仓储安全管理等。仓储管理应建立物资动态明细台账,所有物资应注明货位、档案编号和标识码等。仓储管理员应记账并定期核对,使账物相符。

(1)物资管理人员要熟悉物资的名称、规格、性能、用途,掌握物资出入库的规定和程序,熟悉记账、计算、检尺、量方的基本要求,掌握消防设备的使用方法。

①物资入库数量要准确,规格型号和质量要符合要求。物资管理人员按发票、运单、质量合格证书等有关原始凭证所列的品名、规格、数量验收入库,砂、石等地材现场收料必须指定二人以上同时验收。物资管理人员检验无误后,填写物资点收单,连同货物的有关凭证送财务部门。

②物资管理人员每日及时登记各类物资出入库数量,汇总上报相关部门。按物资类别、规格型号、生产商、供应商建立收、发、存数量台账。

③物资部门建立单项工程用料台账,按一料或一批办理领料出库手续,不允许先用后领或用完一次性办理领料手续。

④物资管理人员应做到:账账相符、账卡相符、账实相符,勤检查、勤核对、勤清洁,注意防火、防盗、防腐烂、防变质。

(2)实行主要物资控制限额发放制度。限额用量按施工设计量计算确定。物资管理部门可实行"模拟销售领料"或"限额领料",根据限额领料单控制发放主要物资用量。

①实行"模拟销售领料"方式管理的物资,单价由项目部参照市场价和营改增的税率确定。

②实行"限额领料制"的物资,由物资管理部门根据工程部提供的设计用量控制发放。

③由物资管理部门登记出入库数量台账、领料分配及盘点汇总,计算物资消耗节超指标。

(3)严格油料的领用和消耗控制,定期对施工设备进行油料消耗分析。

(4)项目经理部依据施工组织方法确定主要物资节余目标,在保证工程质量前提下,对完成节余控制目标的使用单位和管理人员可给予奖励;对于不负责任造成物资浪费的责任人给予经济处罚。

(5)物资统计与核算管理。

①总承包企业财务部门按照限额领料单、物资调拨单、售料单或物资控制供应数量办理各种物资领料、调拨、出售手续,并按月进行分类汇总。

②严格各类工程物资的摊销计算方法:

a. 依据出库的混凝土数量,按工程实际生产配合比计算分解实际物资消耗用量;

b. 采用"限额领料"和"模拟销售领料"方式的物资,物资管理部门按每月实际消耗量摊销,并将相关资料交总承包企业工程部门核算;

c. 按施工管理单元建立成本台账,每月对施工单位进行物资摊销汇总。

③每月末,物资管理部门组织相关人员对库房的进出数量进行核查盘点,同时将消耗和库存的物资规格、数量提供给财务部门。

④财务部门按月与物资管理人员核对库存物资数量账,与财务会计核对金额账,确保账实相符、账账相符。

⑤物资管理部门每月进行物资管理盈亏分析。

⑥物资的核算及结算周期为一个月。财务会计将每月汇总的各类物资的点收、领料、调拨、出售等原始单据填写核算或结算清单交项目合同部门归口结算后,送财务进行账务处理。

⑦周转材料、小型机具及低值易耗品的摊销和核算。

a. 定型周转材料(如碗扣架、万能杆件、贝雷架、钢轨),项目部按8年期平均分月摊销,并由项目部制订租赁价格;

b. 其他周转材料(如箱梁模板、墩柱模板、型钢、枕木等),在项目施工工期内平均分月摊销或按月工程量摊销,预留15%余值;

c. 小型机具按在项目施工工期内平均分月摊销,预留4%余值;

d. 低值易耗品购入后全额一次核销。

⑧各种统计报表的截止日期:月报为每月25日,年报为12月25日。统计报表要如实反映本单位物资管理的实际情况。

⑨物资报损索赔与清库回收。

a. 项目物资管理部门年终或项目结束时对库房清仓盘点,盈余及时记账,亏损必须查清原因,经主管物资负责人、合同部负责人及财务部负责人审定,报项目施工经理批准后在本年度核销;

b. 物资在运输装卸过程中发现损坏、短斤少两及质量不合格,经计量、质检等有关人员验证核实后,由经办人负责向供货或运输单位进行索赔;

c. 项目物资管理部门应重视修旧利废工作,做好钢材、木材下脚料、铁丝、水泥袋等物资的回收利用,并建立台账;

d. 清库处理每年至少进行一次,根据项目部的实际情况,由物资管理部门造册登记,与合同、财务部门共同协商确定价格,报项目合同审核小组审定,项目经理批准后方可处理;物资回收、清库处理收入应缴存项目财务部入账核算。

6.6.4 物资发放

物资采购组应制定并执行物资发放制度,根据批准的领料申请单发放设备、材料,办理物资出库交接手续。

(1)物资管理人员要严格遵守物资发放制度,杜绝错发、漏发和重发等错误。按照施工组提交的用料计划,编制出库计划,落实搬运机具、人员和场地,保证施工进度和工程质量。

(2)对于不符合规定或没有正式领料申请单的领料要求,仓储管理人员有权拒绝。

(3)出库交接手续要在物资管理人员对申领物资和资料复核无误后由领料人当面签收。

(4)除准允免检的商品外,未经检验的或经检验确定不合格的商品不得发放使用。

(5)发货完毕后,要对库房和账目进行盘点,核对结余,查明损耗,整理单据,发现问题,及时解决。

第7章 项目施工管理

施工管理贯穿于项目的全过程:前期阶段、设计阶段、施工阶段、试运行和竣工验收阶段。施工管理是设计施工总承包项目建设中最重要的环节之一,是将前期招标、策划、设计、采购等目标实现的综合过程。和传统的施工管理相比较,总承包施工管理要复杂很多,特别是对质量、进度、成本等项目目标的控制更需要与设计方密切配合,投入大量细致的协调工作。这对传统的项目施工管理模式构成了挑战,也对总承包联合体项目经理的能力、素质提出更高的要求。

7.1 施工管理概述

施工管理是以项目的施工为管理对象,以取得最佳的经济效益和社会效益为目标,以合同约定、项目管理计划和项目实施方案为依据,实现资源的优化配置和对各生产要素进行有效的计划、组织、指导和控制的过程。设计施工总承包项目施工管理与传统项目施工管理相比,其优势在于能够通过与设计、采购管理的密切配合,有效组织和充分发挥施工管理力量,把握重点环节,做好计划控制,实现项目整体效益最大化。

设计施工总承包项目施工管理由施工经理负责,施工经理及施工管理人员由联合体成员中负责施工的企业向项目派驻,在项目执行过程中接受派遣企业和项目总负责人的管理,实现项目施工的目标。

设计施工总承包项目施工任务全部由联合体负责施工的企业承担,主要工作内容和要求包括:

(1)进行项目施工管理规划;
(2)对施工项目的生产要素进行优化配置和动态管理;
(3)施工过程管理;
(4)安全、职业健康、环境保护、文明施工等。

当施工企业将部分非主体工程施工工作分包时,施工管理还应包括下列内容和要求:

(1)选择施工分包商;

(2)对施工分包商的施工方案进行审核;
(3)施工过程中的质量、安全、费用、进度、职业健康和环境保护等控制;
(4)协调施工与设计、采购等之间的对接;
(5)当存在多个施工分包商时,对施工分包商之间的工作界面等进行协调和控制。

7.1.1 总承包项目施工管理组织机构和岗位职责

总承包项目经理部行使项目管理职能,对项目进行设计和施工管理,完成本项目的设计施工任务,根据项目规模设置管理机构和进行施工任务段落划分。

7.1.1.1 施工管理组织机构(图7-1)

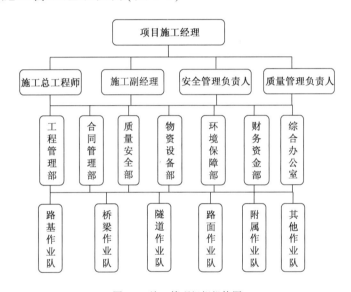

图7-1 施工管理组织机构图

7.1.1.2 主要负责人岗位职责

1)项目施工经理

根据合同要求,按照联合体确定的项目实施方案中的计划部署,负责项目施工全过程管理,对施工质量、安全、费用和进度进行监控。同时负责对项目分包商的协调、监督和管理工作。

具体工作如下:
(1)组织编制施工计划;
(2)施工进度控制;
(3)施工费用控制;
(4)施工质量控制;
(5)施工安全、职业健康与环境管理控制;
(6)施工现场管理等。

2）施工总工程师

具体工作如下：

(1) 负责技术管理工作,主持编制项目施工组织设计和重大施工方案,审核施工分部和分包商的施工组织设计和施工方案,协调施工分部和分包商之间的技术问题；

(2) 组织施工图设计文件会审和施工技术交底；

(3) 主持制定质量整改的技术方案；

(4) 主持施工技术会议,组织施工关键技术科研攻关,新工艺、新技术等的研究和技术培训；

(5) 负责技术文件及竣工图管理和归档工作。

3）施工副经理

具体工作如下：

(1) 对现场施工活动实施全方位、全过程管理；

(2) 负责施工总体计划与月度计划的编制及实施；

(3) 负责现场施工进度控制及各专业的施工配合与协调；

(4) 负责协调征地拆迁和环境保障工作；

(5) 负责总体工程量完成情况统计与资料管理,并建立台账；

(6) 完成分部、分项和单位工程的报验工作等。

4）安全管理负责人

(1) 负责建立项目职业健康安全管理体系和环境管理体系、各类安全生产制度,制定安全、职业健康与环境管理计划,并对执行情况进行检查、监控；

(2) 负责制定并组织实施全员安全、职业健康与环境管理培训和应急演练计划；

(3) 负责项目的安全、消防和保卫等工作,并监督施工分部或分包商的相关工作；

(4) 负责隐患排查、风险告知,及发现问题的整改、关闭情况；

(5) 负责现场文明施工管理；

(6) 负责分部、分项工程技术安全交底工作；

(7) 负责建立、健全安全管理台账,做好各种安全记录资料整理工作；

(8) 负责事故、事件管理。

5）质量管理负责人

(1) 负责建立项目质量管理体系、各类质量管理制度,制定质量管理计划,并对执行情况进行检查、监控；

(2) 按照质量文件与合同要求,实施全过程的质量控制和检查、监督工作；

(3) 负责对分部、分项工程的检验,并参与最终的质量评定工作；

(4) 负责整个工程质量验收工作；

(5) 负责建立、健全质量管理台账,做好各种质量文件整理工作；

(6) 负责事故、事件管理。

7.1.2 施工组织设计管理

施工组织设计应在项目开工前规定的时限内,由总承包项目经理部施工项目经理组织编制成稿报批。

7.1.2.1 施工组织设计内容

施工组织设计应根据合同要求包含以下内容:本项目工程的总体施工布置及规划,五化管理的实施方案,项目主要内容与工程重点、施工总体思路、组织机构、工期进度安排、劳动力部署、机械设备投入、原材料供应计划、资金需求估算、临时工程、现场施工方案和施工方法、分项工程施工顺序、确保工程质量和工期的措施、重点难点工程的施工方案方法及措施、安全文明施工、环保水保、农民工工资维稳及保证、项目风险预测及防范、事故应急预案和其他措施;施工平面布置图、施工工艺框图、进度计划图等相关图表。

7.1.2.2 管理程序及要求

(1)施工组织设计方案编制前需召开研讨会。施工组织设计研讨会由项目施工经理主持,施工副经理、施工总工程师、各职能部门和施工分部负责人参加,以确定总体思路,论证经济合理性。

(2)施工组织设计的核心是施工部署、方案比选、施工顺序、工期安排、关键工序的工艺设计以及重点的辅助施工设施设计,要做到重点突出,简洁实用。

(3)在进行主要施工方案制定过程中要进行充分的方案比选,保证施工方案的安全性、先进性、经济合理性。要特别重视结构检算、工序能力计算、临建工程设计等。

(4)施工组织设计方案编制完成后,由项目施工经理或施工总工程师召开自评会,施工总工程师、项目施工经理签署后按照审批权限,逐级报批。施工总工程师负责根据上级审查意见,在规定的时间内组织修改完善。

(5)对于修改完善后的施工组织设计方案,项目施工经理或施工总工程师负责组织召开施工组织设计方案技术交底会,项目班子成员、相关部门和施工分部相关负责人参加。

(6)总承包项目部和各分部必须严格按批复的施工组织设计方案组织施工,不得擅自改动。若因施工条件变化,需要调整的,需按要求重新编制,报原审批单位重新审批。

7.1.3 专项施工方案管理

对影响安全的重要工序和危险性较大的工程施工分部应结合施工组织设计方案编制专项施工方案,并附安全验算结果,按联合体施工单位管理权限审核修改后报监理人和发包人批准后实施,由专职安全生产管理人员进行现场监督。

需要编制专项施工方案的工程如下:

(1)不良地质条件下有潜在危险性的土方、石方开挖;

(2)滑坡和高边坡处理;

(3)桩基础、挡墙基础、深水基础及围堰工程;

(4)桥梁工程中的梁、拱、柱等构件施工等;

(5)隧道工程中的不良地质隧道、高瓦斯隧道等;

(6)水上工程中的打桩船作业、施工船作业、外海孤岛作业、边通航边施工作业等;

(7)水下工程中的水下焊接、混凝土浇筑、爆破工程等;

(8)爆破工程;

(9)大型临时工程中的大型支架、模板、便桥的架设与拆除;桥梁、码头的加固与拆除;

(10)连续刚构的桩基、承台、墩柱、现浇梁浇筑等工程的开挖、模板、焊接、混凝土浇筑等;其他危险性较大的工程;

(11)其他危险性较大的工程;

(12)合同文件和《公路工程施工安全技术规范》(JTG F90—2015)要求的其他工程。

7.1.4 施工协调管理

设计施工总承包项目的特点是工程体量大,涉及的专业多,交叉施工多,因此总承包项目部应建立施工协调管理机制,避免由于内外部协调不到位而出现的窝工,返工或其他事件。

7.1.4.1 成立环境保障领导小组

(1)由总承包项目经理部分管环境保障的副经理担任组长,环境保障部和各分部环境保障协调人员为组员。

(2)根据施工进度计划与发包人,地方环境保障部门和征地拆迁部门积极对接,配合当地政府做好征地拆迁和建设环境保障工作,定期召开路地联席会,及时为施工提供场地,确保工程按计划顺利推进。

7.1.4.2 加强内部协调管理

(1)总承包项目部总工程师负责编制《总承包项目各专业之间对接界面》文件,经与各施工分部和分包商沟通协商达成一致意见后,由参加施工各方会签,作为各专业对接施工实施的依据。

(2)各施工单位要根据总包部编写的《总承包项目各专业之间对度界面》进行细化,并向专业技术人员和全体施工人员进行交底,做到每个施工人员心中有数,明确对接位置。

(3)严格图纸自审与会审制度,由总承包项目经理部总工程师牵头、工程管理部负责组织各专业工程师进行图纸自审、会审工作,图中明确标注各专业施工顺序和时间,各种管线遵循先地下,后地上,尽最大可能减少现场设计变更和二次施工,保证施工顺利进行。

(4)在实施过程中,施工对接协调领导小组应根据各专业进度实施情况,质量要求及发包人、监理的意见,对对接界面的设置进行不断优化,以进一步减少施工对接,避免出现扯皮现象。

(5)总承包企业施工和设计相关负责人应定期召开协调会并深入施工现场进行检查,及时解决现场出现的各类问题。

7.1.5 工程测量与试验检测管理

总承包项目经理部应对项目工程测量和试验检测进行统一管理,全线导线点、水准点由总承包项目经理部组织各施工分部测量人员进行复测、成果整理和上报,各施工分部负责现场测量控制点的保护和使用。

7.1.5.1 工程测量管理

(1)总承包项目经理部工程管理部负责人负责全线测量工作。

(2)各施工分部项目部应配备测量主管一名,测量人员数量和素质应满足项目要求。

(3)各施工分部负责测量仪器的配备、标定、使用和管理,现场配备的仪器设备的数量、精度应能满足施工生产的需要,并应建立台账。

(4)控制网一般半年后,总承包项目经理部要及时组织对控制网进行复测,并将整理成果上报监理办批复后使用。

(5)相邻分部或合同段共用控制点应双方加强联测,确保数据准确。

(6)特大桥、长隧道等控制性工程应结合地形地貌布点建立施工控制网并定期进行复测和联测,必要时由联合体设计单位委派测量人员委派测量人员进行控制网复测校核。

7.1.5.2 试验检测管理

根据工程特点,为加强质量管理,高效利用资源,按照操作方便、工作高效的原则,总承包经理部宜设置工地试验室,由施工总工程师对项目试验工作进行统一协调和管理,施工分部设立功能试验室并配备相应仪器设备。

1)工地试验室职责

(1)负责全线路基、桥隧工程的原材料入围及报批工作;

(2)负责全线路基、桥隧工程的混凝土、砂浆、净浆、标准击实等标准试验的实施及报批工作;

(3)负责路面工程工地试验室所有职能;

(4)负责外委试验的联系工作;

(5)负责试验仪器设备的协调管理与维护工作;

(6)负责对工程实体进行抽检,配合总承包项目经理部、监理单位、发包人开展质量监督和相关检查工作;

(7)负责指导、检查及考核施工分部试验功能室的试验检测工作;

(8)代表总承包项目经理部负责与监理单位、发包人中心试验室对接相关工作;

(9)协助总承包项目经理部做好交(竣)工验收相关工作;

(10)负责项目试验检测资料的归档管理工作。

2)试验功能室

(1)负责各自进场原材料的质量管理工作,试验相关标志、标牌的制作和管理;

(2)负责砂石料、水泥等原材料的检测工作;

(3)负责钢筋及焊件的检测工作;

(4)负责路基压实度及其他现场检测工作;

(5)负责混凝土、砂浆配合比的监控,试件的制作、养生及强度检测工作;

(6)协助总包部工地试验室做好试验检测工作,配备试验检测仪器;

(7)做好项目第三方检测及交(竣)工验收的相关配合工作;

(8)完成总承包项目经理部工地试验室职责范围外的其他试验检测工作;

(9)严格履行监理程序,负责向监理单位报检。

7.1.6 施工变更实施

施工过程中发生变更应严格按照项目制定的总承包项目经理部设计变更管理细则中的规定执行。具体原则和要求如下:

(1)施工变更严格遵守项目变更程序;

(2)施工变更必须以书面形式签认,并作为后续上报设计变更的内容;

(3)任何未经确认或审批的施工变更均无效;

(4)对已审批或确认的施工变更,总承包项目经理部要监督施工分部(工区)或分包商按照变更要求实施,并在规定时限内完成;

(5)对影响范围较大或工程复杂的施工变更,总承包项目经理部应配合做好监督和协调工作;

(6)当施工变更涉及安全、环保、水保等内容时,要按照规定经有关部门审批后方可实施;

(7)施工变更要以保证安全和工程质量为前提,实施时应留存施工前、施工中、施工后的影响照片。

7.2 施工分包管理

施工采用分包时,总承包项目经理部在施工执行计划中应明确分包范围、项目分包人的责任和义务。

1)对施工分包商的主要管理措施

与施工分包商签订质量、安全、进度、职业健康和环境保护以及文明施工目标责任协议书,建立定期检查制度,利用各种信息化技术参与施工分包管理。

2)与各施工分包商的协调措施

在施工执行计划中,要明确分包范围、施工分包商的责任和义务。施工执行计划的相关内容和要求,要通过施工分包合同、专项协议和管理交底等形式,向施工分包商进行传达和沟通。施工分包商在组织施工过程中要执行并满足项目施工执行计划的要求,项目承包人在实施过程中对此进行监督。

7.3 施工技术管理

7.3.1 施工技术管理的主要内容和基本要求

总承包项目部施工总工程师全面负责项目的技术管理工作,工程管理部是总包项目技术管理部门,负责工程项目技术管理日常工作,各施工分部是具体执行方,由各施工分部技术负责人负责各项技术管理工作的落实。

(1)贯彻执行与项目有关的现行技术标准、规范、规程;
(2)负责贯彻落实与项目有关的技术规划的目标和指标;
(3)组织项目经理部技术人员熟悉并执行设计文件、招标文件和项目管理中与技术管理工作有关的全部内容;
(4)编制本项目总体施工技术方案策划书、专项施工技术方案、施工实施细则;
(5)组织工程项目设计图纸(文件)会审,参与发包人组织的综合会审;
(6)组织或参与专项施工技术方案评审;
(7)主持或组织项目施工技术交底;
(8)组织编写项目施工技术总结;
(9)负责总承包项目测量和试验检测的管理工作;
(10)参与解决工程项目实施过程中的技术问题;
(11)组织开展项目技术交流和科技创新活动。

7.3.2 施工技术管理流程

7.3.2.1 设计文件审核管理流程

1)总体要求
(1)设计文件审核工作由施工总工程师组织,设计服务部、各级技术人员和相关部门参

与,在单位工程或分部工程开工前完成设计文件审核工作;

(2)设计文件审核工作应在开工前全面系统地进行,审核工作应与施工技术调查、施工复测相结合,通过对书面文件的全面阅读与现场核对,把握其准确性、完整性、可实施性;

(3)设计文件审核的目的是熟悉设计文件、理解和领会设计意图、掌握工程特点及难点、发现纠正设计文件中的疏漏与错误,规避设计风险,为实施性施工组织设计的编制、优化施工方案提供依据;

(4)设计文件审核完成后形成图纸审核记录表,汇总后提交联合体设计方进行复核和修订,对图纸修订完成后,设计文件才能交付施工。

2)审核流程

设计文件审核有严格程序要求,通过多次的审查,查找设计文件中存在的差错、不合理或矛盾之处。

(1)总承包项目部在接收到设计文件后,工程部资料员应对设计文件进行登记,建立设计文件收发文台账;工程管理部根据任务划分情况将相关图纸下发至各分部;再由各分部的技术负责人组织本分部的人员进行图纸审核。

(2)根据设计文件审核计划,技术人员(审核人)在规定的时间内对设计文件进行审核,将审核记录填写进"设计文件审核记录表"中并在"设计文件审核记录表"审核人栏签字确认;审核人在完成审核后将设计文件和已填写的"设计文件审核记录表"上报工程部负责人(复核人)进行复核,在"设计文件审核记录表"复核栏填写复核记录并签字确认。

(3)各分部技术负责人根据"设计文件审核记录表"问题及意见进行汇总,形成设计文件审核汇总表上报给总承包项目部工程管理人员,经施工总工程师组织审核后上报至联合体设计方予以确认,并与其积极联系以确保在工程开工前获得明确的处理回复意见。

(4)上报的设计文件审核意见在通过设计单位确认和设计交底后,由施工总工程师将设计文件审核的审批结果向总承包项目经理部技术管理人员和各分部的技术负责人进行交底,各分部技术负责人再对本分部的技术人员进行交底。

(5)设计文件审核人根据设计文件审核的回复意见,对存在问题的位置,在原设计图上用红笔修改,在修改位置加盖"订正"章作标识;对没有问题的设计文件或已订正完成的设计文件上报给总工程师签字确认后由印章保管员在设计文件封面加盖"已审核"和"有效"章。

(6)完成设计文件审核完成后,工程部资料员应建立设计文件审核台账,工程数量台账。设计文件审核记录、图纸会审记录、设计交底等有关资料应登记保存,建立管理台账。

7.3.2.2 施工技术交底管理流程

1)总体要求

(1)施工总工程师在项目开工前,应根据工程技术人员的专业和技能对交底人员进行分工;

(2)技术交底的第一责任人为施工总工程师,技术交底必须以书面形式进行交底,坚持复核制度;

(3)技术交底实施过程中,应由专业工程师、质检工程师进行日常交底指导和跟踪检查;

(4)施工总工程师应每月定期对技术交底的实施情况进行检查总结并分析,对存在的问题应制订措施以进行整改或预防;

(5)项目部的技术交底涉及施工组织设计及施工技术方案交底和分项工程的工序交底两大类型。

2)交底流程

技术交底是将设计图纸向实物转化的最后一环,技术交底应严格按技术交底流程进行。

(1)项目施工前,根据人员分工情况,负责本工程的技术人员应认真查看设计图纸、查阅施工技术方案和相关的规范规程,对现场进行测量放样后,编制分项工程(工序)技术交底书;

(2)各施工分部的技术主管人员或工程部长对已编制的技术交底书进行复核,确认无误具备可操行后签字确认;

(3)各分部技术负责人组织相关人员组织进行技术交底,并将已复核后的技术交底书交到现场管理人员(施工副经理、施工队长、施工员、质检员)和现场作业班组负责人,涉及试验相关的内容还应交到试验人员;所有交底接收人员需签字确认,严禁代签;交底人员将签字齐全的技术交底书下发给相关人员后将其中一份送至工程部归档,工程部资料员或工程部长分单位工程建立技术交底台账;

(4)在工程实施过程中,应对技术交底执行情况进行检查,技术人员根据检查情况填写"技术交底执行情况检查记录表";对检查过程中存在的问题,应下发整改通知书要求现场进行整改。

3)交底内容

(1)技术交底范围。本交底的适用起止里程、工程部位等。

(2)设计情况。图纸给出的设计参数,如结构物的尺寸,设计形状、钢筋的间距、钢筋保护层厚度、混凝土厚度、锚杆长度等。

(3)施工准备工作。上道工序的完成情况、结构物位置测量放样情况、本道工序的材料准备情况等。

(4)施工工艺。主要包含施工工艺流程图,并对流程图各节点的施工方法进行详细的叙述。

(5)质量标准。根据相关规范规程的要求,对工艺的控制标准,如钢筋间距、混凝土厚度、结构物尺寸等偏差范围,脚手架搭设间距偏差范围,小导管打插角度偏差控制范围等。

(6)安全、环保、文明施工等技术措施。主要包含施工安全注意事项,废料、废水等环保措施,防尘、防噪等文明施工措施。

(7)成品保护措施。对本分项工程成品保护措施,如钢筋工程完成后的防锈、防潮、防污染措施。圬工工程的养护、外观保护措施。

(8)其他应注意的问题。

(9)附图附表。平面布置图、结构尺寸图、桩位图、断面图、剖面图、结构尺寸表等。

第8章 项目质量管理

高速公路的建设质量关系公共利益和公共安全,因此各级政府对高速公路的建设质量高度重视,对高速公路建设过程的监督和对工程质量的监管一直是政府交通主管部门的职责。长期的高速公路建设实践已使我国逐渐积累了丰富的施工经验。为巩固和传承这些宝贵经验,近些年来,在宏观方面交通运输部陆续建立、修订和更新了高速公路施工技术的标准和规范,在微观方面各个地方政府交通运输主管部门或企业也制定出一系列符合地方建设条件和企业发展水平的工艺和工法标准。这些标准和规范对我国今后高速公路的建设具有重大的指导意义。

公路工程的施工虽然有国家标准和规范,但在具体施工过程中凭经验、按习惯施工的现象还比较常见,粗放的管理和随意的操作造成公路施工质量不稳定,尤其是公路施工的质量通病一直没有根治。虽经过公路建设部门的努力,我国高速公路工程质量有了很大提高,创造出很多精品工程,但不可否认的是仍然有一些工程项目质量还很差,通车后不久就大规模返工的事件时有发生,给国家、企业造成严重经济损失。

工程质量缺陷造成的罚款返工,会造成各方巨大的经济损失和信誉损失,极大地打击工程建设单位的士气,严重影响工程进展。因此,高速公路建设标准化的首要目标就是确保工程质量的稳定,在工程质量稳定的基础上才能不断提升和创新。市场竞争不着眼于某个个体工程的质量是否达到精品,施工单位要想在市场竞争中生存发展就必须确保工程质量的长期稳定与提升,在这个基础上高速公路建设标准化要适应市场竞争不断地细化、优化和创新,从而使得高速公路建设技术和管理水平整体提升,创造极大的价值。

质量管理是工程项目管理的目标之一,是工程总承包项目管理工作的一项重要内容,总承包项目质量管理不能仅仅体现在项目施工阶段,还应体现在项目从设计到运营的整个过程中,实行全面质量管理。

8.1 质量管理要求

项目质量管理是项目管理的一个重要组成部分。工程总承包企业应按质量管理体系要求,建立覆盖设计、采购、施工和试运行全过程的质量管理体系,按照策划、实施、检查、处置循环(PDCA)的工作方法进行全过程的质量控制。

PDCA循环是一种科学的工作方法,适用于所有过程及各项改进活动,分为四个阶段:

(1) P(Plan)——策划。根据顾客的要求和组织的方针,为提供预期结果建立必要的目标、过程和计划。

(2) D(Do)——实施。按照策划的要求实施。

(3) C(Check)——检查。根据方针、目标和产品要求,对过程和产品进行监视和测量,并报告结果。

(4) A(Action)——处置。采取措施,以持续改进产品和过程绩效。

按照PDCA循环过程,制定项目质量管理工作程序如下:

(1) 明确项目质量目标。

(2) 建立项目质量管理体系。

(3) 实施项目质量管理体系。

(4) 监督检查项目质量管理体系的实施情况。

(5) 收集、分析和反馈质量信息,并制定纠正措施。

在项目策划阶段制定目标和计划,在实施阶段按照计划实施,并随时将实际情况与目标或计划进行对比和检查,出现偏差时,及时分析并调整,使项目始终按照既定的程序实施,直至达到项目的目标。

8.2 质量计划与目标

8.2.1 质量计划

项目质量计划是根据项目的特点、合同和项目发包人的要求,编制的质量措施、资源和活动顺序的项目管理文件。项目质量计划作为质量策划的结果,是指导和规范项目质量管理活动的具体要求,是有效防范项目质量风险的手段和措施,是对外保证质量和对内控制质量的依据。

质量计划应由质量经理负责组织编制,经项目经理批准发布。项目质量计划在执行过程中如有修订,要经质量经理审核,项目经理批准。项目质量计划应体现从资源投入到完成工程交付的全过程质量管理与控制要求。

1) 项目质量计划的编制依据

(1) 合同中规定的工程项目质量特性、项目质量须达到的各项指标及其验收标准和其他质量要求;

(2) 项目实施计划;

(3)相关的法律法规、技术标准;
(4)工程总承包企业质量管理体系文件及其要求。
2)项目质量计划应包括的主要内容
(1)项目的质量目标、指标和要求;
(2)项目的质量管理组织与职责;
(3)项目质量管理所需要的过程、文件和资源;
(4)实施项目质量目标和要求采取的措施。

8.2.2 质量目标

根据招标文件、总承包联合体质量体系文件和工程实际情况,确定工程质量管理总目标和各级分解目标。

8.2.2.1 质量管理总目标

(1)总体目标:根据工程特点争创国家或其他优秀奖项。
(2)设计质量目标:符合国家、行业和地方勘察(测)设计规程、规范、标准要求,达到国家关于工程设计深度要求。
(3)施工质量目标:符合设计图纸及国家、行业和地方有关标准、规范要求,工程质量达到国家及行业现行施工验收规范合格标准。
(4)项目交工验收质量评定合格,竣工验收质量评定优良。

8.2.2.2 质量管理的分解目标

(1)路基局部沉陷、桥头跳车及路面早期破坏等质量通病得到有效治理,实现实体工程"三年无病害,设计使用年限内不大修";
(2)桥梁工程安全、耐久;
(3)隧道开挖、初期支护、防水与排水、衬砌施工等工序、分项工程合格率100%,实现主体工程质量零缺陷;
(4)交通工程和绿化环保工程实用、美观、与路域景观和谐自然;
(5)房建和收费大棚工程质量优良、功能齐全;
(6)质量抽检单点关键项目合格率不得低于98%,一般指标合格率不得低于95%,弱项指标不得低于92%;
(7)不发生质量事故,不留工程隐患;
(8)竣工文件完整、准确、系统,归档及时,案卷质量符合规程规范要求。

努力践行创新、协调、绿色、开放、共享五大发展理念,落实公路建设发展理念人本化、项目管理专业化、工程实施标准化、管理手段信息化、日常管理精细化的"五化"要求,进一步提升现代工程管理水平,主动适应工程建设质量工作发展的新方向,以公众出行的品质需求为导向,努力提升高速公路建设项目的内在质量和外在品位,全力打造优质耐久、安全舒适、经济环保、社会满意、自然和谐为主要特征的高品质工程。

8.3 质量管理组织机构及岗位职责

8.3.1 质量管理领导小组组建

总承包企业成立质量管理领导小组,全面协调和监督本项目质量管理工作。

质量管理领导小组组成如下:

(1)组长:项目负责人;

(2)副组长:主管质量副经理;

(3)成员:质量管理部部长、各工区项目经理。

质量领导小组下设办公室,办公室设在总承包企业质量管理部,总承包企业质量管理部部长任质量领导小组办公室主任。质量领导小组定期或不定期地组织对本项目质量工作进行检查,积极配合上级有关部门的质量检查工作。

8.3.2 质量管理部部门职责

(1)负责本项目施工质量管理工作。

(2)负责制定《项目质量管理办法》,并积极监督各分部予以实施。

(3)深入现场,负责检查和落实质量管理办法的执行,及时纠正违章操作,消除质量隐患。

(4)负责一般性质量事故的处理、上报工作,参与重大质量事故的处理、上报工作。

(5)指导各分部对新进场员工进行质量教育培训并组织开展本标段的质量专项活动。

(6)负责组织配合上级单位对工程质量的检查验收。

(7)负责质量交底工作;督促各分部完善质量技术资料的签认工作及对施工班组进行质量交底工作。

(8)定期、不定期组织各项质量检查工作,收集质量信息化相关数据。

(9)协助总工程师编制并实施专项质量技术方案。

(10)完成领导交办的其他工作。

8.3.3 质量管理部部长岗位职责

(1)贯彻执行国家、行业及上级主管部门颁布的质量法规、管理规章制度。

(2)熟悉施工图纸、施工计划及施工方案,负责验证施工质量的实施情况及工序自检工作,配合各分部向监理工程师提出验收申请。

(3)熟悉各工序施工技术,掌握工程质量标准,组织项目质量管理领导小组定期开展工程质量检查工作,督促做好工程质量检查记录,督促整改并结合相关制度规定落实工程质量奖惩。

(4)协助项目总工做好施工前的技术交底工作,详细指出各项工作的工作程序、应达到的技术指标和应注意的重点和难点、容易发生质量问题的工作或部位,以及应采取的防范措施。

(5)深入施工现场,检查各专业工程师对施工程序、技术标准、规范、监理的指令的执行情况,指出存在的问题和不足,提出改进意见,消除质量隐患。

(6)配合业主、监理或检测单位,组织相关分部对工程进行交竣工验收检测并完善相关手续。

(7)完成领导交办的其他工作。

8.3.4 各分部质量管理部门职责

(1)在总包部的领导下,对项目工程质量负主要责任。

(2)贯彻执行国家、行业有关质量的法律法规、施工技术规范、标准及施工合同技术条款、技术规范、质量标准及监理规程等文件;落实公司《项目质量管理办法》,严把质量关。

(3)协助总承包项目经理部建立并实施质量管理体系,制定各分部质量目标实施计划和分项工程以及冬、雨季施工的质量保证措施,并认真贯彻执行。

(4)认真研究设计图纸和文件,熟悉施工组织设计,掌握操作规程,监督、检查施工队伍施工。对不按图纸施工、违规操作、未经检查签认、使用不合格材料的工程,行使纠正、停工、返工等质量否决权。

(5)对关键程序和所有隐蔽工程必须检查,对已完工序、工程及时进行复检和报验,配合驻地监理做好检验、签认工作。

(6)组织分部月度质量检查,召开质量分析会,按时上报质量月报,参加质量事故的调查、分析和处理;对潜在的质量隐患及时上报总包部,同时制定预防措施,及时消除质量隐患和杜绝质量事故。

(7)负责建立项目质量事故和返工损失台账,建立"质量通病档案""质量事故档案""返工损失档案""交工验收档案"。

(8)参加上级单位组织的质量检查活动及业主组织的交工验收工作;配合驻地监理进行质量检查和中间交工验收。

(9)及时收集、整理、审查施工质量检验记录,并分类妥善保管,不得涂改和伪造。负责质量信息的收集、整理、分析、汇总,并按要求及时上报,做好质量管理情况统计工作,按时上报质量报表。

8.3.5 总承包企业与各分部质量管理机构的关系

总承包企业及各施工分部应成立相应的质量管理机构,制定切实可行的质量管理措施并严格执行;各施工分部质量管理机构人员组成、岗位职责等须报总承包企业备案。总承包企业质量管理机构对全项目质量管理进行总体管控,各分部质量管理机构仅对本部范围内的工程质量进行管控。分部质量管理机构需定期将本部质量管理情况汇总后向总包部进行报告,针对存在的问题,根据总承包企业处理意见及时完成现场整改。

8.4 质量管理要点与方法

高度重视质量管理工作,严格按照技术标准,进行规范施工,加强质量管理体系建设,认真开展质量管理各项工作,保证项目质量体系正常运转,使工程质量始终处于受控状态。实施全员、全过程、全范围的质量管理,开展多种质量管理活动,制定奖惩制度,奖罚分明。把工程质量形成的全过程、各个环节及有关因素都有效的控制起来,并形成一个综合的质量体系。完善自检体系,严格执行"三检制",严把验收关,加强质量管理。施工过程中的检查、检测和验收严格按有关程序进行,实行层层管理、分级验收制度。

8.4.1 质量管理要点

1)路基工程

包括料源质量、结构物台背回填、填挖交界处路基处理、高填方路基压实度等。

2)路面工程

包括材料质量、配合比控制、机械设备组合,各面层厚度、压实度、平整度、弯沉值、渗水系数等。

3)涵洞、通道工程

包括结构尺寸、外观质量、地基承载力、混凝土强度、钢筋保护层厚度、钢筋间距等。

4)桥梁工程

包括混凝土强度,桩基质量,上部结构尺寸及外观质量,钢筋间距,钢筋保护层厚度及焊接质量,梁端头混凝土密实度,预应力张拉及压浆,桥面铺装及凿毛,梁板、伸缩缝、橡胶支座的安装、支座平整度等。

5)隧道工程

(1)明洞:混凝土强度、防水层施作、回填土压实度。

(2)洞口工程:护拱混凝土强度,洞口边、仰坡防护、洞门和翼墙的浇(砌)筑。

（3）洞身开挖：开挖方法、超、欠挖控制、断面尺寸、单次掘进长度。

（4）洞身衬砌：喷射、初衬、二次衬砌混凝土强度、厚度、表面平整度、锚杆、小导管、管棚的数量、长度与压浆质量，钢拱架、钢格栅、钢筋间距和保护层厚度。

（5）防排水：材料质量、焊接搭接长度、气密性。

6）防护、排水工程

包括砂浆质量、片石混凝土质量、砌筑质量、平顺度、外观质量、锚杆（锚索）长度及压浆质量等。

7）交安、机电、消防工程

包括材料、设备质量、外观尺寸、安装与搭接等。

8）房建工程

包括几何尺寸、材料质量、地基承载力、混凝土强度、安装、装饰工程等。

8.4.2 质量管理与控制

8.4.2.1 总承包企业质量管理

（1）按照有关规定建立健全质量保证体系，建立质量管理制度，落实质量岗位责任制。

（2）按照有关公路工程建设的标准、规范、合同文件和建设业主、监理单位的相关要求，在施工中对工程质量进行检查；工程完工后及时配合业主组织交工验收和竣工验收工作。

（3）对工程进行定期的质量检查、不定期的质量抽查或巡查，结合现场实际情况组织专项检查，督促各施工分部建立完善的自检和质量保证体系，监督各施工分部按规定频率进行抽检、自检试验。

（4）建立质量评比和奖罚制度，每月至少召开一次工程质量会议。做好有关质量工作的观摩、迎检工作和经验交流等方面的组织工作。

（5）组织相关单位和人员，在施工放线后正式开工前、路基桥涵隧道基本完成时、附属工程实施前这三个不同阶段，对施工图设计进行现场复核和优化完善。

（6）每个分部工程开工前，总承包企业组织有关人员做好现场控制点的交接（交桩）和设计文件的技术交底工作，解释施工图设计理念并提供施工图设计方案咨询。

（7）总承包企业设计服务人员积极参与施工管理和质量巡查工作，听取各参建方对设计方面的意见，解决施工中发现的设计方面的技术问题；及时反映施工程序、工艺质量未达到设计要求的质量问题。

8.4.2.2 施工分部工程质量管理

（1）各施工分部须依据有关公路工程建设的法律、法规、规章、技术标准和规范的规定，按照设计文件、合同文件、建设业主、监理单位和总承包企业的要求，配备齐全工程技术人员和设备组织施工，对施工全过程的工程质量进行控制，以达到合同文件规定的质量要求。

(2)各施工分部须建立健全质量保证体系,推行全面质量管理,制定和完善岗位质量责任及考核办法。工程自检体系应形成对施工进行全方位、全过程的质量控制。建立试验分室,加强施工过程中的自检、互检、交接检和报检工作。

(3)各施工分部采购或租赁的原材料和设备,必须符合有关公路工程现行技术标准规定,并符合合同文件及设计文件对材料、设备的要求。

(4)在工程施工各个阶段,各施工分部应分别组织主要技术和管理人员、试验检测人员、安全管理人员、特殊工种操作工等开展各种层次和形式的业务技术培训,加强施工前三级技术交底,使他们熟悉项目特点和难点、关键工序和施工工艺、技术和质量要求。

(5)各施工分部必须重视质量通病的防治,如路基局部沉降、桥头跳车、钢筋保护层、预应力管道压浆不实、隧道超欠挖、初支平整度、二次衬砌渗水、防护工程和结构物表面粗糙等,有针对性地制定预控措施。

(6)各施工分部每月至少组织一次工程质量自查活动,分析质量形势,对存在的质量问题和缺陷积极查找原因,提出处理和改进措施,杜绝类似质量问题重复出现。

(7)发生质量事故时,相关分部必须按规定向总承包企业及分部所属单位的主管部门报告,并保护现场接受调查,按照"三不放过"的原则认真进行事故处理。其调查报告和处理结论,须及时报总承包企业备案。总承包企业按管理权限组织或参与相应级别的质量事故调查。

(8)竣工的工程项目必须符合设计文件及《公路工程质量检验评定标准》(JTG F80/1—2017)标准要求,并根据合同约定配合总承包项目经理部或独立完成竣工资料的编制和移交。按规定向总承包企业提交完整的技术档案,试验报告及有关信息资料。

8.4.3 质量管理标准化

标准化能够把以往形成的经验和国家的技术规范很好地结合起来,全面提升施工质量。通过标准化把好的经验进行总结,形成系列化的设计、统一化的施工和检验的标准。将施工人员的工作过程尽量简化,使操作简单易行,从而减少不合格产品发生率。统一化的构件设计、原材料的准备和构件的生产能够减少人为的随意性,使整个标准化系统运行平稳,从根本上保障工程质量的稳定性和可靠性。

对于经过实践检验的、成熟的施工技术和管理措施可以进行广泛推广应用,这种通用化不依赖时间、地点的变化,所施工的工程项目质量都是基本一致的。一个复杂的工程项目质量难以控制,若将工程项目进行分解,分别制造和开发独立的、易于控制的、符合质量标准的若干组合单元或模块单元,将高质量的单元组件再经过拼装和组合,则可实现整体工程的高质量。

提高公路工程质量的重要手段是公路建设标准化,通过质量管理标准化来充分体现全面质量管理原则。首先明确质量控制的组织机构和应承担的责任;其次通过分解质量责任目标使质量管理的责任落实到每个人,形成全员、全过程、全方位的全面质量管理模式;最后按照新颁布执行的高速公路质量验收管理办法来制定高速公路工程质量创优计划。通过创优活动和措施,确保工程质量验收各检验批、分项、分部工程施工质量合格率达到100%,单位工程一次验收合格率100%。

为实现全面质量管理,必须让职工理解各自的质量目标,因此质量管理标准化要特别重视施工技术交底工作。交底应交到工班和作业人员,使施工人员明确和掌握桥、涵、路基等结构物的几何尺寸、高程、施工工艺、质量标准、安全技术措施要求,明确工程材料、工艺、质量、安全、环保、进度要求及所用的施工规范、工程验收标准等,严格按照施工图、施工组织设计、作业指导书、施工及验收规范的有关技术规定施工。

质量管理标准化,运用可视化管理原理建立质量样板工程,以便能够让职工更为直观地掌握质量控制的标准。质量样板要求每件分项工程要先做出示范样板,如样板承台、样板墩身、样板梁、样板路基、样板路面等。各类工程样板确定后,后续工程必须按照样板工程的标准施工工艺、方法等组织施工,确保后续工程质量不低于已确定的样板工程质量标准。对评选出的"样板工程"的施工队,项目部将给予奖励,以鼓励产生更多的样板工程。

施工材料的检测是工程质量事前和事中控制的基础。质量管理标准化规定了主要材料[包括:水泥、砂、石、化学外加剂、矿物外掺料或填料、土壤改良剂、建筑钢材(含线材)、锚具、土工合成材料、砌体材料、防水装饰材料、高强螺栓、工程用水和路基填料等材料]的检测验收程序,还规定了现场试验室根据原材料类别分别建立台账,详细注明材料进场和检验时间。

对需要外委进行的试验项目,必须注明抽样、送检和收到试验报告时间。无论自检还是抽样送检,现场试验室均应保留样品,以便以后发生质量争议时备用。备样样品应分类管理,并且明显详细标识,包装封闭要符合其储存要求,并定人负责。应建立留样样品登记单。样品保留期一般不超过3个月。

工程质量的验收是质量事后控制的重要内容。工程质量验收标准化工作根据工程规模和性质制定了检验批、分项工程、分部工程以及单位工程的多层次质量验收标准。所有工程验收资料、施工操作依据、质量记录都必须完整配套,全面反映质量状况。此外标准化工作还对质量缺陷处理和工程保护的程序和奖惩措施做出了规定。

8.4.4 铺筑试验路段

铺筑试验路段的目的是为了验证筑路混合料的质量和稳定性,检验总承包企业采用的机械设备的性能能否满足备料、运输、摊铺、拌和和压实的技术要求和工作效率,以及施工组织和施工工艺的合理性和适应性。

(1)在各结构层铺筑前均应摊铺100~200m的试验路段。

(2)在试验路段开始至少14天之前,总承包企业应提出铺筑试验路段的施工方案报送业主管理单位审批,并对运至现场的原材料和混合料进行抽样试验。施工方案内容包括试验人员、机械设备、施工工序和工艺等详细说明。

(3)试验路段确认压实方法、最佳含水率、压实机械的类型、压实工艺、压实遍数、系数、厚度等参数均为后期正式施工进行质量控制提供依据。

(4)所有检测试验应在监理单位的监督下取样进行,如果试验路经验收合格,可作为永久工程的一部分;若试验路质量达不到标准,应予以拆除。

8.4.5 质量监督与检查

项目建设过程中接受全社会对工程质量的监督,总承包企业和各施工分部应分别在项目驻地和施工现场醒目处设立"工程质量举报公告牌",公布建设和政府质量监督单位信息及举报电话。

质量检查将采用日常巡查、突击抽查、定期检查的方式,随时监督、检查工程质量情况,发现质量问题按以下程序处理:

(1)在巡查过程中,对发现的质量问题视情节轻重给予口头警告或下发质量巡查通知,巡查通知需明确处理要求和意见,结合实际酌情给予处罚。

(2)存在问题的施工分部,应在收到巡查通知单后按要求的时限完成整改。否则,按处罚标准加倍处罚。

(3)对于连续出现同一质量问题的,从第二次起按处罚标准的两倍对相关分部进行处罚。

(4)对于同一质量问题,被业主或监理单位第二次发现并处罚的,总承包企业将对相关分部责任人进行处罚。

(5)对存在的质量问题,相关施工分部未按要求整改或拒绝整改的,总承包企业有权勒令其停工整改并暂停计量支付。

8.4.6 奖罚措施

建设过程中,上级有关质量监督部门、项目业主和监理单位对本合同段实施的奖励或处罚,按总承包企业与各施工分部签订的合同文件相关规定执行。

总承包企业应在项目开工后下发工程质量管理办法,管理办法中明确工程质量问题处罚标准。

在项目实施的不同阶段开展专项质量检查活动,并制定奖罚措施。

8.5 质量改进

总承包项目经理部从各种渠道收集项目的质量信息,如工程实体质量信息、项目质量管理信息等,收集的渠道包括项目质量记录、项目质量检查、项目部人员的报告与建议、项目发包人的意见和项目分包人的意见等,并对质量信息进行数据分析、召开质量分析会议、找出影响工程质量的原因,采取纠正措施,定期评价其有效性,并反馈给工程总承包企业。

8.5.1 质量数据统计分析

质量数据分析过程中,常用的统计分析方法有:排列图、因果分析图、直方图、控制图、分层法、相关图法、趋势图等。

8.5.1.1 排列图

排列图又叫主次因素分析图或帕累特图(图8-1),是用来寻找影响工程(产品)质量的主要因素的一种有效工具。排列图由两个纵坐标,一个横坐标,若干个直方形和一条曲线组成。其中左边的纵坐标表示频数,右边的纵坐标表示频率,横坐标表示影响质量的各种因素。若干个直方形分别表示质量影响因素的项目,直方形的高度则表示影响因素的大小程度,按大小由左向右排列,曲线表示各影响因素大小的累计百分数。这条曲线叫帕累托曲线。一般把影响因素分为三类,累计频率在0~80%范围的因素,称为A类因素,是主要因素;在80%~90%范围内的为B类,是次要因素;在90%~100%范围内的为C类,是一般因素。

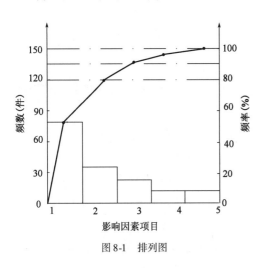

图8-1 排列图

8.5.1.2 因果分析图

因果分析图又叫树枝图或鱼刺图,是用来寻找某种质量问题产生原因的有效工具。

因果分析图的作法是:首先明确质量特性结果,画出质量特性的主干线。也就是明确制作什么质量问题的因果图,如混凝土强度不足,把它写在右边,从左向右画上带箭头的框线。然后分析确定可能影响质量特性的大原因(大枝),一般有人、机械、材料、方法和环境五个方面。再进一步分析确定影响质量的中、小和更小原因,即画出中小细枝,如图8-2所示。

对重要的影响原因还要用标记(如*)或文字说明,以引起重视。最后对照各种因素逐一落实,制定对策,限期改正。只有这样才能起到因果分析的作用。

画图时应注意找准质量特性结果,以便查找原因;同时要广泛征求意见,特别是现场有实践经验人员的意见,并集中有关人员,共同分析、确定主要原因;分析原因要深入细致,从大到小,从粗到细,抓住真正的原因。

8.5.1.3 直方图法

直方图又叫频数分布直方图,是统计方法中比较重要的工具。在直方图中,以直方形的高度表示一定范围内数值所发生的频数。据此可掌握产品质量的波动情况,了解质量特征的分布规律,以便对质量状况进行分析判断。下面以实例来说明直方图的画法及应用。

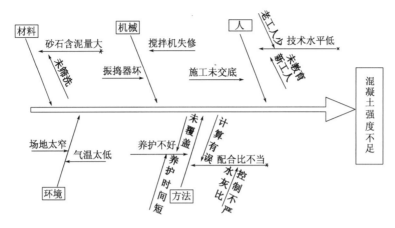

图 8-2 混凝土强度不足因果分析图

1) 直方图的画法

(1) 数据收集与整理

例如,某工地在一个时期内生产的(30)混凝土,共做试块 100 组,其抗压强度如表 8-1 所示。

混凝土试块强度统计表　　　表 8-1

序号	数据										最大	最小
1	32.3	31.9	32.6	30.1	32.0	31.1	32.7	31.6	29.4	31.9	32.7	29.4
2	32.2	32.0	28.7	31.0	29.5	31.4	31.7	30.9	31.8	31.6	32.2	28.7
3	31.4	34.1	31.4	34.0	33.5	32.6	30.9	30.8	31.6	30.4	34.1	30.4
4	31.5	32.7	32.6	32.0	32.4	31.7	32.7	29.4	31.7	31.6	32.7	29.4
5	30.9	32.9	31.4	30.8	33.1	33.0	31.3	32.9	31.7	32.4	33.1	30.8
6	30.3	30.4	30.6	30.9	31.0	31.4	33.0	31.3	31.9	31.8	33.0	30.4
7	31.9	30.9	31.1	31.3	31.3	31.3	30.8	30.5	31.4	31.3	31.9	30.5
8	31.7	31.6	32.2	31.6	32.7	32.6	27.4	31.6	31.9	32.0	32.7	27.4
9	34.7	30.3	31.2	32.0	34.3	33.5	31.6	31.3	31.0	32.3	34.7	30.3
10	30.8	32.0	31.3	29.7	30.5	31.6	31.7	30.4	31.1	32.7	32.7	29.7

由表 8-1 中找出全体数据最大值为 34.7,最小值为 27.4。两者之差,即 34.7 - 27.4 = 7.3,称为极差,用符号 R 表示。

(2) 确定直方图的组数和组距

组数多少要按收集数据的多少来确定。当数据总数为 50 ~ 100 时,可分为 8 ~ 12 组。组数用字母 K 表示。为了方便,通常可先选定组数,然后算出组距,组距用字母 h 表示

组数与组距的关系式是:

$$组数 = \frac{极差}{组距} \quad 即 \ K = \frac{R}{h}$$

本例组数选定 $K=10$，则组距

$$h = \frac{R}{K} = \frac{7.3}{10} = 0.73 \approx 0.8$$

(3) 确定数据分组区间

数据分组区间应遵循如下的规则来确定：

①相邻区间数值上应当是连续的，即前一区间的上界值应等于后一区间的下界值。

②要避免数据落在区间分界上。为此，一般把区间分界值比数据值提高一级精度。在第一区间的下界值，可取最小值 -0.05；上界值采用最小值减 0.05 加组距。本例中：

第一区间下界值 = 最小值 $-0.05 = 27.4 - 0.05 = 27.35$

第一区间上界值 = 最小值 $-0.05 + h = 27.4 - 0.05 + 0.8 = 28.15$

第二区间下界值 = 第一区间上界值 $= 28.15$

第二区间上界值 = 其下界值 $+ h = 28.15 + 0.8 = 28.95$

以下类推。

(4) 编制频数分布统计表

根据确定的各个区间值，就可以进行频数统计，编制出频数分布统计表，如表 8-2 所示。

频数分布统计表 表 8-2

序号	分组区间	频数	频率
1	27.35~28.15	1	1%
2	28.15~28.95	1	1%
3	28.96~29.75	4	4%
4	29.75~30.55	7	7%
5	30.55~31.35	25	25%
6	31.35~32.15	37	37%
7	32.15~32.95	16	16%
8	32.95~33.75	5	5%
9	33.75~34.55	3	3%
10	34.55~35.35	1	1%
合计		100	100%

(5) 绘制频数直方图

用横坐标表示数据分组区间，纵坐标表示各数据分组区间出现的频数。本例中混凝土强度频数直方图如图 8-3 所示。

2) 直方图的观察分析

作直方图的目的，是通过观察图的形状来判断质量是否稳定，预测不合格品率。观察方法是：首先观察直方图是不是正常状态，如果不是，就说明生产过程有问题需要调整，如果是的话，再把直方图与质量标准进行比较，进一步判定质量状况。

(1) 观察图形,判断质量分布状态。

当生产条件正常时,直方图应该是中间高,两侧低,左右接近对称的正常型图形,如图 8-4a)所示。当出现非正常型图形时,就要进一步分析原因,并采取措施加以纠正。常见的非正常型图形有图 8-4b)~e)四种类型。

①折齿型。这多数是由于作频数表时,分组不当或组距确定不当所致。

②绝壁型。直方图的分布中心偏向一侧,常是由操作者的主观因素所造成。

③孤岛型。出现孤立的小直方图,这是由于少量材料不合格,或短时间内工人操作不熟练所造成。

④双峰型。一般是由于在抽样检查以前,数据分类工作不够好,使两个分布混淆在一起所造成。

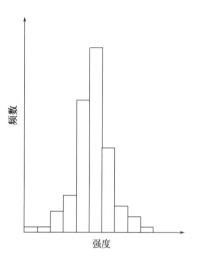

图 8-3 强度频数直方图

 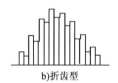   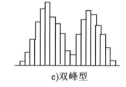

图 8-4 常见的直方图图形

(2) 将正常型直方图与质量标准进行比较,判断实际施工能力。比较结果一般有如图 8-4 所示的 5 种情况。如图 8-5 所示,T 表示质量标准要求的界限,B 代表实际质量特性值分布范围。

①B 在 T 中间,两边各有一定余地,这是理想的情况,如图 8-5a)所示。

②B 虽在 T 之内,但偏向一边,有超差的可能,要采取纠偏措施,如图 8-5b)所示。

③B 与 T 相重合,实际分布太宽,易大量超差,要采取措施减少数据的分散,如图 8-5c)所示。

④B 过分小于 T,说明加工过于精确,不经济,如图 8-5d)所示。

⑤由于 B 过分偏离 T 的中心,造成很多废品,须要调整,如图 8-5e)所示。

⑥实际分布范围 B 过大,产生大量废品,说明工序能力不能满足技术要求,如图 8-5f)所示。

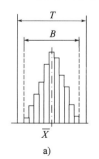 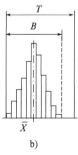 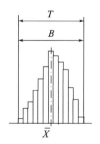 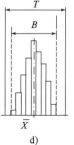 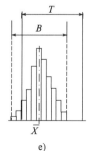 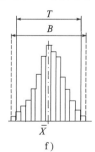

图 8-5 实际质量分布与标准的比较

8.5.1.4 控制图法

上述排列图、直方图法是质量管理的静态分析法,反映的是质量在某一段时间里的静止状态。然而工程(产品)都是在动态的生产过程中形成的,因此,在质量管理中单用静态分析法是不够的,还必须有动态分析法。采用动态分析法,可随时了解生产过程中质量的变化情况,及时采取措施,使生产处于稳定状态,起到预防出现废品的作用。控制图法就是典型的动态分析法。

控制图最早是在1924年美国贝尔研究所休哈特博士首先提出的,目前已成为各国质量管理常用的统计分析工具。

1) 质量波动的原因

实践证明,任何一个生产或施工过程,不管保持客观条件多么稳定,设备多么精确,工人操作水平如何高,其生产或施工出来的产品或工程都不会完全相同,也就是质量特性值不可能绝对一样,或多或少总会有差别。这就是质量特性值的波动性,或者叫质量数据的差异性。

质量特性值波动的原因很多,一般包括人(Man)、机具设备(Machine)、材料(Material)、工艺方法(Method)和环境(Environment)五方面的因素(简称4M1E)。这五方面的原因又可归纳为两类,即偶然性原因和系统性原因。

偶然性原因是经常对产品质量起作用的那些因素,但其出现带有随机性质的特点。如原材料成分、性能发生微小变化,工人操作的微小变化,周围环境的微小变化等等。这些因素在生产中大量存在,但就其个别因素来说,对产品质量影响程序很小,而且不容易识别和消除,甚至消除这些因素在经济上也不合算。所以又称这类因素为不可避免的原因。由这类原因造成的质量波动是正常的波动,不需加以控制,即认为生产过程处于稳定状态。在此状态下,当有大量的质量特性统计值时,其分布服从正态分布的规律。

系统性原因是对产品质量影响很大的异常性因素。如原材料质量规格的显著变化,工人不遵守操作规程,机械设备过度磨损等等。这类原因一般比较容易识别,并且一经消除,其作用和影响就不复存在。所以这类因素是可以避免的。我们进行质量控制就是要防止、发现、排除这些异常因素,保证生产过程在正常稳定状态下进行。

控制图就是利用生产过程处于稳定状态下的产品质量特性值分布服从正态分布这一统计规律,来识别生产过程的异常因素,控制生产过程由于系统性原因造成的质量波动,保证工序处于控制状态。

2) 控制图的基本形式与分类

控制图是因素分析判断生产过程的质量状态和控制工序质量的一种有效的工具。控制图的基本形式如图8-6所示。

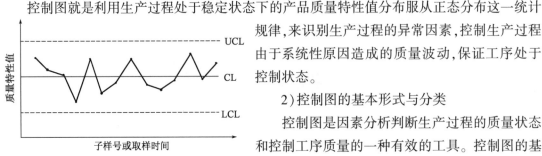

图8-6 控制图基本样式

第8章 项目质量管理

控制图一般有三条线：上面的一条线为控制上限，用符号 UCL 表示；中间的一条叫中心线，用符号 CL 表示；下面的一条叫控制下限，用符号 LCL 表示。在生产过程中，按时抽取子样，测量其特性值，将其统计量作为一个点画在控制图上，然后连接各点成一条折线，即表示质量波动情况。

控制图可分为计量值控制图和计数值控制图两大类。计量值控制图的控制对象为计量值，即连续型的数据，如长度、重量、强度、时间等。这类控制图常用的有平均值—极差控制图（$\bar{X}$-R 图）、中位数—极差控制图（$\tilde{X}$-R 图）、单值控制图（X 图）等。计数值控制图的控制对象为计数值，即离散型的数据，如疵点数、不合格品件数、不合格品率等。根据计数值的不同又可分为计件值控制图和计点值控制图。计件值控制图有不合格品数控制图（P_n图）、不合格品率控制图（P 图）。计点值控制图有缺陷数控制图（C 图）、单位缺陷数控制图（U 图）。

控制图中的控制界限是根据数理统计学原理，采取"三倍标准偏差法"计算确定的。即将中心线定在被控制对象的平均值（包括单值、平均值、极差、中位数等的平均值）上面，以中心线为基准向上向下各量三倍标准偏差即为控制上限和控制下限。因为控制图是以正态分布为理论依据，采用三倍标准偏差法可以在最经济的条件下，实现工序控制，达到保证产品质量的目的。

各类控制图的控制界限计算公式及公式中采用的系数见表 8-3 和表 8-4。

控制界限计算公式 表 8-3

数据	控制图种类	控制界限	中心线	备注
计量值	平均值 $\bar{X}$	$\bar{\bar{X}} \pm A_2 \bar{R}$	$\bar{\bar{X}} = \dfrac{\sum_{i=1}^{k} \bar{X}_i}{K}$	$\bar{X}-R$ 图最常用，判断工序是否异常的效率最高；
	极差 R	$D_4 \bar{R}, D_3 \bar{R}$	$\bar{R} = \dfrac{\sum_{i=1}^{k} R_i}{K}$	K 为子样数目；当每次只有一个数据时使用 $X-R_s$ 图，$R_s = \vert X_{i+1} - X_i \vert$
	中位数 $\tilde{X}$	$\bar{\tilde{X}} \pm m_3 A_2 \bar{R}$	$\bar{\tilde{X}} = \dfrac{\sum_{i=1}^{k} \tilde{X}_i}{K}$	
	单值 X	$\bar{X} \pm E_2 \bar{R}$	$\bar{X} = \dfrac{\sum_{i=1}^{k} X_i}{K}$	
	移动极差 R_s	$D_4 \bar{R}_s$	$\bar{R}_s = \dfrac{\sum_{i=1}^{k} R_{si}}{K-1}$	
计数值	不合格品数 P_n	$\bar{Pn} \pm 3\sqrt{n\bar{P}(1-\bar{P})}$	$\bar{Pn} = \dfrac{\sum_{i=1}^{k} P_i n_i}{K}$	当各组数据个数 n_i 不等时使用；当各子样大小 n_i 不等时使用
	不合格品率 P	$\bar{Pn} \pm 3\sqrt{\dfrac{\bar{P}(1-\bar{P})}{n}}$	$\bar{P} = \dfrac{\sum_{i=1}^{k} P_i n_i}{\sum_{i=1}^{k} n_i}$	
	缺陷数 C	$\bar{C} \pm 3\sqrt{\bar{C}}$	$\bar{C} = \dfrac{\sum_{i=1}^{k} C_i}{K}$	
	单位缺陷数 U	$\bar{U} \pm 3\sqrt{\dfrac{\bar{U}}{n_i}}$	$\bar{U} = \dfrac{\sum_{i=1}^{k} U_i}{K}$	

控制图用系数表　　　　　　　　　表8-4

子样大小 n	$\bar{X}$ 控制图 A_2	R 控制图 D_3	R 控制图 D_3	$\tilde{X}$ 控制图 $m_3 A_2$	X 控制图 E_2
2	1.88	3.27	—	1.88	2.66
3	1.02	2.57	—	1.19	1.77
4	0.73	2.28	—	0.80	1.46
5	0.58	2.11	—	0.69	1.29
6	0.48	2.00	—	0.55	1.18
7	0.42	1.92	0.08	0.51	1.11
8	0.37	1.86	0.14	0.43	1.05
9	0.34	1.82	0.18	0.41	1.01
10	0.31	1.78	0.22	0.36	0.98

8.5.1.5　分层法

分层法又叫分类法。这是收集整理数据的最基本方法,是把数据按照不同的目的加以分类。这种方法没有固定的图表和格式。如在工程质量管理中,可将收集的数据按需要进行以下的分类:

(1)按数据发生的时间分类;

(2)按生产单位或生产班组和操作者分类;

(3)按分部分项工程分类;

(4)按质量问题的性质分类;

(5)按操作方法分类;

(6)按检测手段分类;

(7)按其他方法分类等。

8.5.1.6　相关图法

相关图又称散布图。这种图可用来分析研究两种数据之间是否存在相关关系。把两种数据列出之后,在坐标纸上打点,就得到了一张相关图。从点子的散布情况可判别两种数据之间是否有关系。在质量管理中借助相关图进行相关分析,可研究质量结果和原因之间的关系,进一步弄清影响质量特性的主要因素。

相关图的几种基本类型如图8-7所示。在该图中,分别表示以下关系:

(1)正相关(X增加,Y也明显增加),如图8-7a)所示。

(2)弱正相关(X增加,Y也略有增加),如图8-7b)所示。

(3)不相关(X与Y没有关系),如图8-7c)所示。

(4)弱负相关(X增加,Y略有减小),如图8-7d)所示。

(5)负相关(X增加,Y明显减小),如图8-7e)所示。

(6)非线性相关(X 增加到某一范围时,Y 也增加,但超过一定范围后 Y 反而减小),如图 8-7f)所示。

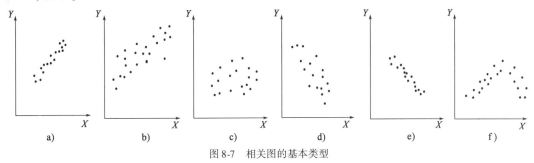

图 8-7 相关图的基本类型

从图 8-7a)和 e)两种图形可以判断,X 是质量特性 Y 的重要影响因素,因此控制好因素 X,就可以把结果 Y 较有效地控制起来。

8.5.1.7 统计分析表法

统计分析表是用于数据整理和原因分析的一种工具。它没有固定的格式,一般可根据调查的项目,设计出不同的格式。常用的统计分析表有:

(1)产品缺陷部位统计分析表。

(2)分部分项工程质量特征统计分析表。

(3)影响质量的主要原因的统计分析表。

(4)质量检查评定的统计分析表。

以上是质量管理数据分析中常用的统计方法,实践中这些方法可以互相结合,灵活应用。

通过数据分析,对发现的各种不合格项目,不能仅仅予以改正,更重要的是调查并分析出造成不合格的原因,针对原因采取相应的措施,消除造成不合格的因素,防止再次出现类似的不合格情况。如经验证效果不佳或未完全达到预期的结果,则重新分析原因,开始新一轮PDCA循环。

8.5.2 质量问题整改

根据项目工程施工进度及特点,结合总承包企业、建设业主等的工作安排,适时开展质量提升活动,如开展"品质工程推进会""提高钢筋保护层合格率""提升隧道初支平整度合格率"等专项整治活动。通过深入施工现场实地调查、组织管理人员集中讨论,从而制定切实可行的专项整治活动方案。

针对活动内容,对管理人员进行任务分工,从源头上控制工程质量,加强原材料进场验收,规范原材料管理,活动过程中加强过程检查,对存在问题及时制定整改措施,严控每道施工工序;活动结束后及时进行总结,并将活动成果进行巩固提升并推广,从而将活动成果应用到施工过程中,提高工程质量。"工程质量责任卡"如附表 8-1 所示。

根据分项工程施工特点,制定工程质量控制要点,总承包企业质安部管理人员在对日常工地巡查过程中发现的质量问题责令相关分部限时整改,并根据"质量巡查违规处罚项目一览表"(附表8-2)对应处罚标准或其他相关规定,下发"质量巡查通知"(附表8-3),并按时对整改结果进行复查,"质量巡查通知处理结果回执"如附表8-4所示。每月底组织质量管理人员及试验室对当月施工的工程质量进行全面检查,对当月存在的质量问题下发质量通报,限期整改,并在次月生产调度大会上进行通报。

8.5.3 质量事故处理与责任追究

8.5.3.1 质量事故处理

1)质量事故处理基本要求

质量事故处理基本要求是:安全可靠,不留隐患;技术可行,经济合理;不影响结构物的功能和使用要求。

2)质量事故调查

事故发生后,事故单位应当保护事故现场,采取有效措施抢救人员和财产,防止事故扩大;因抢救人员、疏通交通等原因,需要移动物件时,应做出标识,绘制现场平面简图并做好书面记录,妥善保存事故现场重要痕迹、物证,并拍照或录像;凡影响下一道工序的工程质量事故,未经处理前应做出隔离标识,并不得继续施工,以免事故扩大。对工程质量事故的调查处理,必须严格按照"四不放过"的原则,即"事故原因没有查清楚不放过,事故责任者没有得到严肃处理不放过,广大职工没有受到教育不放过,防范措施没有落实不放过",而且要对事故可能留下的安全隐患有所防范。

3)质量事故处理可能采取的处理方案和适合情况

(1)修补处理。当工程的某个检验批、分项或分部的质量虽未达到规定的规范、标准或设计要求,存在一定缺陷,不影响使用功能和外观要求,在此情况下,可以进行修补处理。

(2)返工处理。当工程质量未达到规定的标准和要求,存在的严重质量问题,对结构的使用和安全构成重大影响,且又无法通过修补处理的情况下,须对检验批、分项、分部甚至整个工程返工处理。

(3)不做处理。某些工程质量问题虽然不符合规定的要求和标准构成质量事故,但根据其严重程度,经过分析、论证、法定检测单位鉴定和设计等有关单位认可,若对工程或结构使用及安全影响不大,也可不做专门处理。

8.5.3.2 质量责任追究

(1)工程在建设期间参照陕西省交通运输厅《关于印发〈陕西省高速公路工程质量责任追究办法(试行)〉的通知》(陕交发〔2012〕75号)(以下简称"质量责任追究办法")的要求执行,全面落实工程质量终身负责制和质量责任追究制。

(2)工程实行工程质量责任登记制度,建立工程质量终身责任制档案。参加本工程建设的单位和人员按照各自职责,对本工程在设计使用年限内承担质量责任。

附表 8-1

工程质量责任卡

施工单位：　　　　　　　　　　　合同段：

监理单位：　　　　　　　填表日期：　　　　　　　　编号：

项目名称				桩号及部位			
责任划分	施 工 单 位			责任划分	监 理 单 位		
第一责任人	本人签名		贴照片处	第一责任人	本人签名		贴照片处
	身份证号				身份证号		
	家庭住址				家庭住址		
直接责任人	本人签名		贴照片处	直接责任人	本人签名		贴照片处
	身份证号				身份证号		
	家庭住址				家庭住址		
现场技术负责人	本人签名		贴照片处	现场专业监理工程师	本人签名		贴照片处
	身份证号				身份证号		
	家庭住址				家庭住址		

说明：1. 卡中"项目名称"必须具体，同一分项工程不得多人负责，也不得漏项。

　　　2. 工程施工过程或交工以后出现的一切问题，上述人员按照相应的职责承担责任。

附表 8-2

质量巡查违规处罚项目一览表

编号	处罚项目	单位	处罚标准(元)
一、检查情况			
001	自检频率达不到规范要求	类·点	500~1000
002	承包人自检合格但现场监理抽检不合格	点·次	1000
003	监理抽检合格而上级单位检查不合格	点·次	1000
004	未通过首件工程认可而强行施工	点·次	2000~10000
005	施工重点部位无施工技术人员和质检人员旁站	次	1000~2000
006	上道工序未经监理检查认可而擅自进行下道工序施工的	次	4000
007	技术交底不到位,现场技术人员未完全理解施工工艺、质量控制指标	点·次	3000
二、原材料及试验			
008	料场有未经批准的主材、地材进场的	种类·批次	50000
009	地材自检不合格,且未及时清除的	次	2000~10000
010	非适用材料用作路基填料	m³	2000
011	试验检测人员不具备试验检测资格开展试验检测工作的	次	2000
012	使用未按要求标定或标定不合格试验设备	次	5000
013	标准试验未经审批私自开工	次	10000
014	试验检测项目不全或频率不足	次	500~2000
015	试验资料整理归档不及时	次	500~2000
016	材料储存不符合要求	处	500~2000
017	钢材、水泥、外加剂任一项常规试验不合格	次	2000
018	砂、石料任一项常规试验不合格仍在使用的	次	2000
三、路基施工			
019	土工织物未拉直平顺,搭接宽度和锚固长度不符合要求	处	500~2000
020	软基处理所用的各种材料质量、规格不符合要求	处	1000~5000
021	松铺厚度、填料粒径或级配不符合规范要求	处	2000~10000
022	路基填挖交界、半填半挖、新旧路基交界、台背回填等未按规定要求挖台阶施工	处	10000
023	同一碾压层使用不同的土源	处	1000~5000
024	路基填筑土中含有杂物	处	500~2000
025	层面平整、顶面路拱不合格	处	500~2000
026	压实度不合格	点	2000
027	临时排水设施不完善	每100m计	1000
028	路基表面存在轮迹、坑洼及软弹未及时处理	处	500~5000
029	雨后路基冲刷未及时修复或修复不合格	处	2000
030	宽度(加超宽度)及平整度检查不合格	处	各2000

续上表

编号	处罚项目	单位	处罚标准(元)
031	原地面清理不彻底	处	2000
032	施工机械不配套或数量不足	台	5000
033	开挖不当,造成边坡坍塌或工程隐患	次	50000
034	台背回填未按规范厚度分层填筑	处	2000~5000
035	路基填料不符合要求	次	1000~5000
四、混凝土			
036	混凝土强度达不到要求	每构件	2000~5000
037	片石混凝土中片石含量超标、片石不合格	处	10000
038	混凝土跑模、漏浆、蜂窝麻面、错台、形成明显工作缝、色泽不一、有收缩裂缝等	每构件	5000
039	混凝土拌和配比不准,拌和时间不够	次	20000
040	混凝土未按规范要求养生	处·次	2000
041	混凝土浇筑点坍落度检测设备不全,试件未按要求制作,试验人员操作不规范	点·次	2000
042	混凝土浇筑点无技术人员、试验人员值班	点·次	1000~5000
043	模板检查不符合要求,外露混凝土面未采用合同要求新大模板	处	20000
044	混凝土拌和、运输设施不符合要求	次	5000
045	振捣设备不到位或未按要求振捣密实	次	5000
046	混凝土浇筑前未对模板、新旧混凝土结合部或地基底部进行清理	处	1000~2000
047	钢筋保护层厚度不够	处	3000
五、钢筋加工			
048	主筋、箍筋间距超标	点	200
049	搭接焊、帮条焊缝长度不够,焊缝不饱满或焊接接头在同一断面处数量超过规定值等钢筋接头不符合要求	每构件	5000
050	钢筋未除锈或除锈不彻底	每构件	2000
051	主筋数量不足	每缺1根	4000~10000
052	钢筋或预应力钢材未覆盖,防雨防潮措施不到位	处	1000~1000
053	锚固筋数量长度不足	根	500~2000
054	钢筋加工未按要求搭棚	处	1000
055	钢筋网(笼)架未采取防锈措施	处	500~3000
六、桥梁工程			
056	张拉程序不规范,防护不到位,记录不准确	次	5000
057	张拉设备未按时校验	台	5000
058	预留管道偏位、变形、破损	点	1000
059	预应力筋编束不合格	束	1000
060	孔道压浆不及时,后张构件未采用真空压浆	片	5000

续上表

编号	处罚项目	单位	处罚标准(元)
061	预制厂台座下沉或开裂,未及时处理	处	5000
062	梁板构件的几何尺寸不符合要求	处	5000
063	预制梁板内模上浮导致顶板厚度不足的	处	2000~10000
064	梁板的存、吊、运不符合要求	片	5000
065	支座部位的混凝土表面不平整清洁	处	1000~2000
066	橡胶支座出现脱空、空鼓、偏移、剪切破坏等现象	处	1000~3000
067	梁板及混凝土铺装层顶面混凝土未凿毛,清理不彻底	处	1000~5000
068	梁板安装不规范、支座出现纵、横、竖向偏位	处	3000
069	梁板安装接缝处理不到位	处	5000
070	预埋件位置不准确	处	3000
071	梁板钢筋保护层、厚度、宽度、平整度不符合要求	处	2000
072	基础处理不彻底、不到位,桩头凿除不规范,接桩部位积水	处	1000~3000
073	预制梁板的存放时间超过设计图纸和技术规范规定	片	3000
074	桥梁伸缩缝预埋筋数量不足,位置不准确	处	500~2000
七、浆砌			
075	片石、块石规格和质量不合格,砂浆采用人工拌和,砂浆拌和配合比不准	处·次	3000
076	基底处理不合格,砌体结构尺寸不合格。砌缝不直,砂浆不饱满。砌体内侧及沟底不平顺、不整齐、有裂缝和空鼓现象	处	2000
077	挡土墙泄水孔未按要求设置	个	200~1000
078	未按规范要求养生	处	1000~2000
079	墙背回填不满足规范和设计要求	处	2000~5000
080	护坡、护面墙表面不平整,有垂直通缝	处	1000~2000
081	砂浆强度抽检不合格	组	1000~5000
082	勾缝未采用凹缝,不密实或有脱落等现象	处	500~1000
083	沉降缝设置不规范	处	2000
八、路面工程			
084	基层、底基层施工钢模板支撑不合格	处	1000~2000
085	基层未按规定养生	次	1000~5000
086	水泥、石灰等剂量检验不合格	次	1000~10000
087	碎石、矿粉、砂检验不合格	次	1000~10000
088	沥青、改性剂、木质纤维(聚酯纤维、橡胶粉)检验不合格	点·次	5000
089	压实度不合格	点	1000~5000
090	基层、底基层未按规定配合比施工或计量不准确	次	1000~10000
091	水泥混凝土路面缩、胀缝设置不规范	处	2000
092	路面层厚不合格	处	1000~5000

续上表

编号	处罚项目	单位	处罚标准(元)
093	平整度不合格	处	5000
094	横坡不合格	处	5000
095	断面尺寸不合格	处	5000
096	弯沉不合格	处	5000
097	基层、底基层抗压强度达不到设计要求	处	5000
098	透层施工距沥青面层施工小于48小时	次	1000~5000
099	改性剂等外掺剂掺量不满足要求	次	1000~5000
100	沥青混合料关键筛孔通过量不在允许偏差范围内	次	2000
101	运输沥青混合料未覆盖或沥青混合料温度达不到规范要求	次	5000
102	沥青混合料未按配合比施工或计量不准确	次	1000~20000
103	渗水试验不符合要求	处	2000
104	路面各结构层有离析现象	处	1000~5000
九、附属工程			
105	有不符合标准要求的原材料、设备进场的	类型·批次	500~20000
106	交通标志金属构件镀层损伤、板面安装不平整	件	1000~2000
107	标线曲折、不圆滑、出现裂缝起泡现象	m	1000
108	护栏安装出现起伏现象,曲线段不圆滑顺畅	m	500~1000
109	护栏安装不牢固,漏安螺栓、垫圈等配件	处	500~1000
110	防阻块、托架、端头安装出现明显变形、扭转、倾斜	处	1000~3000
111	设备安装方法、部位、高度等不符合要求的	处	5000
112	标线涂料或玻璃珠含量不符合要求	处	2000
113	出现不均匀沉降,墙体、墙面有明显裂缝的	处	20000
114	几何尺寸明显不符合设计要求的	处	10000
115	震荡标线厚度或宽度不符合要求	处	1000
116	绿化场地不平整、含有杂质	m²	500
117	中央分隔带苗木修剪不齐	棵	500
118	路侧绿化苗木定杆高度不一致,栽植不整齐	m	200
119	乔木树干不笔直,灌木枝条稀疏	棵	500
十、隧道工程			
120	隧道未按规定方法开挖,断面尺寸不符合设计要求的	处	500~5000
121	衬砌表面不平,厚度不足,肋条现象明显	处	500~5000
122	钢拱架等支撑措施未安装落实到位,纵向钢筋未连接、间距过大,钢筋焊接长度不足	处	1000~5000
123	塌方断面回填片石、片石混凝土	处	5000
124	隧道支护锚杆、小导管、管棚等未按规定施作、长度不够,二衬未及时封闭成环	处	5000

续上表

编号	处罚项目	单位	处罚标准(元)
125	明洞回填土压实度未达到规定要求	处	5000
126	隧道防水层未按规定施作,施工现场排水不畅的	处	5000
127	钢拱架连接处使用普通螺栓、螺栓数量不足、焊接处未背焊钢板或钢板尺寸不符合要求	处	2000
128	钢拱架底部未落到实处、未使用专用垫块支垫	榀	1000
129	超前锚管、锚杆、系统锚杆、管棚未按设计长度或设计数量施工	根	10000
130	超前、锁脚锚管未打溢浆孔或未注浆	根	10000
131	私自缩小初支、仰拱钢拱架型号、钢拱架间距不满足规范要求	榀	10000
132	未按规范要求预留钢筋网片	处	5000
133	初支表面不平整、肋条明显	处	5000
134	仰拱底部虚渣未清理	处	5000
135	纵向排水管未打孔,打孔、安装不规范	次	5000
136	纵向排水管未包裹碎石或碎石未清洗	次	5000
137	二衬钢筋搭接长度不足、焊缝长度不足、水平钢筋与主筋未进行绑扎	点	1000
138	二衬防水板铺设平整度差、搭接长度不足	处	5000
139	二衬钢筋间距、排距不满足设计要求	点	1000
140	预留洞室未设置横向钢梁支撑或使用钢筋代替钢梁支撑	处	5000
141	二衬平整度不满足规范要求	点	1000
142	初支、二衬出现裂缝或空洞	点	2000
143	隧道开挖进尺不符合要求、开挖后未及时封闭成环	次	10000
144	电缆沟槽与二衬结合处未凿毛	m	500
145	初支、二衬、仰拱混凝土厚度不满足设计要求	处	10000
十一、内业资料			
146	原始资料填写不及时、不齐全、不规范、不整洁	项	500~2000
147	自检资料不真实,弄虚作假,签认不及时	项	500~5000
148	分项、分部评定不及时	项	1000~3000
149	施工日志填写不规范、不及时	人	1000

附表 8-3

质量巡查通知

<u>总承包企业巡查通知</u>(　　) 年(　　　) 号

填发单位：　　　　　　　　　　　　　　　　　　　　　　　填发人：

被通知单位		检查日期	
工程名称		段落桩号	

存在问题：

整改要求：

1. 限你单位于　　年　月　日　　时前整改完毕，并将整改结果在通知期限内以回执的形式上报总承包企业质量管理部。
2. 依据《××高速总承包企业质量巡查违规处罚项目一览表》第　　　条，对你单位处罚金　　　元，在当月的计量支付中予以扣除。

现场检查人：　　　　　　　　　　　　　　　　　　　　　　　　　　　　　　年　　月　　日

注：本回执单一式二份，施工分部、总承包企业质量管理部各一份，本表可附页，应详细填报整改措施、处理结果及对相关责任人的问责情况等。

附表 8-4

质量巡查通知处理结果回执

巡查通知号:总承包企业巡查通知(　　)年(　　)号	
存在问题:	
处理结果: 附件:处理前照片张,处理后照片张。	
整改负责人: 　　　　　　　　　年　月　日	整改单位负责人(签字、盖章): 　　　　　　　　　年　月　日
检查人意见: 　　　　　　　　签字:　　　年　月　日	
总承包企业质量管理部意见: 　　　　　　　　负责人签字:　　　年　月　日	

注:本回执单一式二份,施工分部、总承包企业质量管理部各一份,本表可附页,应详细填报整改措施、处理结果及对相关责任人的问责情况等。

第9章 项目安全管理

安全生产是工程项目管理的目标之一,是项目成功的重要指标。长期以来,我国各级建设单位贯彻落实《中华人民共和国安全生产法》,坚持"以人为本、生命至上"的安全理念和"安全第一、预防为主"的安全生产管理方针,公路工程建设安全事故率大幅下降,防止和减少生产安全事故,保障人民群众生命和财产安全。

公路工程安全管理是指确定公路工程安全生产方针及实施安全生产方针的全部职能及工作内容,并对其工作效果进行评价和改进的系列工作。对生产要素的不安全行为和不安全状态加以控制,达到消除和控制事故、实现安全管理的目标。

9.1 安全生产管理目标

安全生产宏观目标是在施工过程中确保不发生重大安全事故,避免特大安全事故发生,实现安全生产零死亡目标;争创省级"平安工地"示范项目。安全生产的微观可考核目标包括事故类、管理类两大评价指标。

(1)事故类指标:事故起数、死亡(人数)率、亿元投资事故率、亿元投资死亡率、事故直接经济损失等;鼓励设定工程项目"零伤亡"目标。

(2)管理类指标:"平安工地"示范项目、平安工程、品质工程、安全生产科技创新奖项等。

9.2 安全生产组织管理机构及岗位职责

9.2.1 安全生产领导小组组建

总承包企业成立安全生产领导小组,全面协调和监督本项目安全生产和"平安工地"创建工作。

9.2.2 安全生产领导小组及各机构职责

安全生产领导小组成员如下：
(1)组长：由项目经理担任；
(2)副组长：主管安全的副经理或安全总监；
(3)组员：各分部经理、总包部各部门负责人、各分部经理。

总承包企业安全生产领导小组下设办公室，办公室设在质量安全部（质量安全部部长兼任安全生产领导小组办公室主任），定期或不定期对本项目安全生产进行检查，配合上级部门的安全生产检查工作。

9.2.3 安全生产领导小组职责

各施工分部应成立相应的安全生产管理机构，其人员、机构组成、岗位职责等须报总承包企业备案。各施工分部经理是本分部安全生产的第一责任人，全面负责本分部安全生产管理工作，对本分部安全生产工作负主要领导责任。

安全生产领导小组职责：
(1)贯彻执行国家安全生产方针、政策、法规及上级有关安全生产的决定；
(2)研究、部署、指导和检查本项目的安全生产工作，协调和解决安全生产中的重大问题，协助第三方进行安全评估；
(3)组织制定本项目安全生产管理制度和安全生产应急预案；
(4)定期召开本项目安全生产会议，分析本项目安全生产形势，针对安全生产中存在的具体问题，及时制定相应的防范措施；
(5)组织审查各施工安全专项方案并督促实施；
(6)监督、审核本项目安全生产经费的使用；
(7)定期组织本项目的安全教育培训工作。

9.2.4 安全生产领导小组办公室职责

(1)起草本项目有关安全生产方面的制度、办法、通报、会议纪要等重要文件；
(2)根据安全生产领导小组的要求，组织、协调、联络、安排有关单位、人员完成本项目安全生产的具体工作；
(3)落实安全生产领导小组确定的事项，督促检查本项目贯彻落实安全生产领导小组决定、决议和安全生产工作部署；
(4)定期汇总各分部安全生产情况，分析安全生产形势，提出工作意见和措施，接收各类安全事故举报，并向安全生产领导小组报告；

(5)承办安全生产领导小组召开的会议及重要活动；

(6)及时上报安全生产的各种报表；

(7)实行24小时值班制度。

9.2.5 各施工分部安全生产管理机构职责

(1)认真贯彻执行国家安全生产的有关政策、法律、法规及上级主管单位关于安全生产管理方面的规章制度和文件要求；

(2)负责所辖范围工程安全生产工作，建立健全安全生产责任制，明确所属各部门和人员的安全职责；

(3)制定符合实际情况的安全生产应急预案；

(4)定期召开分部安全生产会议，分析安全形势，及时研究安全生产中存在的问题，制定防范措施，预防各类安全事故的发生；

(5)落实安全生产资源配置；

(6)负责安全生产事故抢险、救灾工作，做好特殊工种的劳动保护工作；

(7)组织施工现场安全生产监督检查和事故隐患整改；

(8)对所辖驻地和施工现场的安全进行常规检查和突击巡查；

(9)负责所辖工程范围"平安工地"建设活动的实施；

(10)组织相关人员开展安全生产知识学习培训；

(11)及时上报安全生产事故和安全管理要求的各类报表；

(12)实行24小时值班制度。

9.2.6 安全生产领导小组成员岗位安全生产职责

9.2.6.1 安全生产领导小组组长安全生产职责

(1)全面负责总承包项目的安全生产工作；

(2)认真贯彻落实国家安全生产方针政策，遵守安全生产法律法规要求；

(3)制定本项目安全生产管理目标，建立健全总承包企业安全生产管理制度，配备安全管理人员；

(4)组织召开本项目安全生产大会，听取项目安全生产工作汇报，总结上一阶段安全生产工作，研究部署下一阶段安全生产工作，解决安全生产工作的重大事宜；

(5)组织审定并实施项目的生产安全事故应急救援预案；

(6)及时、如实报告生产安全事故并指导事故调查处理。

9.2.6.2 安全生产领导小组副组长安全生产职责

(1)协助安全生产领导小组组长认真落实国家有关安全生产法律法规，遵守上级管理部门颁发的有关安全管理规章制度；

（2）代表总承包企业与各施工分部签订安全生产目标责任书，对总承包企业安全生产工作负领导责任；

（3）组织实施总承包项目安全生产工作计划、安全生产费用投入计划和安全生产教育培训计划；

（4）建立健全本项目安全生产管理体系，保证本项目安全生产工作有计划、有目标、有检查、有落实、有考核、有奖罚；

（5）根据项目实际情况，有针对性地提出有关安全生产工作的技术、管理建议；

（6）定期组织召开总承包项目安全生产会议，布置安全生产工作，认真处理安全生产过程中存在的问题，及时消除事故隐患；

（7）组织制定总承包企业安全生产事故应急救援预案，检查审核各施工分部安全生产事故应急救援预案，并策划开展应急救援演练；

（8）组织审查各施工安全专项方案并督促相关部门、各施工分部严格实施；

（9）组织有关安全生产事故案例分析，制定防范措施，推广应用安全生产先进经验和方法；

（10）组织安全生产事故调查、处理及上报工作；

（11）履行安全生产法律、法规规定的其他职责。

9.2.6.3 安全生产领导小组组员安全生产职责

（1）认真落实国家有关安全生产法律法规，遵守上级管理部门、总承包企业颁发的有关安全管理规章制度，承担各自工作职责范围内的安全生产责任；

（2）负责督促、检查所辖分部或部门落实总承包企业各项安全管理规章制度；

（3）坚持并落实"谁主管谁负责""管生产必须管安全""一岗双责"的原则，在总结评比时，把安全生产措施和工作成效纳入工作考核；

（4）协助制定安全生产工作计划、安全生产费用投入计划和安全生产教育培训计划等，并组织实施；

（5）按时参加总承包企业安全生产会议，认真处理所辖分部或部门生产过程中存在的安全问题，及时消除事故隐患；

（6）积极参与上级管理部门、总承包企业组织的各类安全生产检查和安全隐患排查活动，并督促所辖分部或部门整改落实到位；

（7）及时总结所辖分部或部门的安全生产先进经验；

（8）参与组织安全生产事故调查、案例分析和处理工作。

9.2.7 安全生产管理人员配备要求

（1）各施工分部必须按规定配备专职安全员，人员数量按合同价每5000万元1名专职安

全员配备(合同价不足 5000 万元的单项工程不少于 1 名专职安全员),以满足本项目安全生产管理工作的需要;

(2)施工分部下属的施工作业队,必须按照每个施工作业队 1~2 名安全员配备,由安全员对本队的安全生产工作情况进行巡查;

(3)施工作业队所属的各生产(作业)班组,必须设立 1 名安全员负责作业前、作业过程中的安全检查和记录;

(4)各施工分部安全负责人、专职安全员应具备交通部门或建设部门颁发的有效安全员证书,并报总承包企业备案,项目建设期内不得随意替换。

9.3 安全生产费用的使用与管理

安全生产费用管理坚持"项目计取、确保需要、科学计划、规范使用、严格审批"的原则。各施工分部必须按照有关合同条款规定的标准提取安全生产费用,将安全生产费用纳入项目财务计划,并督促其合理使用。

安全生产费用只能用于改善安全生产条件和职工安全培训教育,实行专款专用,任何人不得以任何名义克扣、挤占或者挪用。

安全生产费用计取、支付和使用接受各级主管部门的监督管理。

各施工分部须按时编制安全生产费用使用计划,并建立安全费用使用台账,台账内容包括安全生产费用的使用类别、使用部位、使用数额及相关支付证明。

安全生产费用的使用必须做到审批手续完备、账目清楚、内容真实、核算准确、监督措施有力。

安全生产费用的使用范围(详见附件 9-1):

(1)完善、改造和维护安全防护设施支出;

(2)配备、维护、保养应急救援器材、设备支出和应急演练支出;

(3)开展重大危险源和事故隐患评估、监控和整改支出;

(4)安全生产检查、评价、咨询和标准化建设中有关安全方面的支出;

(5)配备和更新现场作业人员安全防护用品支出;

(6)安全生产宣传、教育、培训支出;

(7)安全生产适用的新技术、新标准、新工艺、新装备的推广应用支出;

(8)安全设施及特种检测检验支出;

(9)其他与安全生产直接相关的支出,但不包括施工分部由于施工振动原因对沿线居民造成的财产损坏等方面的支出。

各施工分部须按安全生产费用使用清单要求(详见附表 9-1)编制安全生产费用使用计

划。各施工分部安全工程师应在每月末编报下月安全生产费用使用计划(附表9-2)和当月实际投入的安全生产费用使用情况(应附相关支付凭证),填写"安全生产费用验收表"(附表9-3),经施工分部项目负责人签字盖章后报送总承包企业质量安全部审核。总承包企业负责人对各分部上报的安全生产费用使用计划签字盖章后,由总承包企业负责报监理办核备。

"安全生产费用验收表"经上级有关管理部门审批签认后由总承包企业返还各施工分部,作为安全生产费用计量支付的依据和凭证。

安全生产费用的支付实行"总量控制、计量支付"的原则,安全生产费用以上级有关管理部门最终审批签认后的数额计量支付。

施工分部实际投入使用的安全生产费用超出合同中规定的安全生产费用总额的,超出部分由施工分部从工程进度款中列支。

施工分部未按要求上报安全生产费用使用计划或使用情况的,总承包企业有权不予支付该月工程款。

总承包企业对各施工分部投入的安全生产费用使用情况进行监管,如发现施工分部未按照其上报的支出情况落实安全生产费用的,应当要求其改正;施工分部拒不改正的,总承包企业可暂停其工程款的支付,情节严重的将上报联合体管理委员会进行处理。

对总承包企业在各类安全检查中发布的整改通报、通知,施工分部拒不整改或拖延整改的,总承包企业有权采取其他合理措施落实整改,并以实际发生费用的2~3倍从该施工分部次月计量支付中扣支,且不免除因此引起的应由施工分部承担的一切责任。

9.4 安全生产管理

9.4.1 安全生产管理负责制

项目安全生产管理工作实行分级负责制,各级主要领导是安全生产的主要责任人,分管领导是安全生产的直接责任人。

9.4.2 安全生产例会

(1)总承包企业每年召开不少于两次的项目安全生产大会。会议由安全生产领导小组组长主持召开,项目各施工分部安全生产领导小组参加,听取各施工分部安全生产情况汇报,研究部署项目总体安全生产工作。

(2)安全生产领导小组例会每年召开不少于6次。由安全生产领导小组副组长主持召开,安全生产领导小组成员参加,听取安全生产情况汇报,研究部署下阶段安全生产工作。

(3)各施工分部安全生产例会每月召开不少于1次。由施工分部安全生产领导小组组长负责组织召开,相关人员参加,研究部署分部安全生产工作。

(4)各类安全生产会议应安排专人详细记录会议的主要内容、会议地点、出席人员等(附表9-4)。

9.4.3 安全生产教育培训与宣传

(1)各施工分部必须坚持对新上岗、短期合同、临时性季节用工的人员进行有针对性的岗前培训,主要培训内容、培训对象应详细记录(附表9-5);每季度对全体员工至少开展1次安全教育活动。

(2)各类特种作业人员,包括驾驶人员、电工、锅炉工、爆破工、起重机操作人员、压力容器操作人员等,必须坚持持证上岗,并定期进行安全教育。

(3)总承包企业和各施工分部在项目建设过程中,应采取宣传板报、安全标语、QQ、微信和广播等多种手段加大安全生产的宣传力度,提升项目参建人员和沿线群众的安全意识。

9.4.4 安全生产投入

为了认真贯彻"安全第一、预防为主"的方针,规范安全生产投入管理工作,依据《中华人民共和国安全生产法》等法律法规的要求和规定,结合设计施工总承包项目实际情况,制定安全生产投入管理制度。安全生产投入应依法管理,各工区项目部负责人对本单位安全生产投入的有效实施负第一责任。

9.4.4.1 安全生产投入内容和要求

(1)安全宣传教育和培训及其他竞赛活动;

(2)社会性重大安全活动;

(3)生产作业场所的安全设施和文明生产;

(4)安全设备、装备、器材和安全生产监视测量装置、仪器、仪表的购置、安装、使用及维护;

(5)劳动防护用品、用具、防暑、防冻用品及相关费用;

(6)安全技术规程规范和安全操作规程的配置及修编;

(7)尘、毒、噪治理;

(8)安全生产技术改进和安全科技课题研究,安全评价及审核;

(9)安全隐患处理、重大危险源监控与应急预案;

(10)安全警示装置;

(11)事故救援和调查处理、赔偿及工伤保险费用、因工伤造成的经济损失;

(12)安全生产奖励;

(13)安全生产检查、安全生产重大会议及其他。

9.4.4.2 安全生产投入计划和实施

安全生产投入计划以施工分部为基础,自下而上、由年度到季(月)度制定。各分部应根据生产经营特点制定安全生产投入年度计划、季(月)度计划和单项计划,报总承包企业安全管理部。

年度安全生产投入计划应根据各分部年度生产计划进行编制,在下达年度生产计划时同时下达安全生产投入计划,由分部安全生产第一责任人批准后实施。

季(月)度安全生产投入计划是在年度安全投入计划实施中,进行阶段性的调整和细化,根据季(月)度生产计划安排和生产安全需要编制,由分部安全生产第一责任人批准后实施。

单项安全生产投入计划,是针对重要安全技术措施编制的安全投入计划,应在实施前一个月编制。

各分部应做好对安全生产投入计划的管理,明确主管和分管负责人员。编制的计划应做到针对项目、投资额、实施方案、实施负责人、完成期限、验证人等清楚表述,并履行编制、审核、审批手续。

项目安全生产投入计划,应根据项目类别和特点,按部门职责分工编制。如：安全设施投入计划和重大危险源监控安全投入计划应由安全管理部门会同工程管理部门编制,施工机具的安全装置等安全投入计划应由材料设备部门编制,安全教育、培训安全投入计划由安全管理部门编制,劳动防护用品安全投入计划应由安全管理部门编制等。安全生产投入计划应通过相关管理等部门评审会签,由总承包企业安全部主管审查,总承包企业安全生产第一责任人批准。

安全投入是实现安全生产的重要保证,各分部主要负责人要根据总承包企业安全生产投入计划,积极筹措,优先安排安全生产投入资金,不得以任何理由缩减安全生产投入或挪用。

总承包企业签订工程分包合同时,要将"保证安全生产投入的有效实施"相关要求写入技术和商务条款中,要根据有关法规的要求,在合同中明确双方应承担的义务和责任。总承包企业要根据合同的规定,检查监督分部实施安全生产投入。

9.4.4.3 安全生产投入监督管理

根据安全生产投入管理制度和计划,结合实际生产情况,加强安全生产投入监管。各分部应根据本单位承建工程特点,将安全生产投入情况及实施结果形成记录并进行经常性检查。安全生产投入计划应形成完整的工作台账,专人负责,严格管理。各分部主要负责人应结合年度、月度生产计划,定期进行"安全生产投入"工作专项检查和总结。

总承包企业安全管理部对各分部安全生产投入实施情况进行监督检查：是否形成管理制度；是否根据生产经营活动特点和需要及时编制了安全生产投入计划,计划是否围绕生产安全需要及时进行有效调整并得到实施；安全生产投入资金是否得到保证；安全生产投入管理是否分工明确、责任到人等。检查结果应形成书面记录,如发现问题,应下达整改通知单,要求及时整改。安全生产投入计划和分项(类)统计按职能部门工作职责分工负责,汇总到本单位安全管理部存档,统计报表由本单位安全管理部逐级按规定时间上报。

安全生产投入是确保生产经营活动安全的资源保证,各分部应保证安全生产经费足额投入。各分部应按照合同及总包部的有关规定,提取安全生产专项费用。

9.4.5 安全生产检查

安全生产领导小组对各施工分部的安全大检查每月不少于1次(详细内容见附表9-6),采取定期和不定期的形式进行,对检查发现问题的单位或部门,及时下发安全检查通报或"安全隐患整改通知书"(附表9-7),责令限期整改。整改完成后,向安全生产领导小组提交处理结果回执(附表9-8),对整改不力的单位或部门,下发"安全罚款通知书"(附表9-9)。

各施工分部应每天进行日常安全检查,发现问题记录在案,并及时纠正,做到防患于未然。

9.4.6 安全专项施工方案编制

对下列危险性较大的工程,施工分部应编制专项施工方案,并附安全验算结果,按项目相关规定报监理办审查同意后实施,施工现场应安排专职安全生产管理人员进行监督实施。

(1)滑坡和高边坡施工处理;
(2)特大桥及高墩桥(墩高大于30m)施工;
(3)河道桥梁下部施工;
(4)大型临时结构;
(5)隧道施工;
(6)爆破施工;
(7)拌和、起重设备安拆;
(8)其他危险性较大的工程。

9.4.7 施工分部安全管理

各施工分部必须严格按照相关规范、规程和审批后的专项施工方案进行施工,并坚持"谁主管谁负责""管生产必须管安全""一岗双责"的原则,树立安全施工第一的思想,加大施工安全生产的监管、检查力度,防止各类安全事故的发生。

9.4.8 安全生产资料登记与保管

总承包企业和各施工分部要安排专人负责,及时、准确、认真地做好项目建设过程中各项安全生产资料的登记、保管工作。安全生产资料主要包括:分部分项工程开工前安全技术交底记录、安全会议记录、安全检查记录、安全整改记录、安全生产应急演练记录、安全教育活动记录、事故隐患登记及各类事故报表等。定期对安全生产资料进行整理、装订、归档。

9.5 安全生产事故等级分类与报告

9.5.1 安全生产事故等级分类

(1)特别重大事故,是指造成30人以上死亡,或者100人以上重伤(包括急性工业中毒,下同),或者1亿元以上直接经济损失的事故;

(2)重大事故,是指造成10人以上30人以下死亡,或者50人以上100人以下重伤,或者5000万元以上1亿元以下直接经济损失的事故;

(3)较大事故,是指造成3人以上10人以下死亡,或者10人以上50人以下重伤,或者1000万元以上5000万元以下直接经济损失的事故;

(4)一般事故,是指造成3人以下死亡,或者10人以下重伤,或者1000万元以下直接经济损失的事故。

9.5.2 安全生产事故报告制度

9.5.2.1 安全生产事故报告内容

(1)事故发生的时间、地点、单位;
(2)事故的简要经过、伤亡人数、具体伤亡人员简况;
(3)事故发生原因的初步判断;
(4)事故发生后采取的措施及事故控制情况;
(5)事故报告人、事故报告单位。

9.5.2.2 安全生产事故范围

(1)各施工分部及在所辖区内活动的员工伤亡安全事故;
(2)消防安全事故;
(3)道路交通安全事故;
(4)工程施工安全事故;
(5)使用爆炸物品和危险化学品安全事故;
(6)人员中毒安全事故;
(7)其他应该上报的安全事故。

9.5.2.3 安全生产事故报告时限

(1)一般事故,向上级报告时间不得超过接到事故报告后2小时;

(2)较大事故,向上级报告时间不得超过接到事故报告后 1.5 小时;

(3)重大事故,向上级报告时间不得超过接到事故报告后 1 小时;

(4)特别重大事故,向上级报告时间不得超过接到事故报告后 0.5 小时。

9.5.2.4　安全生产事故报告方式和程序

(1)发生各类伤亡事故时,事故发生单位应在得到事故消息后立即用口头报告、电话、传真等方式(以下简称快速方式)和书面形式报总承包企业安全生产领导小组;

(2)接到事故报告的部门应按事故报告时限要求用快速方式和书面形式逐级上报;

(3)发生事故单位在口头报告、电话报告的同时,迅速了解初步情况,填写事故报告单和事故统计报表(附表 9-10、附表 9-11),电传总承包企业安全生产领导小组办公室,并同步向事故发生地县级以上人民政府负有安全生产监督管理职责的有关部门报告。

9.5.3　安全生产事故调查处理及责任追究

对发生安全生产事故的单位,由相关部门追究其安全生产责任。

9.6　平安工地建设

9.6.1　平安工地建设要求及实施

安全生产领导小组全面负责本项目"平安工地"建设活动的领导和监督检查工作。各施工分部应成立专门机构、配备相关人员负责所辖施工范围内"平安工地"建设活动的具体实施工作。

"平安工地"建设考核严格按照《陕西省公路水运工程"平安工地"建设达标标准》执行,总承包企业结合日常安全管理工作,每月对照达标考核标准进行一次安全检查。

各施工分部要高度重视"平安工地"达标验收工作,对自查、检查资料建立专项档案,要实行痕迹化管理,考核表中凡是要求扣分的要说明扣分原因,并逐一签认保存。对验收不合格的单位,总承包企业将根据相关规定和要求采取处罚、停工整改等措施,直至合格。

9.6.2　安全生产预案编制

安全生产领导小组负责制定本项目安全生产总体和专项预案,提前与沿线消防、公安、医院等相关单位建立联系,确保一旦有突发事件发生,立即启动预案,保证事故抢险、救灾和善后处理工作及时、有效,防止事故扩大。安全生产应急预案(总体)编制示例见附件 9-2。

9.6.3 安全生产应急演练实施

各施工分部根据所辖施工范围内安全生产实际情况,结合自身特点,细化制定所属安全生产预案,确保事故抢险、救灾工作顺利实施。

各施工分部根据管理处、总监办或总承包企业的要求,结合所辖区域的施工内容,认真编制安全事故应急演练方案并负责具体实施,事后应留存影像资料,及时总结经验,确保能有效指导安全生产事故抢险工作。

附表 9-1

安全生产费用使用清单表

填报单位(盖章):　　　　　　　　　　　　　　　　　　　　　　年　月　日

序号	费用大类	使用细目	费用(元)
1	完善、改造和维护安全防护设施支出		
2	配备、维护、保养应急救援器材、设备支出和应急演练支出		
3	开展重大危险源和事故隐患评估、监控和整改支出		
4	安全生产检查、评价、咨询和标准化建设中的安全部分支出		
5	配备和更新现场作业人员安全防护用品支出		
6	安全生产宣传、教育、培训支出		
7	安全生产适用的新技术、新标准、新工艺、新装备的推广应用支出		
8	安全设施及特种检测检验支出		
9	其他与安全生产直接相关的支出		
	安全生产费用额		
	合同中标价		
	比例		

附表 9-2

安全生产费用申报表

施工分部：　　　　　　　　　　年　　月　　　　编号：　　　—AQSB　　号

费用类别	使用细目	至本月累计审核金额（元）	下月拟申报金额（元）
完善、改造和维护安全防护设施支出	①涵洞、通道口、交叉口、"五临边"等防护、防滑设施		
小计			

施工分部安全工程师意见：	施工分部项目经理意见： （盖章）
总承包企业质量安全部意见：	总承包企业负责人意见： （盖章）
监理办安全工程师意见：	监理办负责人意见： （盖章）

本表一式三份，施工分部一份，总承包企业一份，监理办一份。（第　　页　共　　页）

附表 9-3

安全生产费用验收表

施工分部： 　　　　　　　　　年　月　　　编号：　　　—AQSB　号

费用类别	使用细目	至上月累计审核金额(元)	本月申报金额(元)	监理办审核金额(元)
完善、改造和维护安全防护设施支出	①涵洞、通道口、交叉口、"五临边"等防护、防滑设施			
小计				

施工分部安全工程师意见：	施工分部项目经理意见： （盖章）
总承包企业质量安全部意见：	总承包企业负责人意见： （盖章）
监理办安全工程师意见：	监理办负责人意见： （盖章）

本表一式三份，施工分部一份，总承包企业一份，监理办一份。（第　页　共　页）

附表 9-4

安全生产会议记录表

单位名称: 　　　　　　　　　　　　　　　　　　　　　　　　　编号:

会议名称			
会议时间		组织部门	
会议地点		主持人	
一、出席情况			
出席对象、人数:(可附会议签到表)		记录人:	
二、主要会议内容			
(此页可附页)			

附表 9-5

安全教育培训记录表

单位名称：　　　　　　　　　　　　　　　　　　　　　　　　　　编号：

培训时间		主持人		主讲人	
培训地点		主讲单位		记录人	
受教育单位			培训主题		
主要教育培训内容					
（此页可附页）					
参会人员签字： （可附会议签到表）					

附表 9-6

安全生产检查表

被检查单位：　　　　　　　　　　　　　　　　　　　　　　　　　　　　年　　月　　日

序号	内　容		要　求	分值	检查情况
1	安全管理机构设置		安全管理机构健全，并按规定配备安全管理人员	5	
2	安全生产责任制		安全生产责任制落实到人	5	
3	安全生产操作规程		制定安全操作规程并严格实施，张贴在作业现场	7	
4	安全生产检查制度		检查、整改情况有书面记录，档案齐全	10	
5	安全生产管理规划		有短期、中长期安全生产管理计划和阶段目标，计划完成情况良好	5	
6	安全生产会议		及时召开安全生产会议	5	
7	安全生产教育培训		对职工定期安全培训，特种作业人员持证上岗，安全技术交底	10	
8	应急救援预案		制订事故应急救援预案，建立应急救援队伍，并定期组织演练	5	
			对突发性事件及时、妥善处置，未产生不良影响	5	
9	生产经营场所安全状况	消防设施	消防设施齐全，消防通道、出口符合规定，并保持畅通	5	
		危险化学品	炸药、雷管等危险品、化学品堆放符合特殊行业规定要求	5	
		机电设备	车辆保养良好，无行车事故；机电设备接地、接零，其电缆敷设符合安全要求；电气设备、计算机网络等重点部位安装防雷装置	5	
		特种设备	锅炉、压力容器、压力管道等特种设备定期进行检测或检验	5	
		财务资金	财务室资金安全，施工保险及农民工工资有保障	3	
		安全防护、标识	施工场所、人员安全防护设施、安全标志、标牌配备齐全	15	
		职工食宿	防火、防盗、防食物中毒等制度完备、设施齐全	5	
总分				100	

检查组组长（签字）：　　　　　　　　　　　　　　　　　　　　　　　　　　　　填表人：
检查组成员（签字）：　　　　　　　　　　　　　　　　　　　　　　　被检查单位负责人（签字）：

附表 9-7

安全隐患整改通知书

编号：总承包企业安整字第　　号

被检查单位			
检查时间		检查人员	
隐患内容			
整改要求			
整改期限	年　月　日至　　年　月　日		
备注			

注：本回执单一式两份，施工分部、总承包企业安全管理部各一份，本表可附页，应详细填报整改措施、处理结果及对相关责任人的问责情况等。

附表 9-8

安全隐患整改通知处理结果回执

通知书编号：总承包企业安整字第　　号	
安全隐患问题：	
整改结果： 附件：整改前照片　　张，整改后照片　　张。	
整改负责人： 　　　　　年　　月　　日	整改单位负责人（签字、盖章）： 　　　　　年　　月　　日
检查人意见： 　　　　　签字：　　年　　月　　日	
质量安全部意见： 　　　　　负责人签字：　　年　　月　　日	

注：本回执单一式两份，施工分部、总承包企业安全管理部各一份，本表可附页，应详细填报整改措施、处理结果及对相关责任人的问责情况等。

附表9-9

安全罚款通知书

总承包项目部安罚( )第 号

填发单位： 填发人：

被罚款单位		检查日期	
工程名称		里程桩号	
罚款事由： 　　　　　　　　　　　　　　　　　　　　　　年　　月　　日			
罚款金额	小写：	大写：	

注：本表一式三份，总承包企业安全管理部、合同管理部、施工分部各一份。

附表 9-10

事 故 报 告 单

填报单位(盖章):　　　　　　　　　　　　　　　　　　　　　　　　　　年　月　日

事故发生单位		事故当事人	
事故类型			
事故发生时间	年　月　日　时　分		
事故地点			
人员伤亡情况及身份	死亡：　　人；重伤　　人；轻伤　　人 备注：		
财产损害情况			
初估直接经济损失(万元)			
事故简单经过			
事故初步原因			
事故发生后采取的措施			

单位负责人：　　　　　　　　　　　　　　　　　　　　　　　　　　　　　　报告人：

附表 9-11

事故统计报表

填报单位(盖章)：　　　　　　　　　　　　　　　　　　　　　　年　月　日

序号	名　称	事故类别	实际发生数	备　注
1	特大恶性安全事故			
	其中:责任事故			
	本单位死亡、重伤、轻伤人数			
	直接经济损失			
2	特大安全事故			
	其中:责任事故			
	本单位死亡、重伤、轻伤人数			
	直接经济损失			
3	重大安全事故			
	其中:责任事故			
	本单位死亡、重伤、轻伤人数			
	直接经济损失			
4	伤亡事故			
	其中:责任事故			
	本单位死亡、重伤、轻伤人数			
	直接经济损失			
5	一般事故			
	其中:责任事故			
	本单位重伤、轻伤人数			
	直接经济损失			
6	存在事故隐患(起)			
7	已整改事故隐患(起)			
	其中:发生整改费用			
8	未整改事故隐患(起)			

单位负责人：　　　　　　　　　　填表人：　　　　　　　　　　填报日期：

附表 9-12

安全生产一票否决书

编号:总承包项目部安决字第　　号

事故单位		责任人	
事故时间		事故级别	
否决原因			
被否决单位或个人			
被否决事项			
依据			
否决期限	年　　月　　日至　　年　　月　　日		
备注			

附表 9-13

安全巡查违章操作处罚项目一览表

编号	处罚项目	单位	处罚标准(元)
001	进入施工现场未按规定穿戴安全帽、反光背心	人·次	100
002	开挖基坑四周未做有效安全防护,未悬挂警示标志	点·次	1000
003	高空作业人员未佩戴安全防护用品或者安全带无牢靠悬挂点	人·次	1000
004	专职安全员、特种操作人员未持证上岗	人·次	1000
005	项目驻地、施工现场未按规定储备、采取防火、防汛、塌方、涌水等安全装备或措施	次	1000
006	机械、设备临时停放在道路上,前后未按规范要求摆放交通安全设施	点·次	1000
007	拉运超长、超宽物体未悬挂安全警示标识	次	5000
008	施工现场道路及出入口未按规范要求摆放安全设施	点·次	2000
009	临边防护不到位,未摆放安全设施或者悬挂安全警示标识	处·次	2000
010	现场施工车辆、机械出入口无专人指挥交通	处·次	2000
011	起重、吊装等特种设备未经过检验或者验收合格投入使用	台	5000
012	配电箱开关箱违反"一机、一闸、一漏、一箱",电闸箱无门、无锁、无防雨措施,电线老化、破皮未包扎	处·次	1000
013	临时用电未采用TN-S接地接零保护系统,不符合"三级配电、两级保护"要求,保护零线和工作零线混接	次	1000
014	钢筋机械冷拉作业及焊接作业区无防护措施	处·次	1000
015	预应力张拉作业未按规定采取安全防护措施,千斤顶的对面及后面站人	处·次	1000
016	外漏传动部分无安全防护罩,露头设备无防雨措施	处·次	1000
017	作业平台脚手板未铺满或存在翘头板,无专设通道或爬梯,脚手架外侧未设置密目式安全网	处·次	1000
018	高空施工时存在立体交叉作业	处·次	1000
019	人工挖孔桩孔壁未进行防护,未设置高出地面围栏,桩孔边沿堆物	处·次	2000
020	墩柱、盖梁施工过程中未按规定设置施工爬梯	处·次	1000
021	高墩施工中施工爬梯、防护围栏设置不符合规定	处·次	1000
022	起重、吊装设备在道路现场操作时,两侧无安全警示标志及人员指挥交通	处·次	1000
023	隧道施工洞口未按规定记录当日进、出洞人员	处·次	500
024	危险化学品无详细购入、使用记录	处·次	5000

续上表

编号	处罚项目	单　位	处罚标准(元)
025	单头掘进超过150m隧道未设置临时通风设施或设施未起作用	处·次	30000
026	隧道开挖过程中未设置直径大于80cm的有效逃生、救援通道	处·次	20000
027	隧道仰拱、二衬距掌子面的安全步距不符合规范要求	处·次	5000
028	安全资料归档、记录不全、不及时	处·次	500

注:本表未尽处罚项目,总承包企业有权修订。

附件 9-1

安全生产费用使用管理细则

第一章 总 则

第一条 为加强工程安全生产费用支付与使用管理,建立安全生产投入长效机制,改善施工作业条件,减少施工伤亡事故发生,切实保障施工人员人身安全,根据《建设工程安全生产管理条例》《公路水运工程安全生产监督管理办法》(交通部2007年第1号令)等法律法规和太凤高速公路管理处相关规定,制定本细则。

第二条 安全生产费用是指施工单位按照国家有关规定和建筑施工安全标准,购置施工安全防护用具,落实安全施工措施,改善安全生产条件,加强安全生产管理应急预案演练等所需的所有费用,以及因业主及监理工程师为保证工程安全生产要求整改的措施而产生的所有相关费用。

第三条 本项目安全生产费用为各施工分部与投标文件工程量清单第100章单列的安全生产费用,是确保安全生产拟投入的最低费用。施工单位应根据工程实际,必要时适当增加安全生产费用的投入,保证工程施工安全。

各施工分部须建立健全内部安全生产费用管理制度,明确安全费用使用、管理的程序、职责及权限,严禁挪作他用。

第二章 安全生产专项费用的使用范围

第四条 根据《中华人民共和国安全生产法》等有关法律法规和交通运输部《公路水运工程安全生产监督管理办法》,财政部、国家安全生产监督管理总局《企业安全生产费用提取和使用管理办法》(财企〔2012〕16号)的规定,结合公路水运工程特点,安全生产专项费用使用范围如表2-1所示,各类安全生产专项费用清单如表2-2所示。

安全生产专项费用使用范围　　　　　　表2-1

序号	类 别	内 容
1	设置、完善、改造费用和维护安全防护设施设备支出	指为保障工程安全生产而设置的相关安全防护设施、设备,以及对其进行技术、性能、质量等方面的完善、改造和维护等所发生的相关费用。 设置费用主要指直接用于项目安全生产的相关设施设备购置、制作、安装等费用。 完善费用主要指因正常损耗或因工程变更导致的安全防护设施设备的补充购置、制作、安装等费用。 改造费用主要指为增加安全防护设施设备的安全系数,增强施工安全,对现有安全防护设施设备进行的设计、试验与制作加工等费用。 维护费用主要指对现有安全防护设施设备的日常保养费用

续上表

序号	类别	内容
2	配备、维护、保养应急救援器材、设备支出和应急演练支出	指施工单位应急救援器材、设备的购置、使用、维护、更新以及按照合同约定所组织的应急演练等所发生的相关费用。 应急救援指在应急响应过程中,为消除、减少事故危害,防止事故扩大或恶化,最大限度降低事故造成的损失或危害而采取的救援措施或行动。 应急救援器材、设备指在应急救援过程中需要使用的消防、急救等常用小型器材与设备,不含消防车、救生船等由社会专业救援机构配备的大型救援设备或非常用器材。 应急演练指由建设单位或施工单位依据应急预案,模拟应对突发事件组织的应急救援活动
3	重大风险源和安全事故隐患评估、监控和整改支出	指针对重大风险源和事故隐患进行评估、监控和整改所发生的相关费用。 重大风险源指风险影响因素比较复杂,事故发生可能性较大或事故严重程度较高,必须从结构、环境、施工工艺、安全管理等多个角度进行控制和防范的风险源。根据风险源的性质、场所、设备、设施等的不同,结合公路水运工程实际情况,对重大风险源进行识别。重大风险源应重点关注以下几类:易燃、易爆物质的储存区;具有爆炸危险的生产场所;危险性较大的分部分项工程;重大事故隐患。 安全事故隐患,是指生产经营单位违反安全生产法律、法规、规章、标准、规程和安全生产管理制度的规定,或者因其他因素在生产经营活动中存在可能导致事故发生的物的危险状态、人的不安全行为和管理上的缺陷。安全事故隐患分为一般事故隐患和重大事故隐患
4	安全生产检查、评价、咨询和标准化建设支出	指安全生产检查、评价、咨询和标准化建设过程中所发生的相关费用。 安全生产检查指施工单位日常安全生产工作检查以及聘请专业安全机构或专家对项目安全生产情况进行的检查;安全生产评价指施工单位聘请专业安全机构或专家对项目进行的施工安全风险评估,或对其安全方案、安全工作情况进行评价,并出具相应评价报告;安全生产咨询指就安全生产工作中存在的问题向相关专业安全机构、咨询单位或专家进行咨询,由其给出咨询意见;安全生产标准化建设指施工单位按照有关规定或合同约定进行的安全生产方面的标准化建设
5	配备和更新现场作业人员安全防护用品支出	指为保障现场施工人员人身安全和身体健康而配备的、供现场施工人员使用的防护必需品所发生的相关费用
6	安全生产宣传、教育、培训支出	指施工单位在施工现场对安全生产进行宣传,对施工人员进行安全知识教育、安全技术交底、安全操作规程培训等所发生的相关费用
7	安全生产试用的新技术、新标准、新工艺、新设备的推广应用支出	指施工单位配合相关科研机构,对其安全生产方面的新技术、新标准、新工艺、新装备等研究成果进行试用所发生的相关费用
8	安全设施及特种设备检测检验支出	指施工单位邀请法定检测检验机构对相关安全设施及特种设备进行安全性检测检验所发生的相关费用
9	其他安全生产费用支出	指不在以上范围内,由施工单位根据项目实际情况,在投标书中列支的相关安全生产费用

各类安全生产专项费用清单 表2-2

序号	类别	内容
1	设置、完善、改造费用和维护安全防护设施设备支出	①施工现场安全防护费。安全防护设施包括：临边、临口、临水等危险部位防坠、防滑、防溺水等设施；防止物体、人员坠落而设的安全网、栅；其他与工程有关的交叉作业防护、防火、防爆、防尘、防毒、防雷、防风、防汛、防台、防地质灾害、有害气体监测、通风、临时安全防护等。 ②警示、照明等灯具费。警示、照明等灯具包括：施工车辆、船舶、机械、构造物的警示灯、危险报警闪光灯、施工区域内夜间警示灯、照明灯等灯具。 ③警示标志、标牌费。警示标志、标牌包括：各类警告、提醒、指示等。 ④安全用电防护费。安全用电防护设施包括：各种用电专用开关、室外使用的开关、防水电箱、高压安全用具、漏电保护等设施。 ⑤施工现场围护费。施工现场围护设施包括：改扩建工程施工围挡；施工现场高压电塔、杆围护；施工现场光缆围护等。对施工围挡有特殊要求路段的围挡费用不在此列。 ⑥其他安全防护设备与设施费。应计入安全生产费用的其他安全防护设备与设施的完善、改造和维护等费用
2	配备、维护、保养应急救援器材、设备支出和应急演练支出	①应急救援器材与设备的配备(或租赁)、维护、保养费。这些器材及设备包括灭火器、消防斧等小型消防器材，急救箱、急救药品，救生衣、救生圈、应急灯具，救援梯、救援绳等小型救生器材与设备。特殊季节或特殊环境下拖轮调遣拖运、警戒船只的租赁费用。救生船、消防车、救护车等大型专业救援设备所发生的相关费用不在此列。 ②应急演练费。由建设单位或施工单位依据应急预案，模拟应对突发事件组织的应急救援活动中，应由施工单位分担或由施工单位自行负责的部分或全部费用
3	重大风险源和安全事故隐患评估、监控和整改支出	①重大风险源和事故隐患评估费。由建设单位、相关行政主管部门组织的，或者施工单位委托专业安全评估单位对项目重大风险源、重大事故隐患进行评估所发生的相关费用。 ②重大风险源监控费。对项目重大风险源进行日常监控所发生的相关费用。施工监控不在此列。 ③重大事故隐患整改费。根据建设单位、相关行政主管部门或者专业安全评估单位出具的评估报告，对重大事故隐患进行整改所发生的相关费用
4	安全生产检查、评价、咨询和标准化建设支出	①日常安全检查费。施工单位专职安全员日常安全巡视所发生的车辆与相关器材使用费，车辆与器材的购置费用不在此列。 ②专项安全检查费。施工单位聘请专业安全机构或专家对项目安全生产过程中的特殊部位、特殊工艺、特别设备的施工安全检查所支付的相关费用。 ③安全生产评价费。施工单位聘请专业安全机构或专家对项目专项施工方案、风险评估进行讨论、论证、评估、评价所支付的相关费用，不包括新建、改建、扩建项目安全评价。 ④安全生产咨询、风险预估费。施工单位就安全生产工作中存在的问题向相关专业安全机构、咨询单位或专家进行咨询所支付的相关费用。按规定开展施工安全风险评估管理费用。 ⑤安全生产标准化建设费。施工单位按照有关规定或者合同约定开展安全生产方面的标准化建设费用

续上表

序号	类别	内容
5	配备和更新现场作业人员安全防护用品支出	①安全防护物品配备费。施工单位根据有关规定在日常施工中必须配备的安全帽、安全绳(带)、手套、雨鞋、工作服、口罩、防毒面具、防护药膏等安全防护物品的购置费用。 ②安全防护物品更新费。施工单位对安全防护物品的正常损耗进行必要补充所产生的费用
6	安全生产宣传、教育、培训支出	①安全生产宣传费。包括制作安全宣传标语、条幅、图片、视频等宣传资料所发生的费用。 ②安全生产教育培训费。包括施工单位对施工人员进行安全技术交底、安全操作规程培训、安全知识教育等支出的课时费,安全报纸、杂志订阅或购置费,安全知识竞赛、技能竞赛、安全专题会议等活动费用,安全经验交流、现场观摩等费用
7	安全生产试用的新技术、新标准、新工艺、新设备的推广应用支出	增设隧道门禁系统、隧道内风险控制监控系统、桥梁作业面远程监控系统等所发生的相关费用
8	安全设施及特种设备检测检验支出	①安全设施检测检验费。施工单位对拟投入本项目的安全设施送交或邀请具有相关资质的检测检验机构进行检测检验,并出具相关报告所发生的费用。 ②特种设备检测检验费。施工单位根据有关规定对拟投入本项目的特种设备邀请具有相关资质的检测检验机构进行检测检验,并出具相关报告所发生的费用
9	其他安全生产费用支出	①办公用品费。专职安全员办公用计算机、照相器材等办公必需的设施配备费用。 ②雇工费。保障施工安全,对施工现场进出口部位进行交通管制而雇用交通协管人员进行看护所支出的人工费用。 ③其他费用。招投标时不可预见的,在施工过程中经建设单位与监理单位认可,可在安全生产费中列举的其他与安全生产直接相关的费用

第五条 在本办法规定的使用范围内,施工单位应当将安全费用优先用于满足安全生产监督管理部门对安全生产提出的整改措施或达到安全生产标准所需支出。

第六条 利用安全生产费用形成的资产,应当纳入相关资产进行管理。

第七条 为从事高空、高压、易燃、易爆、剧毒等高危作业的人员办理的团体人身意外伤害保险或个人意外伤害保险,所需保险费用直接列入成本(费用),不在安全费用中列支。为职工提供的职业病防治、工伤保险、医疗保险所需费用,不在安全费用中列支。

第八条 安全生产专项费用实行专户核算,施工单位应当按规定范围安排使用,不得挪用或挤占。

第九条 各施工单位应依据现行的标准规范定期对工程项目施工现场安全生产情况进行检查评价。对于评价结果不合格的,应立即整改。

第十条 总承包企业和上级单位对施工单位在施工现场落实安全生产费用情况进行监督。发现施工现场存在安全隐患,而施工单位未采取有效措施及时清除隐患的,总承包企业和上级单位有权要求其改正,施工单位拒不改正的,可责令其暂停施工,并及时向业主报告,施工单位采取必要措施彻底消除隐患后,方可允许其继续施工。

第三章 安全生产专项费用的计量支付

第十一条 安全生产专项费用的计量与支付应按照施工单位申报、监理单位审查核实、建设单位审批支付的程序实施。

第十二条 安全生产专项费用的计量与支付应以现场计量为主,现场计量与总额包干相结合的方式进行,原则上以当月计价施工产值为计提依据。

第十三条 各施工分部须按安全生产费用使用范围和清单要求(表2-1和表2-2)编制安全生产费用使用计划(附表1)。各施工分部安全工程师应在每月末编报下月安全生产费用使用计划(附表2)和当月实际投入的安全生产费用使用情况(应附相关支付凭证),填写"安全生产费用验收表"(附表3),经施工分部项目负责人签字盖章后报送总承包企业质量安全部审核。总承包企业负责人对各分部上报的安全生产费用使用计划签字盖章后,由总承包企业负责报监理办核备。

第十四条 各施工分部未按要求上报安全费用使用计划或使用情况的,总承包企业有权不予支付该月工程款。

第十五条 工程发生重大设计变更,合同总金额发生较大变化的,应按合同中安全生产专项费用变更的相关约定处理。若合同无相关约定的,由各施工分部与总承包企业协商解决。

第十六条 安全生产专项费用应做到专款专用,按照"投入多少支付多少"的原则实施。当施工单位实际投入少于投标时安全生产专项费用报价时,经监理单位核实,余额部分应不予支付。

第四章 安全生产费用的监督管理

第十七条 业主、监理单位和总承包企业有权对工程安全费用的使用、管理情况进行日常监督检查。

第十八条 安全生产费用列支须专项记账,不得挪作他用,否则处以挪用费用20%~50%的罚款。

第十九条 安全工程师须认真核对施工单位提供的用于安全生产投入的发票和实物等,对施工单位提供虚假发票和预付凭证的,处以1万元以上3万元以下的处罚。

第二十条 安全生产费用的会计处理,应当符合国家统一的会计制度的规定。

第二十一条 用于安全生产的物资设施,要建立入库、出库台账,做到账物相符,入库、出库、使用记录台账一一对应,保证安全生产物资、设施真正用于安全生产,确保工程安全施工。

第五章 附　　则

第二十二条 本管理细则适用于设计施工总承包项目。

第二十三条 本管理细则由设计施工总承包项目经理部负责解释和修订,自发布之日起实施。

附表1:安全生产费用使用清单表
附表2:安全生产费用申报表
附表3:安全生产费用验收表

附表1：

安全生产费用使用清单表

填报单位(盖章)：　　　　　　　　　　　　　　　　　　　年　　月　　日

序号	费用大类	使用细目	费用(元)
1	完善、改造和维护安全防护设施支出		
2	配备、维护、保养应急救援器材、设备支出和应急演练支出		
3	开展重大危险源和事故隐患评估、监控和整改支出		
4	安全生产检查、评价、咨询和标准化建设中的安全部分支出		
5	配备和更新现场作业人员安全防护用品支出		
6	安全生产宣传、教育、培训支出		
7	安全生产适用的新技术、新标准、新工艺、新装备的推广应用支出		
8	安全设施及特种检测检验支出		
9	其他与安全生产直接相关的支出		
	安全生产费用额		
	合同中标价		
	比例		

附表2：

安全生产费用申报表

施工分部：　　　　　　　　　　年　月　　　　编号：TF　　—AQSB　　号

费用类别	使用细目	至本月累计审核金额（元）	下月拟申报金额（元）
完善、改造和维护安全防护设施支出	①涵洞、通道口、交叉口、"五临边"等防护、防滑设施		
小计			

施工分部安全工程师意见：	施工分部项目经理意见：
	（盖章）
总承包企业安全管理部意见：	总承包企业负责人意见：
	（盖章）
监理办安全工程师意见：	监理办负责人意见：
	（盖章）

本表一式三份，施工分部一份，总承包企业一份，监理办一份。（第　　页　共　　页）

附表3：

安全生产费用验收表

施工分部：　　　　　　　　　　年　月　　编号:TF　　—AQSB　　号

费用类别	使用细目	至上月累计审核金额(元)	本月申报金额（元）	监理办审核金额（元）
完善、改造和维护安全防护设施支出	①涵洞、通道口、交叉口、"五临边"等防护、防滑设施			
	小计			

施工分部安全工程师意见：	施工分部项目经理意见：
	（盖章）
总承包企业安全管理部意见：	总承包企业负责人意见：
	（盖章）
监理办安全工程师意见：	监理办负责人意见：
	（盖章）

本表一式三份,施工分部一份,总承包企业一份,监理办一份。（第　　页　共　　页）

附件9-2

安全生产应急预案(总体)

为了对××项目的各种安全事故能够及时有效地实施应急救援,最大限度地减少人员伤亡、财产损失和环境影响,加强对施工生产安全事故的防范,根据《中华人民共和国安全生产法》《建设工程安全生产管理条例》等法律法规和太凤高速公路管理处的有关文件要求,结合项目实际情况,特制订本预案。

1 安全生产事故应急救援工作原则

保证各种应急反应资源处于良好的备战状态;指导应急反应行动按计划有序地进行,防止因应急反应行动组织不力或现场救援工作的无序和混乱而延误事故的应急救援;有效避免或降低人员伤亡和财产损失;帮助实现应急反应行动的快速、有序、高效;充分体现应急救援的"应急精神"。

2 危险源和危险性分析

2.1 危险源分析

本工程主要涉及路基、桥梁、隧道、路面、房建、绿化、机电等工程,主要存在的工作环境有高空、地面、地下、临水等,所以在项目建设过程中主要存在发生高空作业坠落事故、火灾事故、水毁事故、物体打击事故、触电事故、机械伤害事故、土体塌方、爆炸事故等,由于交通保畅设施不全或不当引起的交通安全事故等生产安全事故的可能性。

2.2 重大危险源

(一)爆破作业中所使用的爆炸药品;

(二)桥梁施工时梁板的运输、安装及高墩、大跨桥梁施工等;

(三)临时变电站(野外施工时所建变电站)。

2.3 重大危险源风险分析

(一)爆破作业的危险性:隧道掘进或石质边坡开挖过程中爆破使用的炸药一般为烈性工业炸药,当爆破作业准备不充分、爆炸物品管理不严、爆破过程不遵守操作规程、管理人员疏忽大意致使静电、明火或其他着火源引爆炸药时,都会造成群死群伤事故;隧道掘进过程中由于隧道围岩稳定性差、支护不及时或支护措施不够等,均有可能造成隧道围岩土体塌方和涌水,造成严重的安全事故。

(二)桥梁施工的危险性:桥梁工程施工工序复杂,存在的危险源较多,主要包括桩基挖孔异物掉落伤人、高空坠落、箱梁的吊装、高空作业、施工用电、模板的拆装、水位急剧上升等,如果措施不到位,检查不到位,整改不到位,就有可能发生严重的人身伤害和财产损失事故。

(三)变电站的危险性:变电站主要存在火灾的危险性,当遇到高温、超负荷等状况时,可能引起火灾事故,造成财产损失和人员伤亡。

(四)交通保畅设施不全或不当的危险性:在交通分流、合流的敏感位置、行车道压缩较严重的路段、施工车辆与社会车辆交叉行驶路段等都存在一定的安全隐患,有可能会引起交通安全事故,造成财产损失和人员伤亡。

3 安全生产事故应急救援组织机构

总承包项目经理部成立安全生产事故应急救援反应小组,人员组成如下:

组长:项目负责人;

副组长:项目总工。

下分为:现场抢救组、危险评估组、技术处理组、事故调查组、后勤保卫组。

各施工分部应成立相应的安全应急救援反应小组,负责本区域内的应急救援工作,其人员、机构组成、岗位职责等须报总承包企业备案。

4 应急救援组织机构的职责、分工

4.1 应急预案组长的职能及职责

(1)全面负责安全应急救援工作;

(2)如遇紧急状态,确定相应报警级别,评估相关危险类型、潜在后果、确定紧急情况的行动类型;

(3)通报外部机构,决定请求外部援助;

(4)决定应急撤离,决定事故现场外影响区域的安全性。

4.2 应急预案副组长的职能及职责

(1)协助组长组织和指挥应急操作任务;

(2)向组长提出采取减缓事故后果行动的应急反应对策和建议;

(3)保持与事故现场的直接联络;

(4)协调、组织和获取应急所需的其他资源、设备,以支援现场的应急操作;

(5)组织项目经理部的相关技术和管理人员对施工场区生产过程各危险源进行风险评估;

(6)定期检查各应急反应组织和部门的日常工作和应急反应准备状态;

(7)根据各施工场区的实际条件,努力与周边有条件的企业为在事故应急处理中共享资源、相互帮助建立共同应急救援网络和制定应急救援协议。

4.3 现场抢救组的职能及职责

(1)抢救现场伤员;

(2)抢救现场物资;

(3)组建现场消防队;

(4)保证现场救援通道的畅通。

4.4 危险评估组的职能及职责

(1)对施工现场以及生产过程的危险源进行科学的风险评估;

(2)指导操作层安全措施落实和监控工作,减少和避免危险源的事故发生;

(3)完善危险源的风险评估资料信息,为应急反应的评估提供科学的、合理的、准确的依据;

(4)落实周边应急反应共享资源及应急反应最快捷有效的社会公共资源的报警联络方式,为应急反应提供及时的支援措施;

(5)确定各种可能发生事故的应急反应现场指挥中心位置,以使应急反应及时启用;

(6)科学合理地制订应急反应物资、器材、人力计划。

4.5 技术处理组的职能及职责

(1)根据项目经理部的施工生产内容及特点,制订其可能出现而必须运用工程技术解决的应急反应方案,整理归档,为事故现场提供有效的工程技术服务做好技术储备;

(2)应急预案启动后,根据事故现场的特点,及时向应急小组组长提供科学的工程技术方案和技术支持,有效指导应急反应行动中的工程技术工作。

4.6 保卫疏导组的职能及职责

(1)对场区内外进行有效隔离,维护现场应急救援通道畅通;

(2)疏散场区内外人员撤出危险地带。

4.7 善后工作组的职能及职责

(1)做好伤亡人员及家属的稳定工作,确保事故发生后伤亡人员及家属思想能够稳定,大灾之后不发生大乱;

(2)做好受伤人员医疗救护的跟踪工作,协调处理医疗救护单位的相关矛盾;

(3)与保险部门一起做好伤亡人员及财产损失的理赔工作;

(4)慰问有关伤员及家属。

4.8 事故调查组的职能及职责

(1)保护事故现场;

(2)对现场的有关实物资料进行取样封存;

(3)调查了解事故发生的主要原因及相关人员的责任;

(4)按"四不放过"的原则对相关人员进行处罚、教育、总结。

4.9 后勤供应组的职能及职责

(1)协助制订施工项目应急反应物资资源的储备计划,按已制订的项目施工生产现场的应急反应物资储备计划,检查、监督、落实应急反应物资的储备;

(2)定期检查、监督、落实应急反应物资资源管理人员的到位和变更情况;

(3)定期收集和整理项目经理部施工现场的应急反应物资资源信息,建立档案并归档,为应急反应行动的启动做好物资资源数据储备;

(4)应急预案启动后,按应急小组组长的部署,有效组织应急反应物资资源到施工现场,并及时对事故现场进行增援,同时提供后勤服务。

5 现场应急处置预案

5.1 火灾事故现场应急处置预案

立即将起火源隔离,比较轻微的火灾,应立即组织工人进行扑救,若灾情有所扩大,应拨打当地火警电话119;迅速利用灭火器材及时灭火,有关车辆停在现场待命。对油库周围的人员和有关设施进行疏散和转移,对火灾点以外的油品进行转移和冷却;切断现场电气设施电源,拨打当地120急救电话,对伤者进行抢救,并做好火灾现场保护工作。

5.2 水毁事故现场应急处置预案

进入汛期后,要求广大参建人员特别是应急小组的成员要经常收听收看天气预报,密切关注新闻媒体有关汛情、雨情消息,时刻警觉暴雨紧急警报。要有充分的思想准备,增强防范和应对能力。特大暴雨前要及时将施工现场物资、设备搬运至安全地带,现场施工人员提前放假。

重大汛情、雨情发生后,领导小组立即召开汛情、雨情分析会,根据上级要求和现场实际情况部署防御工作,增加工作人员,紧密协商抢险措施,适时增派人员协助抢险。

5.3 触电事故现场应急处置预案

事故发生后,由第一发现人迅速报告负责人或由其直接实施初期救援,并立即拨打120急救电话或与当地医院联系;对于低压触电事故,应立即切断电源或用有绝缘性能的木质棍棒挑开以隔绝电流;对于高压触电,应立即通知有关部门停电,不能及时停电的,也可抛掷裸金属线,使线路短路接地,迫使保护装置断开电源;当触电者脱离电源后,应根据触电者的具体情况,迅速对症救护。救护方法采用人工呼吸法和胸外心脏挤压法实施初期救治,并采取正确的搬运方法。

5.4 机械、设备等事故现场应急处置预案

事故发生后,由第一发现人迅速报告负责人或由其直接实施初期救援,并立即拨打120急

救电话或与当地医院联系;施工单位应预备一定数量的担架和消炎止血医疗器具、药材,并确保有部分人员懂得医疗护理工作,防止由于后期影响而造成伤亡事故。

5.5 坍塌事故现场应急处置预案

事故发生后,由第一发现人迅速报告上级领导并通知当地医院;发生事故的单位要立即调配人员和设备,组织开展救援工作;在医务救护人员未到达现场之前,现场发现人员要核实伤亡人员数量,并做好现场保卫工作,防止无关人员进入破坏事故现场和发生二次事故。施工单位应预备一定数量的型钢、钢管、木支撑等有利于开展救援的物资。

5.6 高空坠落事故现场应急处置预案

事故发生后,由第一发现人立即向负责人报告并通知当地医院。负责人接到报告后,立即到达事故现场,视现场情况及时启动事故应急救援预案。在医务救护人员未到达现场之前,现场发现人员要尽快检查伤员有无呼吸、神志是否清楚,若心跳呼吸停止应立即实施人工呼吸;如有出血等情况,立即止血包扎,然后尽快把伤员搬运到安全地带等待医务人员救治。搬运时要有多人同时搬运,禁止一人抬腿,另一人抬腋下的搬运方法,尽可能使用担架、门板,防止受伤人员加重伤情。

5.7 由于施工引起的交通事故现场应急处置预案

事故发生后,由第一发现人迅速报告负责人,保护好现场,立即拨打120急救电话或与当地医院联系,并及时通知交警部门。施工单位应预备一定数量的担架和一定的消炎止血医疗器具、药材和交通管制设施,防止发生二次事故的发生,造成人员伤亡。

5.8 雷击事故现场应急处置预案

如发生雷击事故,应立即切断所有计算机、网络交换机、打印机等电子设备的电源和网线,避免雷击损失,同时保证有线通信设备的畅通,避免使用手机。同时通知有关人员雷雨天不在空旷地带、大树下、高大建筑物下和高处停留。如发现出现人身伤害,应立即对伤者进行人工呼吸救助,并同时拨打120急救电话求援。

5.9 中毒事故现场应急处置预案

(1)食物中毒现场急救措施

一旦有人出现上吐、下泻、腹痛等食物中毒症状,首先应立即停止食用可疑食物,同时,立即拨打急救中心120。在急救车未到达之前,可以采取以下自救措施:

催吐。对中毒不久而无明显呕吐者,可先用手指、筷子等刺激其舌根部的方法催吐,或让中毒者大量饮用温开水并反复自行催吐,以减少毒素的吸收。如经大量温水催吐后,呕吐物为较澄清液体时,可适量饮用牛奶以保护胃黏膜。如在呕吐物中发现血性液体,则提示可能出现了消化道或咽部出血,应暂时停止催吐。

导泻。如果病人吃下去的中毒食物时间较长(如超过2小时),而且精神较好,可采用服用泻药的方式,促使有毒食物排出体外。用大黄、番泻叶煎服或用开水冲服,都能达到导泻的目的。

保留食物样本。由于确定中毒物质对治疗来说至关重要,因此,在发生食物中毒后,要保存导致中毒的食物样本,以提供给医院进行检测。如果身边没有食物样本,也可保留患者的呕吐物和排泄物,以方便医生确诊和救治。

这种紧急处理只是为治疗急性食物中毒争取时间,在紧急处理后,患者应该马上送往医院进行治疗。

(2)煤气中毒现场急救措施

发生人员煤气中毒事故后由第一发现人迅速报告负责人,并立即拨打120急救电话或与当地医院联系。在急救车未到达之前,首先要打开门窗将病人从房中搬出,搬到空气新鲜、流通的地方。然后检查病人的呼吸道是否畅通,发现鼻、口中有呕吐物、分泌物应立即清除,使病人自主呼吸。对呼吸浅表者或呼吸停止者,要立即进行口对口呼吸,方法是:

让病人仰卧,解开衣领和紧身衣服,一手紧捏病人的鼻孔,另一手托起病人下颌使其头部充分后仰,并用手翻开病人嘴唇,吸足一口气,对准病人嘴部大口吹气,吹气停止后,立即放松捏鼻的手,让气体从病人的肺部排出,反复进行。频率成人每分钟14~16次,直到病人出现自主呼吸或明显的死亡征象为止。

给病人盖上大衣或毛毯、棉被,防止受寒发生感冒、肺炎。可用手掌按摩病人躯体,在脚和下肢放置热水袋,促进吸入的毒物尽快排出。

对昏迷不醒者,可以手指尖用力掐人中(鼻唇沟上1/3与下2/3交界处)等穴位;对意识清楚的病人,可让其饮服浓茶水或热咖啡。

6 应急救援的培训与演练

6.1 培训

应急预案确立后,按计划组织全体人员进行有效的培训,从而具备完成其应急任务所需的知识和技能。

每年至少进行一次培训,主要培训以下内容:

(1)灭火器的使用以及灭火步骤的训练;

(2)施工安全防护、作业区内安全警示设置、个人防护措施、施工用电常识、在建工程的交通安全、大型机械的安全使用;

(3)对危险源的突显特性辨识;

(4)事故报警;

(5)紧急情况下人员的安全疏散;

(6)现场抢救的基本知识。

6.2 演练

应急预案和应急计划确立后,经过有效的培训,项目经理部人员每年演练一次。施工操作层在项目开工后演练一次,根据工程工期长短不定期举行演练,施工作业人员变动较大时增加演练次数。每次演练结束,及时作出总结,对存有一定差距的救援科目在日后的工作中加以改进。

7 安全应急救援设施物资的储备

(1)总承包项目经理部配备 2 部越野车为应急救援专用指挥车辆,车辆机械性能保持良好状态,燃油等随时备用,驾驶员坚守岗位,保证随时快速进入工作状态。
(2)各施工分部库房应有消防器材的储备,并应有计划地培训使用人员。
(3)各施工分部抗洪抢险的物资足量储备,包括麻袋、编织袋、草袋、砂、石、土等。
(4)各施工分部应储备一定数量的抢救伤员设施,包括担架、医用包扎用品等。
(5)施工方案必须考虑应急救援通道、应急救援实施的要求。
(6)各施工分部应储备一定数量的搭建临时救援设施所需的物资,如各种支撑、缆风绳、地锚、导链等。

8 事故报告指定机构人员、联系电话

总承包项目经理部下设的综合办公室是事故报告的指定机构,联系人:×××,电话:×××,通信保持 24 小时畅通。综合办公室接到报告后及时向应急小组组长报告,组长根据有关法规及时、如实地向负责安全生产监督管理的部门、建设行政主管部门或其他有关部门报告;特种设备发生事故的,还应当同时向特种设备安全监督管理部门报告。

9 应急救援预案的启动、终止和总结

启动:当事故的评估预测达到启动应急救援预案条件时,由应急救援反应小组组长启动应急反应预案令。

终止:对事故现场实施应急救援预案后,引起事故的危险源得到有效控制、消除;应急救援行动已完全转化为社会公共救援;由应急救援反应小组组长下达应急终止令。

应急救援预案终止后,应采取有效措施防止事故扩大,保护事故现场和物证,经有关部门认可后方可恢复生产。

总结:应急事故发生后对应急救援预案实施的全过程,认真科学地作出总结,完善应急救援预案中的缺陷,为今后预案建立、制订、修改提供经验和完善的依据。

10　事故预防及整改

为防止类似事故的重复发生,应急工作完成后,应急救援事故调查组要认真、实事求是地进行事故调查,科学总结并以书面形式上报应急救援反应小组组长和有关管理部门。同时应及时制定出预防发生类似事故的具体措施,总承包企业质安部要定期组织检查,将措施落实到人,整改到位。

第10章 项目进度管理

"中国速度"响彻全球,已经成为我国工程建设企业引以为豪的名片。工程进度控制是项目管理的重要目标,在规定的工期内完成工程项目并使之发挥功能价值以符合工程建设各方的根本利益。和传统的工程项目比较,总承包项目设计、施工进程存在不同程度的交叉,平行推进,因此总承包项目的工期往往更短,经济效益可观,但对总承包项目进度控制有更高要求。

总承包企业在设计阶段就要明确项目内容,仔细计算工程量,招投标阶段应该联合设计单位和施工单位仔细研究项目特点,分解工程项目,划分施工部位,制订总体施工进度计划;施工阶段要不断地修正进度计划,调整实际进度和计划进度的差异。为此,总承包项目经理部应建立项目进度管理体系,按合理交叉、相互协调、资源优化、均衡施工的原则,对项目进度进行控制管理。项目进度管理应按项目工作分解结构逐级管理。

随着信息技术的发展,BIM(建筑信息模型)技术和大数据技术能够快速分解项目结构,准确统计工程量,快速绘制网络计划图表,及时分析进度差异,动态调整资源配置,合理控制工程进度。

10.1 项目进度计划编制与审批

10.1.1 总体计划编制与审批

10.1.1.1 编制原则

施工总体计划编制要满足对施工过程的指导和控制作用,在一定的资源条件下实现工程项目的技术经济效益。在编制过程中应充分考虑并遵守下列原则:

(1)根据实际情况审核施工方案和施工工艺。
(2)严格遵守国家法律法规,以及合同约定的工程交竣工及交付使用期限。
(3)采用现代项目管理技术、方法,组织有节奏、均衡、动态、连续的施工。

(4)充分利用施工机械和设备,提高施工机械化、自动化程度,改善劳动条件,提高生产效率。

(5)要注意根据地区条件和材料、构件条件,通过技术经济比较,适当地选择专项技术方案,努力提高施工作业的工业化程度。

(6)尽可能利用永久性设施和组装式施工设施,科学地规划施工总平面,努力减少施工临时设施建造量和用地。

(7)优化现场物资储存量,确定物资存储方式,尽量减少库存量和物资损耗。

(8)根据季节气候变化,科学安排施工,保证施工质量和进度的均衡性和连续性。

(9)优先考虑施工安全、职业健康和环境保护要求。

10.1.1.2 编制依据

施工总体计划主要根据下列文件、图纸、工程法规、现行标准等资料编制而成:

(1)工程总承包合同文件及项目实施方案;

(2)工程施工图设计文件及标准图集;

(3)工程地质勘察报告、地形图和工程测量控制;

(4)气象、水文资料及地区人文状况调查资料;

(5)工程建设法律法规和有关规定;

(6)现行的相关国家标准、行业标准、地方标准和企业施工工艺标准;

(7)企业质量管理体系、职业健康安全管理体系和环境管理体系文件。

10.1.1.3 编制程序和编制人员资格要求

(1)编制人、审核人要具备一定的施工和管理经验。

(2)施工分部或分包人应分别编制实施性进度计划,并报总承包企业审批。

10.1.1.4 施工总体计划的主要内容

(1)工程简介;

(2)施工总体组织机构(附组织机构框图);

(3)总体施工方案和施工方法的说明(附总体平面布置图);

(4)总体施工安排(用网络图、横道图、斜率图、柱状图表示出各分部工程主要项目的开工时间、结束时间、施工工期及各阶段完成的工作量);

(5)隧道、桥梁、立交、路基、路面等主要工程及其他特殊工程的施工方案和施工方法,对影响进度的难点工程和关键性工程提出具体保证措施;

(6)标明关键线路上的单项工程;

(7)各单位工程在各个施工阶段配备的人力和主要机械设备数量、型号等(附人员、机械进场计划表);

(8)质量保证体系和质量保证措施;

(9)施工测量控制实施方案,测量、试验人员及主要设备(附主要测量、试验仪器进场计划表);

(10)主要材料的采购供货计划;

(11)安全、环保措施及安全应急预案;

(12)现有道路的使用及施工便道的落实情况;

(13)初步现金流动估算计划表(并用曲线图表示)和月度现金流转表。

10.1.1.5　施工总体计划的上报与审批

由施工经理负责组织编制,经项目总负责人审核,并报项目发包人批复后组织实施。

10.1.2　阶段计划编制与审批

施工阶段计划包括年度、月度等施工进度计划,关键时期还会下达旬计划和周计划。总承包项目部及各分部的年度施工计划依据已批准的总体进度计划进行编制,月度施工计划依据已批准的年度施工计划进行编制,并结合实际情况进行完善和细化,保证其下一层阶段进度计划比上一层更具体明了、符合实际、便于操作。

10.1.2.1　施工阶段计划的主要内容

(1)阶段总体安排(用横道图、柱状图表示出阶段开展的工作及完成的工作量);

(2)影响进度的难点工程、关键性工程分析及相应的保证措施;

(3)施工队伍、主要施工机械设备的数量及调配情况(附人员、机械进出场表);

(4)各种材料供应的保证措施;

(5)质量、安全、环保等方面的保证措施;

(6)计划完成的工程形象进度和投资额;

(7)存在的问题及建议。

10.1.2.2　施工阶段计划的上报与审批

由施工副经理负责组织编制,经项目总负责人审核,并报项目发包人批复后组织实施。

10.2　进度计划管理

项目实施过程中,总承包项目经理部要按照审批过的总体计划进行进度管理。总承包项目经理部副经理负责对总体计划分解、细化,制订分项进度目标和各合同段进度目标,建立工程进度控制体系,编制进度管理实施细则。

定期召开工程进度协调例会,对照月度进度报表,对进度实施情况进行检查跟踪、数据采集和适度调整。在关键节点和每月组织检查考核,采用检查、比较、分析和纠偏等方法和措施,对计划进行动态控制,保证工程节点进度计划完成。

10.2.1 进度计划管理程序

总承包项目经理部依据下达的月进度计划,组织对各分部、各分包人进度计划完成情况进行现场检查,并做好详细进度记录。

10.2.1.1 开工令

项目工期从开工令颁发之日或开工令标明的日期开始计算。因此,在开工令发布之前,业主项目管理处召集总承包企业、监理单位召开第一次工地会议,介绍各单位关于开工的准备情况。业主项目管理处应按照合同做好征地、拆迁、审批、报备等工作,及时提供施工用地。总承包企业应在开工令发布之前尽量做好各项开工准备,前期施工所需的人员、设备和材料应及时到位。

开工前,合同双方应依据合同规定的责任义务积极办理开工各项行政审批,专人跟进、及时沟通、平行推进、不等不靠。业主项目管理处根据双方准备的情况和合同条款,通过监理择机发布开工令。

10.2.1.2 进度计划检查

总承包企业项目经理部的月度计划是以工程量清单所列项目各工点的形象进度计划为单位,依据业主项目管理处批准的实施性施工组织设计而制订的进度计划。项目经理部的月度进度计划必须呈报业主项目管理处批准。在各个关键线路施工进度,业主项目管理处要审查下列内容:

(1)审查总承包项目经理部的月度计划是否按照事先批准的总体进度安排编制。

(2)审查主要材料和机械设备供应、现场特殊环境、气候条件、施工人员进场、分包人的技术素质等影响进度的各种因素,分析完成工程量作业计划的可能性。

(3)加强现场巡视,做好进度记录。掌握工地形象进度,核实、分析实际进度进行状态,为评价月度计划搜集资料。

(4)现场搜集施工作业班组施工活动状况,主要工序作业循环的工时消耗,现场机械设备数量、型号类型、主要原材料库存储备、劳动力进场、技术力量投入,以及各种施工外部干扰因素情况。

(5)每到月末,业主项目管理处要从收集的资料中分析进度计划执行情况,对不切实际的冒进和滞后的作业状况发布警告。

10.2.1.3 进度计划调整

(1)总承包企业项目经理部每三个月对合同段进度计划进行一次调整,并向监理单位提交调整计划。

(2)通过调整工序进行搭接作业或平行作业,压缩关键线路工序持续时间。

(3)绘制网络进度图,标注关键线路。为关键线路创造更大工作面,关键工序投入更高效率施工机械。

(4)进度计划调整时需要各方充分探讨沟通,理解调整意图,合理配置资源。

10.2.1.4 工期延误处理

根据总承包项目合同规定,业主项目管理处负责征地拆迁和各种开工行政手续办理,并负责提供施工场地。若这些合同义务未能遵守,将导致工期延误,总承包企业不仅不用承担工期延误的责任,而且还有权依据合同获得工期延期或成本利润的补偿。

因总承包企业材料供应、施工劳动力和机械设备不足,或是现场组织管理不善,窝工滞后,或发生质量、安全事故造成停工等都不得要求顺延工期或得到其他补偿。监理单位应书面通知总承包企业投入更多资源,加快赶工进度,若未实现工期目标,则向业主支付工期延误赔偿金。

10.2.2 进度计划目标考核

检查现场进度计划完成情况后,宜采用横道图比较法进行工程实际进度和计划进度统计对照,控制分析;采用柱状图或饼状图对完成率进行对比分析,确定偏差幅度、偏差产生的原因及对项目进度目标的影响程度,提出纠偏建议并采取适当的措施,使进度控制在允许的偏差范围内。

每月对进度计划完成情况进行考核,根据下达的进度计划节点权值进行分值汇总和奖罚兑现,并及时召开生产调度会,通报本月计划执行情况,部署下月生产计划安排。

10.3 进度计划统计报表与台账管理

10.3.1 进度计划和统计报表填制及报送要求

计划和统计报表由文字说明和表格两部分组成。计划的文字部分主要阐述利用现场资源组织实施生产的合理性和可行性以及执行计划的保证措施。每月末各施工分部、分包人应及时向总承包项目经理部填报统计报表,对当期计划执行情况进行说明,客观分析原因。统计报表的文字部分主要反映计划的执行情况、计划完成占总体计划的百分率等以及说明计划执行情况的主要影响因素和原因。总承包项目经理部计划统计负责人核对后进行报表汇总(项目形象进度表示例见表10-1),经分管领导审核后按要求时限及时上报联合体单位、监理单位和发包人。

第10章 项目进度管理

主要工程项目形象进度表　　　　　　　　　　　表 10-1

填报单位：　　　　　　　　　　　　　　　　　　　陕基建施统 L204 表
项目名称：　　　　　　20　　年　　月　　　　　　企业综合统计资料

项目 名 称		单位	合同数量		本月产值		开工累计完成数量	开工累计计量数量	累计完成百分率
			原设计	变更后	计划完成	实际完成			
施工产值		万元							
路基工程	挖方	m^3							
	借土填方	m^3							
	水泥搅拌桩	m							
	抗滑桩	m							
	路基处理	m^3							
路面工程	垫层	km^2							
	底基层	—							
	水泥稳定碎石(厚__cm)	km^2							
	水泥稳定碎石(厚__cm)	km^2							
	基层	—							
	水泥稳定碎石(厚__cm)	km^2							
	水泥稳定碎石(厚__cm)	km^2							
	水泥稳定碎石(厚__cm)	km^2							
	下面层	km^2							
	中面层	km^2							
	上面层	km^2							
	SBR 改性乳化沥青防水层	km^2							
桥梁工程	桩基	根							
	墩柱	根							
	空心墩	米							
	盖梁	幅							
	空心板预制	片							
	空心板安装	片							
	T 梁预制	片							
	T 梁安装	片							
	箱梁预制	片							
	箱梁安装	片							
	现浇箱梁	孔							
	T 构现浇	孔							
	桥面铺装	m							
	防撞护栏	m							

续上表

项目名称		单位	合同数量		本月产值		开工累计完成数量	开工累计计量数量	累计完成百分率
			原设计	变更后	计划完成	实际完成			
隧道工程	洞身开挖	m							
	初期支护	m							
	仰拱及填充施工	m							
	二次衬砌施工	m							
	路面及其他	m							
交通设施	波形梁护栏	m							
	安全设施	个							
	预埋管线	m							
	标线	m²							
	其他								

单位负责人：　　　　　　统计报告人：　　　　　统计报告时间：　20　年　月　日

10.3.2　进度计划资料归档与保存

计划和统计报表的数字、文字、图表等系统信息反映该项目的实施状况和过程，需实行档案化管理。由总承包项目经理部工程管理部负责整理归档。

计划和统计报表分为电子和纸质两部分，电子部分应整理登记，分类保管；纸质部分装订成册，做到方便查找、随时提供、满足需求。

10.3.3　工程进度计划台账管理

总承包项目经理部计划统计负责人应按照项目总体进度计划、年度计划、月度计划的时间顺序登记台账进行管理。

10.4　进度计划修订

根据合同要求，不论何种原因，施工分部现场实际工程进度较计划进度发生滞后时，施工分部在进度滞后发生当月月底前，提交滞后单位工程的进度计划修订申请报告，并附有相关措施和资料。计划调整主要采用压缩关键工作的持续时间和组织搭接作业或平行作业等方法，滞后的进度应在本年度内加以调整，确保年度工程进度计划目标的实现，修订后总体进度计划的报批程序和原程序相同。

10.4.1 修订进度计划的编制要求

修订进度计划的编制要求与原进度计划的要求相同。但如果实际完成投资与计划相比明显滞后,或者形象进度(特别是控制性工程)明显滞后时,应增加如下内容:
(1)工程滞后的具体项目及其数量;
(2)工程滞后的原因及相应加快进度的措施;
(3)存在的问题及建议。

10.4.2 进度计划修订条件与审批流程

总承包项目经理部施工经理及工程管理部应对施工计划实行目标跟踪和监督管理,应根据施工过程中发生的工程设计和施工方案重大变更及时调整施工计划,经总承包项目经理部和联合体审核后,报项目发包人审批。

符合下列情况之一的,要考虑对施工计划进行修改或调整:
(1)重大施工工程变更;
(2)重大施工条件变化;
(3)相关法规变化;
(4)项目发包人提出缩短工期或延长工期;
(5)项目发包人提出变更质量及特征要求;
(6)各种原因造成的项目停工;
(7)项目发包人违约;
(8)发生不可抗力事件。

第11章 项目费用管理

工程项目费用管理是工程项目管理的重要目标之一。总承包企业劳动效率的高低、原材料消耗多少、机械设备利用程度的好坏、施工进度的快慢、产品质量的优劣、设计及施工技术水平的高低、企业资金周转情况和经营管理水平等都能够在项目费用管理中体现。

项目费用管理是在保证工程质量、工期进度等合同所要求的前提下,对总承包项目实施全过程发生的费用,通过计划、组织、控制和协调等活动,从空间、时间上进行监督、调控,发现偏差及时报警,并采取有效措施纠正不利差异、发展有利差异,使工程项目用较少的物质、劳动资源消耗获取较大的经济效益。

运用系统工程原理对工程建设过程中发生的各种耗费进行计算分析、调节监督的过程,同时也是总承包企业不断认识工程项目特点、发现企业管理薄弱环节、挖掘企业内部潜力、寻找降低成本费用途径的过程。因此,科学地组织项目费用管理,可以促使总承包企业改善经营管理,转变经营机制,全面提高自身素质,使总承包企业在竞争激烈的市场环境中生存、发展、壮大。

11.1 费用管理的一般要求

工程总承包企业应建立项目费用管理系统,以满足工程总承包管理的需要。项目费用管理系统一般包括工程建设项目费用估算、费用报价、费用分解、成本控制和工程结算等内容,以覆盖项目全过程的费用管理工作。

项目部应设置费用估算和费用控制人员。费用估算和费用控制是两个不同的项目岗位,费用估算人员负责项目各阶段的费用估算工作,包括变更费用的估算;费用控制人员负责在成本目标确立后对费用监控的工作,通过分析、对比、变更和调整等,保证项目的费用受控。

项目部应对费用控制、进度控制和质量控制等进行统筹决策,协调管理,防止对费用偏差采取的措施不当,进而影响质量和进度,导致项目在后期出现较大风险。

11.2 费用估算

工程费用估算是指分析和估计完成工程项目各工作所需资源(人、材料、设备等)的费用。公路总承包工程的费用估算包括勘察设计费、施工费用、风险费、总承包经理部现场经费四部分。

11.2.1 施工费用估算的主要依据

工程项目费用估算的主要依据有：
(1)项目合同；
(2)项目中标价；
(3)批复的施工图预算；
(4)项目管理实施方案；
(5)拟投入项目的资源要素；
(6)工作分解结构(WBS)；
(7)同类项目的历史资料。

11.2.2 费用估算的一般方法

11.2.2.1 类比估计法

类比估计法是与原有的已执行过的类似项目进行类比，以估计拟建项目费用的方法。当拟建项目的详细资料难以得到时，这是一种估计项目总费用的行之有效的方法。类比估计法是专家判断的一种形式。它通常比其他技术和方法花费要少一些，但是其准确性也较低。当以前的项目与拟建的项目不仅在形式上而且在实质上相同时，或者对所进行的项目预估计时，采用类比估计法将更为可靠和实用。

11.2.2.2 参数模型法

参数模型法是将项目的特征参数作为预测拟建项目费用数学模型的基本参数，然后依据历史信息建立费用与参数之间的数学模型。这种模型可能是简单的，也可能是复杂的。无论费用模型还是模型参数，其形式是各种各样的。如果其模型是依赖于历史信息，模型参数容易数量化，而且模型应用仅是项目范围的大小，则它通常是可靠的。

11.2.2.3 定额法

定额法是依据估算指标、概算定额以及预算定额中制定的单位工程消耗数量，设计图纸中给出的工程数量和调查得到的资源单价来确定工程项目费用的方法。定额法的优点是计算依据可靠、计算程序规范,但由于定额的编制都相对滞后,同时其反映的定额水平是社会平均水平,由此估算的工程费用较为保守。定额法适用于已经完成了设计工作的项目。

11.2.2.4 按比例(费率)估算

根据公路工程实践,勘察设计费按照建筑安装费的合理比例确定。施工费用按照中标价及批复的施工图预算参照行业降幅平均水平确定。风险费根据项目特点、难点及风险因素确定提取比例,以应对施工过程中发生的设计变更和其他需要总承包企业承担的费用。总承包企业现场经费根据投入项目的人员、车辆、办公场所、设施等管理要素,以项目整体实施完成为基准,参照相关取费费率估算。总承包企业现场经费按照项目实施方案确定的工期要求,分为主体工程、附属工程及缺陷责任期,总承包企业现场经费清单及估算表见表11-1。

总承包企业现场经费清单 表11-1

支付号	类别		数量			费率			工作期(月)			金额(元)			合计
			主体工程施工期	附属工程施工期	缺陷责任及后期结算期	主体工程施工期	附属工程施工期	缺陷责任及后期结算期	主体工程施工期	附属工程施工期	缺陷责任及后期结算期	主体工程施工期	附属工程施工期	缺陷责任及后期结算期	
1	人员费	项目经理													
		项目副经理、总工													
		部门正职													
		部门副职													
		业务主办													
		服务岗1(驾驶员)													
		服务岗2(其他)													
		降温取暖费													
		高温津贴													
		过节费													
		工会经费													
		差旅费													
		培训会务费													
		保险费													
		小计													
2	日常费用	日常办公费													
		伙食费													
		伙食费(客)													

续上表

支付号	类别		数量			费率			工作期(月)			金额(元)			合计
			主体工程施工期	附属工程施工期	缺陷责任及后期结算期	主体工程施工期	附属工程施工期	缺陷责任及后期结算期	主体工程施工期	附属工程施工期	缺陷责任及后期结算期	主体工程施工期	附属工程施工期	缺陷责任及后期结算期	
2	日常费用	水电费													
		网络及办公电话费													
		宣传费													
		小计													
3	交通车辆使用费	四缸越野车													
		轻型货车													
		小计													
4	生活、办公设备购置及维护费	生活及办公设备购置费													
		维护费													
		小计													
5	驻地建设费														
6	其他														
	合计														

11.3 费用计划

费用计划是根据项目的计划进度、设备和材料费用以及施工费用的额度计算得出项目在未来各个时间阶段的费用需求,并以此需求而作出的费用收支安排。

费用计划要按照时间和工作包(工作项)两个维度进行分解,将批准的项目费用估算按项目进度计划分配到各个工作单元,形成项目费用预算,并将其作为项目费用控制的依据和执行的基准文件。

费用计划应由控制经理组织编制,经项目经理批准后组织实施。

11.4 费用比较与偏差分析

费用计划编制之后,对工程项目执行情况进行跟踪和检测,采集相关数据,对已完工程的预算与实际费用进行比较,以便发现差异,分析原因,进行有效的控制。

11.4.1 费用偏差概念

费用比较的结果总会显示出计划值与实际值之间存在差异,在工程费用控制中把这种差异称为费用偏差,在特定的情况下可简称为偏差。为了对工程费用偏差进行全面、客观的分析,涉及的一些关于偏差的概念需要加以明确地定义。

11.4.1.1 工程费用参数和偏差变量

由于偏差是费用比较的结果,因此某一偏差的出现必然同时与两个费用变量有关。在费用分析中,一般涉及以下三个与工程费用有关的参数:

(1)拟完工程计划费用;
(2)已完工程计划费用;
(3)已完工程实际费用。

相应的,就有三种工程费用偏差变量:

(1)费用偏差1 = 已完工程实际费用 – 拟完工程计划费用;
(2)费用偏差2 = 已完工程实际费用 – 已完工程计划费用;
(3)费用偏差3 = 已完工程计划费用 – 拟完工程计划费用。

所谓拟完工程计划费用,是指根据计划安排在某一确定时间内所应完成的工程数量的计划费用,即拟完工程量与计划单价的乘积。故费用偏差1包含了实际完成工程数量与计划完成工程数量以及实际单价与计划单价两方面的偏差。已完工程计划费用,是指按照计划单价计算的实际完成工程数量的费用,因此费用偏差2只包含实际单价与计划单价的偏差。费用偏差3只包含已完成工程数量与计划完成工程数量的偏差,反映的是进度的偏差。由于实际的工程进度不可能完全按计划进度实现,因此从费用比较的要求来看,前两类费用偏差是我们分析的重点。

在偏差分析时,上述工程费用参数和偏差变量可用于项目分解的各个层次。

11.4.1.2 局部偏差和累计偏差

所谓局部偏差,有两层含义:一是相对于总项目的工程费用偏差而言,指各单项工程、单位工程乃至分部分项工程的偏差;从更为广义的角度考虑,是指较低层次项目的工程费用偏差相对于较高层次项目的工程费用偏差而言。二是相对于项目已经实施的时间而言,指每一控制周期所发生的工程费用偏差。

与局部偏差相对应的偏差称为累计偏差,即在项目已经实施的时间内累计发生的偏差。累计偏差是一个动态的概念,其数值总是与具体的时间联系在一起,第一个累计偏差在数值上等于局部偏差,最终的累计偏差就是整个项目工程造价的偏差。在大多数情况下,局部偏差和累计偏差的符号相同,但也有可能相反。

在进行工程费用偏差分析时,对局部偏差和累计偏差都要进行分析。在每一控制周期内,产生局部偏差的工程内容及其原因一般都比较明确,分析结果也就比较可靠;而累计偏差所涉及的工程内容较多、范围较大、原因也较复杂,因此累计偏差分析必须以局部偏差分析为基础。否则,累计偏差分析的结果就会缺乏可靠性。从这个意义上讲,局部偏差分析比累计偏差分析更为重要。从另一方面来看,累计偏差分析并不是局部偏差分析的简单汇总,而是需要对局部偏差分析的结果进行综合分析,其结果更能显示出代表性、规律性,对工程费用控制工作在较大范围内具有指导作用。

另外,在某种特殊情况下,有些费用可能只反映在累计偏差中而非局部偏差中。例如,索赔费用一般不是在每个控制周期都发生的。索赔费用一旦发生,往往很难明确、合理地分解到过去的各个控制周期中,也并不一定要分解。

11.4.1.3 绝对偏差和相对偏差

绝对偏差是指工程费用计划值与实际值比较所得到的差额,如前述的费用偏差1、费用偏差2和费用偏差3都是绝对偏差。而相对偏差则是指工程费用偏差的相对值或比例值,通常是用绝对偏差与工程费用计划值的比值来表示,即:

$$相对偏差 = \frac{绝对偏差}{费用计划值} = \frac{费用实际值 - 费用计划值}{费用计划值} \qquad (11-1)$$

在进行工程费用偏差分析时,对绝对偏差和相对偏差都要进行计算。绝对偏差的结果比较直观,其作用主要是了解项目工程费用偏差的绝对数额,指导资金支出计划和资金筹措计划的制订或调整。而从对工程费用控制工作的要求来看,相对偏差比绝对偏差更有意义,应当予以更高的重视。

绝对偏差和相对偏差是对工程费用偏差的两种具体表达方法,任何偏差都会同时表现出绝对偏差和相对偏差。在对两者进行分析时,其数值不会影响分析的结果,但数值的大小可以对分析工作起一定的指导作用,即对偏差数值大者进行较深入细致的分析,反之则分析得相对简单一些。

11.4.1.4 偏差程度

偏差程度是指工程费用实际值对计划值的偏离程度,通常以工程费用实际值与计划值的比值来表示,即:

$$费用偏差程度 = \frac{费用实际值}{费用计划值} \qquad (11-2)$$

偏差程度与相对偏差既有联系又有区别,其联系表现在两者都是反映偏差相对性的尺度,都与计划值和实际值有关。两者的区别表现在:其一,相对偏差与绝对偏差相对应,没有绝对偏差也就无所谓相对偏差,而偏差程度则是一个独立的概念,与绝对偏差无关。其二,偏差程度的数值总是正值,而相对偏差的数值可正可负,大于1为正偏差,表示工程费用增加;等于1表示无偏差;小于1为负偏差,表示工程费用节约。

与局部偏差和累计偏差相对应,偏差程度可分为工程费用局部偏差程度和工程费用累计偏差程度。显然,累计偏差程度在数值上不等于局部偏差程度之和,两者要分别计算,见式(11-3)、式(11-4):

$$局部偏差程度 = \frac{当月实际费用值}{当月计划费用值} \tag{11-3}$$

$$累计偏差程度 = \frac{累计实际费用值}{累计计划费用值} \tag{11-4}$$

上述局部偏差和累计偏差、绝对偏差和相对偏差、偏差程度等概念都是偏差分析的基本内容,可以应用于项目的各个层次。

11.4.2 偏差分析方法

偏差分析可以采用不同的方法,常用的有横道图法、表格法和挣值法。在工程费用控制的实际工作中,可以根据具体情况选择其中 1～2 种方法,必要时,也可以把这三种方法综合起来应用。

11.4.2.1 横道图法

横道图法的基本特点是用不同的横道标识不同的工程费用参数,而各工程费用参数横道的长度与其数额成正比,但整个项目的横道与分部分项工程横道的单位长度所表示的工程费用数额不同。工程费用偏差和进度偏差数额可以用数字或横道表示,见表11-2。

项目偏差分析横道图　　　　　　　　　　　　表 11-2

项目名称	各费用数额(万元)	费用偏差(万元)	进度偏差(万元)
土方开挖	60 / 60 / 60	0	0
土方外运	80 / 75 / 75	5	0
桩制作	100 / 95 / 90	10	5
打桩	70 / 60 / 65	5	−5
基础	110 / 110 / 100	10	10

续上表

项目名称	各费用数额(万元)	费用偏差(万元)	进度偏差(万元)
……			
合计	420 / 400 / 390	30	10

在采用横道图法时,一般可以分部分项工程为基础,按项目分解的层次逐层汇总,对各单位工程和分项工程以及整个项目分别制表。对于同一层次的不同项目,单位长度横道所表示的工程费用参数数额应当相同。由于这种方法不适宜同时表示局部偏差和累计偏差,因此对这两种偏差要分别制表。

横道图的优点是较为形象和直观,便于了解项目工程费用的概貌。由于这种方法所反映的信息量较少,主要反映累计偏差和绝对偏差,一般不反映相对偏差和偏差程度,因此其应用有一定的局限性,一般用于项目的较高层次,而且大多是为项目管理负责人服务。

11.4.2.2 表格法

表格法(表11-3)是进行偏差分析最常采用的一种方法,它具有以下优点:

(1)灵活、适用性强,可以根据项目的具体情况、数据来源、工程造价控制工作的要求等条件来设计表格。在同一个项目中,不同项目内容和层次的表格应当保持一致;在项目实施的不同阶段可以采用不同的表格,施工阶段表格的内容是最全面的。

(2)信息量大,可以反映各种偏差变量和指标。只要有需求,工程费用偏差和进度偏差、局部偏差和累计偏差、绝对偏差和相对偏差、偏差程度和偏差原因等都可以在表格中得到反映。这对全面、深入地了解项目工程费用的实际情况和动态是非常有益的,有利于工程费用控制人员及时采取针对性措施,加强对项目工程费用的控制。

(3)便于用计算机辅助工程费用控制,从而减少工程费用控制人员在处理费用数据方面所消耗的时间和精力。

项目费用偏差分析表　　表11-3

项目名称	(1)	土方开挖	2.0m 盖板涵	浆砌片石挡土墙	C40 预应力混凝土箱梁	基础挖方
单位	(2)	m^3	m	m^3	m^3	m^3
计划单价	(3)	5.50	3415.00	153.75	599.25	16.8
拟完工程工程量	(4)	15197	18	25	150	294
拟完工程计划费用	(5)=(3)×(4)	83583.5	61470	3843.75	89887.5	4939.2
已完工程量	(6)	14000	20	25	145	340

续上表

项目名称	(1)	土方开挖	2.0m 盖板涵	浆砌片石挡土墙	C40 预应力混凝土箱梁	基础挖方
已完工程计划费用	(7) = (3) × (6)	77000	68300	3843.75	86891.25	5712.00
实际单价	(8)	5.50	3865.00	153.75	599.25	16.5
其他款项	(9)	0	0	0	0	0
已完工程实际费用	(10) = (6) × (8)	77000	77300	3843.75	86891.25	5610.00
局部偏差						
费用 绝对偏差	(11) = (10) − (7)	0	9000	0	0	102.00
费用 相对偏差	(12) = (11) ÷ (7)	0	13.18%	0	0	−1.79%
费用 偏差程度	(13) = (10) ÷ (7)	1	1.13	1	1	0.982
进度 绝对偏差	(14) = (7) − (5)	−6583.5	6830	0	−2996.25	772.8
进度 相对偏差	(15) = (14) ÷ (5)	−7.88%	11.11%	0	−3.33%	15.65%
进度 偏差程度	(16) = (7) ÷ (5)	0.92	1.11	1	0.967	1.16
累计偏差						
费用 绝对偏差	(17) = ∑(11)					
费用 相对偏差	(18) = ∑(11)/∑(7)					
费用 偏差程度	(19) = ∑(10)/∑(7)					
进度 绝对偏差	(20) = ∑(14)					
进度 相对偏差	(21) = ∑(14)/∑(5)					
进度 偏差程度	(22) = ∑(16)/∑(5)					

11.4.2.3 挣值法

挣值法是用以分析目标实施与目标期望之间差异的方法,又称为赢得值法或偏差分析法。此方法使用了一个关键数值——"挣得值",挣值法由此得名。挣得值就是已完成工作量的预算(计划)费用,是指项目实施某阶段实际完成工程量按预算(计划)价格计算出来的费用。挣值法是通过测量和计算已完工作量的预算(计划)费用与已完工作量的实际费用和计划工作量的预算(计划)费用,得到有关计划实施进度和费用偏差情况,从而达到分析工程项目预算(计划)费用和进度计划执行情况的目的。

挣值法主要涉及三个基本参数、四个评价指标。

1) 三个基本参数

(1) 计划工作量的预算(计划)费用 BCWS(Budgeted Cost for Work Scheduled),是指项目实施过程中某阶段计划要求完成的工作量所需的预算(计划)费用(或工时)。计算公式见式(11-5):

$$BCWS = 计划工作量 \times 预算(计划)定额 \tag{11-5}$$

BCWS 主要是反映进度计划应当完成的工作量,而不是反映应消耗的费用或工时。

(2) 已完成工作量的实际费用 ACWP(Actual Cost for Work Performed),是指项目实施过程中某阶段实际完成的工作量所消耗的费用(或工时)。ACWP 主要反映项目执行的实际消耗指标。

(3)已完工作量的预算(计划)费用 BCWP(Budgeted Cost for Work Performed),是指项目实施过程中某阶段实际完成工作量及按预算(计划)定额计算出来的费用(或工时),即挣得值(Earned Value)。BCWP 的计算公式见式(11-6):

$$BCWP = 已完成工作量 \times 预算(计划)定额 \qquad (11-6)$$

2)四个评价指标

(1)费用偏差 CV(Cost Variance)是评价时期 BCWP 与 ACWP 之间的差值,计算公式见式(11-7):

$$CV = 已完工作量的预算费用 - 已完工作量的实际费用 \qquad (11-7)$$

①当 CV 为负值时,表示执行效果不佳,实际消耗人工(或费用)超过预算(计划)值,即超支[图 11-1a)]。

②当 CV 为正值时,表示实际消耗人工(或费用)低于预算(计划)值,即有节余或效率高[图 11-1b)]。

③当 CV 等于零时,表示实际消耗人工(或费用)等于预算(计划)值。

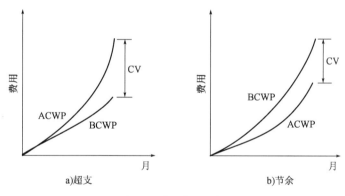

图 11-1 费用偏差示意图

(2)进度偏差 SV(Schedule Variance)是评价时期 BCWP 与 BCWS 之间的差值。其计算公式见式(11-8):

$$SV = 已完工作量的预算费用 - 计划工作量的预算费用 \qquad (11-8)$$

①当 SV 为正值时,表示进度提前[图 11-2a)]。

②当 SV 为负值时,表示进度延误[图 11-2b)]。

③当 SV 为零时,表示实际进度与计划进度一致。

(3)费用执行指标 CPI(Cost Performed Index)是预算(计划)费用与实际费用值之比(或工时值之比)。计算公式见式(11-9):

$$CPI = 已完工作量的预算费用 / 已完工作量的实际费用 \qquad (11-9)$$

①当 CPI > 1 时,表示低于预算(计划),即实际费用低于预算(计划)费用。

②当 CPI < 1 时,表示超出预算(计划),即实际费用高于预算(计划)费用。

③当 CPI = 1 时,表示实际费用与预算(计划)费用吻合。

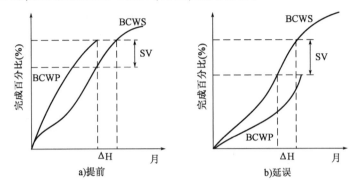

图 11-2 进度偏差示意图

(4)进度执行指标 SPI(Schedule Performed Index)是项目挣得值与计划之比,即:

$$\text{SPI} = 已完工作量的预算费用 / 计划工作量的预算费用 \qquad (11\text{-}10)$$

①当 SPI > 1 时,表示进度提前,即实际进度比计划进度快。

②当 SPI < 1 时,表示进度延误,即实际进度比计划进度慢。

③当 SPI = 1 时,表示实际进度等于计划进度。

3)挣值法评价曲线

挣值法评价曲线如图 11-3 所示。图的横坐标表示时间,纵坐标则表示费用(以实物工程量、工时或金额表示)。图中 BCWS 按 S 型路径不断增加,直至项目结束达到其最大值,可见 BCWS 是一种 S 形曲线。ACWP 同样是进度的时间参数,随项目推进而不断增加,也是 S 形曲线。利用挣值法评价曲线可进行费用进度评价。如图 11-3 所示,CV < 0,SV < 0,表示项目执行效果不佳,即费用超支,进度延误,应采取相应的补救措施。

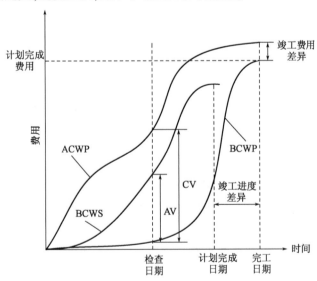

图 11-3 挣值评价曲线图

11.5 费用控制

11.5.1 费用控制要求

费用控制是工程总承包项目费用管理的核心内容,不仅是对建设项目过程中发生费用的监控和对大量数据的收集,更重要的是对各类数据进行正确分析并及时采取有效措施,从而将项目最终发生的费用控制在预算范围之内。费用控制是一个动态过程,是一个确立目标、动态跟踪、检查对比、分析纠偏和目标调整的过程。

费用管理人员在项目执行过程中要不断地将实际发生的费用、未来预计要发生的费用与费用预算进行对比,检测费用的状态,出现偏差后要及时进行分析、对比和纠偏,从而确保项目的费用始终处于受控状态。

费用控制要求如下:

(1)应对工程项目执行情况进行跟踪和检测,采取相关数据。

(2)应对已完工程的计划费用和实际费用进行比较,发现费用偏差。

(3)应对比较的结果进行分析,确定偏差程度、偏差产生的原因及对项目费用目标的影响程度。

(4)应根据工程的具体情况和偏差分析结果,对整个项目完工时的费用进行预测,对可能的超支进行预警,采取适当的措施,把费用偏差控制在允许的范围内。

(5)项目部应按合同变更程序进行费用变更管理,根据合同变更的内容和对费用进度的要求预测费用变更对质量、安全、职业健康和环境保护等的影响,并进行实施和控制。

(6)项目部要定期编制项目费用执行报告,执行报告包括费用完成情况、存在的问题、原因分析及采取的措施等。

11.5.2 费用控制措施

(1)设计施工总承包项目采用总价承包模式,项目收益和风险并存,在满足项目质量和安全的基本原则下,总承包企业可以充分将设计、采购、施工有效融合,通过设计优化、方案择优,降低成本、缩短工期,降低管理费和周转材料的摊销费。但由于建设周期长,材料设备市场价格波动大,不确定因素多,总承包企业必须充分考虑市场因素,择优选择信誉良好、实力雄厚的供应商,以确保材料和设备质量优良、价格稳定。

(2)造价和合同管理人员必须从投标报价、设计、采购、施工全过程参与成本和费用控制,尽早提出费用控制预案。

(3)总承包企业全体参建人员充分发挥主观能动性,从设计、采购、施工各个环节严格把关,层层落实费用控制措施,避免设计疏漏、采购超量、返工浪费等现象。

(4)对施工费用控制,总承包企业与分部(工区)签订施工合同,每月依据分部(工区)实际完成并经验收合格的工程量进行结算,签订结算报表并支付,每月总承包企业对各分部(工区)的结算与支付情况进行汇总对比分析,避免超支付现象。总承包企业结算与支付对比见表11-4。

总承包企业结算与支付对比表 表11-4

年 月

分部名称	合同额(万元)	累计完成产值(万元)	累计结算(万元)	累计支付(万元)	支付与结算差值(万元)	支付占结算比例	支付占统计产值比例	备注
	(1)	(2)	(3)	(4)	(5)=(4)-(3)	(6)=(4)/(3)	(7)=(4)/(2)	(8)
第一分部(工区)								
第二分部(工区)								
第三分部(工区)								
第四分部(工区)								
第五分部(工区)								
第六分部(工区)								
……								
合计								

(5)风险费用于施工过程中发生的设计变更。对于设计变更,总承包企业制定设计变更管理办法,施工过程严格设计变更程序,对有设计变更意向的部位,总承包企业与各分部(工区)共同踏勘,按照安全性、合理性、经济性原则确定变更方案,并下发变更通知单,每一项变更通知单均需估算出费用变化,并第一时间计入台账,以实时掌握变更情况,从而控制风险费支出。风险费分析见表11-5。

总承包项目风险费分析(元) 表11-5

	与业主合同总额	
不参与提取风险费金额	勘察设计费	
	设计责任险	
	暂列金额	
	专项检测暂估价	
	……	
	小计	
风险费	风险费提取基数(总承包企业施工费用)	
	风险费提取比例	
	合计①	

续上表

与业主合同总额	
现场经费(②)	
提取现场经费后的风险费(③=①-②)	
变更(④)	
总承包企业收益(③-④)	

(6)对费用变更管理,严格执行费用计划,尤其当费用超支时,要深入剖析原因,找出费用超支点,提出切实有效措施。

(7)对费用执行报告编制,项目结束后,根据费用计划、管理过程中形成的资料、数据,分析产生偏差原因,编制项目费用执行报告,将其作为项目总结成果。

第 12 章 项目合同管理

合同的依据是法律,合同管理是契约经济、法治社会的需要。国际工程推崇建设合同为"建设宪法",以合同管理作为建设项目管理的核心内容,足见其在项目管理中的重要性。

合同管理,广义指由国家规定的合同管理机关,按照国家赋予的职责,依法指导、组织、检查、监督合同的签订、履行、变更、解除,查处无效合同和违法合同,以及依法调解合同纠纷,以维护合同当事人的合法权益,保证《中华人民共和国民法典合同编》的贯彻实施。工程项目六大管理中的合同管理是维系项目质量、进度、费用、安全、风险及信息等项目重要构成要素的重要管理环节之一。

工程总承包模式的优势在于以设计为基础,集设计、采购、施工为一体,合同管理作为工程总承包项目管理的重要组成部分,必须将其融合于整个项目管理过程中,便于项目的整体控制和管理。将合同管理作为一条主线,每一合同的质量、工期、费用及安全等目标的制订均受制约于整体项目目标,只有在遵守法律的基础上,遵循平等、自愿、公平的原则,严谨地签订各方合同,严肃地履行各类合同的责任和义务,才能促进项目管理系统高效运行,保证工程项目的成功实施,最终确保合同各方的合法权利。

工程总承包项目合同管理的范围包括总承包合同管理和分包合同管理。

12.1 合同管理内容

12.1.1 总承包合同管理内容

工程总承包合同管理是指对合同订立并生效后所进行的履行、变更、违约、索赔、争议处理、终止或结束的全部活动的管理。

工程总承包合同管理包括下列主要内容:

(1)对收到的合同文本进行检查,确认合同文本的构成是否完整,合同的签署是否符合要求。

(2)组织人员熟悉和研究合同文本,了解和明确合同的全面要求并将其纳入项目实施过程中,避免潜在未满足项目发包人要求的风险。

(3)按照合同的目标和要求,制订项目的管理控制目标,并围绕管理控制目标,制订实施计划和保证管理控制目标实现的对应措施。

(4)确定项目合同的控制目标,包括阶段性控制目标和最终控制目标。

(5)由项目经理组织项目管理人员与合同管理人员,按照已确定的控制目标和项目管理计划编制实施计划,用于对项目实施进行管理和控制,实施计划经协调和批准后发布执行。

(6)为保证实施计划在合同管理过程中得到落实,制订相应的保证措施,即在资源配置、监督检查、变更处理、风险管理以及绩效考核等方面作出安排和制定预案,并对发生问题的处理原则和程序作出规定。

(7)在项目实施过程中跟踪实施计划执行情况,检查合同的履行情况,并对执行过程中出现的偏差问题进行分析和纠正,使项目可测量结果不偏离合同约定的要求。

(8)对合同履行中发生的违约、索赔和争议等事项进行处理。

12.1.2 分包合同管理内容

分包合同管理是指对分包项目的招标、评标、谈判、合同订立,以及生效后的履行、变更、违约、索赔、争议处理、终止或结束的全部活动的管理。项目部及合同管理人员应依据合同约定,将需要订立的分包合同纳入整体合同管理范围,并要求分包合同管理与工程总承包合同管理保持协调一致。

分包范围和内容要依据工程总承包合同约定或项目需求确定,一般包括设计分包、施工分包、采购分包、试运行分包以及其他咨询服务的分包等。所有分包合同的工作范围、内容都要符合和满足工程总承包合同的工作范围、内容。

当项目发包人指定项目分包人时,项目承包人要对项目分包人的资质及能力进行审查(必要时考查落实)和确认。当认为不符合要求时,要及时报告项目发包人并提出建议。

分包合同管理包括下列主要内容:

(1)明确分包合同的管理职责。分包合同具有明显的行业和专业特征,要根据分包类别和分包的工作特点、要求,明确各类分包和管理职责。分包合同的管理职责要与工程总承包合同管理职责协调一致。

(2)分包招标的准备和实施。分包招标的准备工作包括资源准备,如人力资源、费用、工作环境和条件等;招标文件准备,主要是合同条件、技术要求和商务报价要求等;资格审查,主要对分包投标人进行资格预审或考查核实;其他准备,包括对法律、金融、保险、通信和保密要求等方面的准备。

(3)分包合同订立。项目部应依据合同约定,明确分包类别及职责,组织订立分包合同,协调和监督分包合同的履行。

(4)对分包合同实施监控。监督项目分包人完成分包合同约定的目标和任务。

(5)分包合同的变更、争议和索赔处理。分包合同的变更、争议和索赔处理除按照分包合同中约定的程序和要求执行外,还要考虑是否与工程总承包合同相关。若与之相关,则分包合同的变更、争议和索赔处理要连同工程总承包合同的变更、争议和索赔处理综合考虑。

(6)分包合同文件管理。分包合同文件管理的要求和规定与工程总承包合同文件管理一致。

12.2 合同管理目标与要求

12.2.1 合同管理目标

合同管理贯穿于工程实施的全过程和工程实施的各个方面。作为其他工作的指南,合同管理对整个项目的实施起控制和保证作用。要实现工程项目的目标,必须对项目的全过程实施有效的合同管理。各公司依据自己的评审程序,对合同各部分加以完善,尽可能规避风险、避免纠纷产生,以保证合同内容最大限度上满足企业的需要,尤其在工期、质量、结算方式、付款比例、奖罚额度上重点关注,维护企业的利益。还要全面衡量权利义务是否均衡,合同是否有失公平,对方是否隐瞒了与合同有关的重要事项,企业是否有能力履行合同,能否达到合同目的。

总承包合同定义整个工程建设的总目标,总目标经分解后落实到各分包人,这样就形成了目标体系。其中,合同的分解与交底是关键。合同分解必须保证各分解单元间界限清晰、意义明确,要充分尊重人们已形成的概念、习惯,要易于理解接受和便于应用,各部分内容及工作量要大体相当,还要便于按照项目组织分工落实合同工作和合同责任,这样才能保证合同分解结果明确、有序。

合同交底是指总承包企业合同管理人员在对合同的主要内容作出解释和说明的基础上,通过组织项目管理人员和各工程小组负责人学习合同条文和合同总体分析结果,使大家熟悉合同中的主要内容、各种规定、管理程序,了解总承包企业的合同责任和工程范围,了解各种行为的法律后果等,使大家树立全局观念,避免在执行中出现违约行为,同时使大家工作协调一致。

合同交底的内容包括:

(1)工程质量、技术要求和施工中的注意要点;

(2)工期要求;

(3)消耗标准;

(4)相关事件之间的搭接关系;

(5)各工程小组责任界限的划分;

(6)违约的影响和法律后果等。

12.2.2 合同管理要求

12.2.2.1 对合同实施进行跟踪与监督

在工程进行过程中,由于实际情况千变万化,导致合同实施与预定目标发生偏离,这就需要对合同实施进行跟踪,不断找出偏差,调整合同实施。总承包企业对分包合同以及采购合同的实施要进行控制,对其进行跟踪和监督,以保证总承包合同的实施。

在这个过程中,最重要的一点是合同的跟踪与诊断。合同跟踪的对象包括:

(1)具体的合同事件,如工程质量、工程数量、工期、成本的增加和减少;

(2)工程小组或分包人的工程和工作;

(3)发包人和工程师的工作;

(4)工程整体施工秩序状况。

合同诊断的内容包括合同执行差异的原因分析,合同差异责任分析、合同实施趋向预测。对于事实偏差的处理方式有组织措施、技术措施、经济措施、合同措施等。

建立合同履行过程中的监督审核制度。监督审核工作以合同管理部门为主,项目相关管理部门参加,组成内审小组,对合同履行情况进行监督审核。由内审小组针对合同履行情况、履行中的难点、重点和存在的一些问题,进行定期或不定期的审核,审核时有重点地列出审核提纲,可以先发到被审核单位,也可直接进行现场审核。

12.2.2.2 对合同实施过程中加强信息管理

在工程项目管理中,信息化管理为工程项目管理提供了一种先进的管理手段。目前,工程管理中的信息还采用纸质化处理,信息流通速度并不快。因此,要加强合同实施过程中的信息管理,具体来说,应从以下3个方面着手:

(1)明确信息流通路径。

(2)建立项目计算机信息管理系统,对有关信息进行链接,做到资源共享,加快信息的流动速度,降低项目管理费用。

(3)加强对发包人、监理、分包人等信息管理,对信息发出的内容及时间要经对方签字确认,对各方信息的流入及时处理。

12.3 合同管理的关键及风险控制

12.3.1 合同管理需注意的问题

现在工程体积庞大,资金来源渠道多,合同条件复杂,项目合同管理极为复杂、烦琐,所以合同管理必须把住以下几点关键：

（1）签订固定总价合同时，工程范围必须清楚明确，报价的工程量应准确而不是估计数字，对此总承包企业必须认真复核；工程设计较细时，图纸完整、详细、清楚；工程量小、工期短时，估计在工程过程中环境因素（特别是物价）变化小，工程条件稳定并合理；工程结构、技术简单时，风险小，报价估算方便；工程投标期相对宽裕，总承包企业可以作详细的现场调查、复核工作量、分析招标文件、拟订计划；合同条件完备，双方的权利和义务十分清晰。

（2）签订固定总价合同必须根据不同的情况考虑它的几种计价形式，招标文件中有对应的工程量清单。发包人为了方便总承包企业投标，给出工程量清单，但发包人对工程量清单中的数量不承担责任，总承包企业也必须复核。总承包企业报出每一个分项工程的固定总价，它们之和即为整个工程的价格；招标文件中没有给出工程量清单的，由总承包企业制订。工程量清单仅仅作为付款文件，而不属于合同规定的工程资料，不作为总承包企业完成工程或设计的全部内容；合同价款总额由每一个分项工程的包干价款（固定总价）构成。总承包企业必须自己根据工程信息计算工程量，如果总承包企业分项工程量有漏项或计算不正确，则错误的信息包括在整个合同总价中。

（3）由于国际通用的工程量计算规则可用于发包人提供全部设计文件的单价合同，采用这种合同类型时要注意应对工程量计算规则作出详细说明、修改或用专门的计量方法。

①若总承包企业的工程责任范围扩大，通用规则的划分难以包括。

②通常合同采用阶段付款。如果工程分项在工程量清单中已经被定义，只有在该工程完成后总承包企业才能得到相应付款，则工程量清单的划分应与工程的施工阶段相对应，必须与施工进度一致，否则会导致付款困难。同时工程量划分应注意总承包企业的现金流量，如设立搭设临时工程、材料采购、设计等分项，这样可以及早付款。

（4）固定总价合同和单价合同有时在形式上很相似。固定总价合同是总价优先，总承包企业报总价，双方商讨并确定合同总价，最终按总价结算。通常只有设计变更或符合合同规定的调价条件（例如法律变化等）时，才允许调整合同价格。固定总价合同还在招标投标中与单价合同的处理有区别。

对于固定总价合同，总承包企业要承担两个方面的风险：一是价格风险，包括报价计算错误、漏报项目。二是工作量风险，包括工作量计算的错误。对固定总价合同，发包人有时也给工作量清单，有时仅给图纸、规范，而让总承包企业算标，总承包企业必须对工作量作认真复核和计算。如果工作量计算有误，由工程范围不确定或预算时工程项目未列全造成的损失由总承包企业负责。

对固定总价合同，如果发包人用初步设计文件招标，让总承包企业计算工作量报价，或尽管施工图设计已经完成，但做标期太短，总承包企业无法详细核算，通常只有按经验或统计资料估算工作量。这时总承包企业处于两难的境地：工作量算高了，报价没有竞争力，不易中标；

算低了,自己要承担风险和亏损。在实际工程中,这是一个采用固定总价合同带来的普遍性的问题。

(5)合同管理还需注意几个问题:

①项目管理者不重视合同。这类现象多发生在总承包项目中,因这类项目实施过程中的不可预见性、随意性较大,引发的变更较多,变更或协议能否及时签订与项目管理者对合同的重视有很大关系,很多情况下发包人和总承包企业都是口头协议,待最后工程竣工结算时,就会暴露其缺陷,有时甚至无据可查,致使工程工期或质量等受损失,不可避免地产生工程经济纠纷。

②合同拟写、签订过程中没有充分沟通。项目合同的拟写、签订过程中,签署各方必须事先做好沟通工作,全面周到考虑各方要求,不可为了维护一方利益而不顾他方利益。各方应本着成功做好项目这一目标友好协商签订合同,不可有任何霸王条款或偏向条款。

③合同签订阶段的问题:

a. 合同主体不当。涉及设计、采购、施工合同的合同当事人必须具备相应的资质。合同当事人主体合格是合同有效成立的前提条件之一。

b. 合同文字不严谨。不严谨就是不准确,容易产生歧义和误解,导致合同难以履行或引起争议。依法订立的有效合同,应是双方真实意思的表达。

c. 合同条款漏项。在合同管理中要注意设计、采购和施工的接口关系,尽可能全面周到地处理相互衔接关系,合理利用补充文件。

d. 合同约定的内容模糊。合同管理中主要要素是价款及支付、索赔、工期等几方面,一个合同必须对这些方面的内容进行清晰表达,不可模糊、限制不明,否则容易发生纠纷。

e. 合同履约阶段的问题。合同执行即履约过程中的书面文件(包括变更、补充协议、洽商、设备接收、会议纪要等文件资料)同样被视为合同组成部分,必须通过发书面函来履约。书面文件具有法律效力,是合同管理的需要,也是各方自我保护的一种手段。

12.3.2 对于总承包企业合同的风险管理

1)工程范围的界定

要审核合同文件是否规定了明确的工程范围,注意总承包企业的责任范围与发包人的责任范围之间的明确界限划分。

2)延期开工费用补偿

合同价格通常是固定价格。有的项目签完合同后并不一定马上开工,但因物价上涨等因素造成总合同造价上涨,所以合同里面有必要规定调价条款。

3)误期罚款

对于误期罚款条款的审核主要是检查工期和罚款方法是否合理;罚款的费率是否合理,是否过高,是否重复计算;罚款是否规定累计最高限额。

4) 性能指标罚款

主要审核对性能指标的确定和罚款的计算方法是否合理,罚款的费率是否合理,是否过高;是否重复计算;罚款是否规定了累计最高限额;要特别注意审核发包人对性能指标超标的拒收权。必须严格审核性能指标超标达到什么数值可以拒收、设置是否合理。

5) 向分包人转移风险

向分包人转移风险是一种常用的转移风险的方式,总承包企业要客观衡量自身能力,对于某些还欠缺的环节要善于利用分包人的专业资源和力量,或者是直接把风险比较大的部分分包出去,将发包人规定的误期损害赔偿费如数定入分包合同,将这部分风险转嫁给专业分包人。此外,谨慎选用分包人、加强对分包人的控制也至关重要。由于总承包企业应对分包人的任何行为负责,所以应加强对分包人的控制和管理。而对于发包人指定的分包人,总承包企业一般并不太熟悉,更需深入了解,一旦认为其不符合要求,应该立即就此事向发包人发出通知。

6) 向保险公司投保

工程保险是针对工程项目在建设过程中可能出现的因自然灾害和意外事故而造成的物质损失,和依法应对第三者的人身伤亡或财产损失的经济赔偿责任提供保障的一种综合性保险。这是将一部分风险转移给保险公司承担的办法。

采用这种方法要支付一定的保险费用,但与风险损失相比,是个很小的数目,而且总承包企业可以将保险费计入工程成本。因此,向保险公司投保是一种有效的风险防范措施。

12.4 合同变更管理

工程变更是指在工程项目实施过程中,按照合同约定的程序对部分或全部工程在材料、工艺、功能、构造、尺寸、技术指标、工程数量及施工方法等方面做出的改变。变更是指总承包企业自行提出、发包人或监理提出,根据监理签发设计文件及监理变更指令进行的、在合同工作范围内各种类型的变更,包括合同工作内容的增减、合同工程量的变化、因地质原因引起的设计更改、由于实际情况变化引起的结构物尺寸或高程的更改、合同外的任何工作等。

工程总承包合同都有相关变更条款,为了保证变更处置符合工程总承包企业合同管理要求和合同约定,项目部要依据项目的管理特点和合同约定,制订本项目的变更管理程序和规定,并按照程序和规定要求对变更实施管理。变更影响合同履行条件(如工作范围和内容、质量、费用和进度等)时,合同相关方要对变更的处置方案、结果以及对原合同要约的影响达成一致意见,形成对合同的调整和修改。无论是会议纪要、协议还是合同变更单等,都属于合同的组成部分,因此要把影响合同要约条件的变更纳入项目合同管理范围。工程总承包合同和分包合同以及项目实施过程的合同变更和协议,都属于建设工程合同范畴,要符合国家现行有关法律法规和标准的规定,且需要采用书面形式订立。

12.4.1 变更原因、目的及内容

12.4.1.1 变更的原因及目的

引起工程变更的主要原因有设计疏漏、现场施工条件限制、设备或材料采购限制等,目的是纠正工程实施中的以下后果:不满足使用、消防、安全、环保等方面的功能要求;不满足合同要求的工程质量要求;不满足施工过程安全的要求;不满足施工进度的要求。

由于总承包工程建设周期长、涉及面广、可变因素多,对于任何一项工程施工来说,工程变更是不可避免的。从设计角度看,设计变更是工程设计的修正补充和延续,设计者一方面致力于提高设计质量,力求减少设计变更,另一方面又需要用设计变更来补充完善工程设计。

在工程总承包模式下,工程变更对总承包企业的意义就有别于施工承包中的工程变更,非建设单位原因引起的变更费用是需要自身承担的。在此重点探讨非建设单位原因引起的工程变更,力争通过总承包工程的变更管理,以最小的投入来达到工程质量、安全、进度和功能等方面的要求。

12.4.1.2 工程变更的内容

变更内容包括设计变更、技术标准变更、材料替换、施工技术方案或施工顺序的改变等。作为总承包企业,工程变更要综合考虑整个项目的进度、质量、费用、安全等因素,也要考虑分包人施工的自身条件和现场条件的限制,达到项目利益最大化。

由于进度、质量、费用、安全相互影响,工程变更会引起多方面的连锁反应,因此要对工程变更加强管理,制订工程变更管理的组织、程序、职责及权限。各个项目公司对工程变更管理制订的组织、程序、职责及权限不尽相同,一般工程总承包实行项目经理负责制,现场项目经理部是工程变更的基本管理组织,按照项目公司的管理程序,在自己的职责、权限内负责工程变更的管理工作。

12.4.2 变更的处理

在颁发工程接收证书前的任何时间,发包人有权通过发布指令或要求总承包企业以递交建议书的方式提出工程变更。工程变更的处理分以下几种情况:

1)发包人发布指令的变更

在项目执行过程中,发包人在更仔细地考虑未来的发展后,往往会提出一些新的要求,在需要的时候发布变更指令。除非总承包企业向发包人提出不能执行的理由并经发包人同意,否则应遵守并执行每项变更。变更指令的内容应包括详细的变更范围、变更处理的原则等。发包人在项目实施过程中提出一些要求,这些要求对项目和发包人是有利的,但其中有些要求是超出合同范围的,或实际上构成了变更却不是以变更的形式提出的。总承包企业一定要及时分辨出变更部分,提出变更申请,按变更程序处理。

2)总承包企业提交建议书后确定的变更

总承包企业可根据合同文件或其他要求提交建议书,建议书的内容包括对建议的设计和(或)要完成的工作的说明、进度计划、合同价格调整建议。发包人收到总承包企业的建议书后,根据实际情况和工程的需要,在合同约定的时间内给出是否批准或修改建议书的回复。双方就变更方案和变更费用达成一致意见后,发包人签发正式的书面变更文件。总承包企业确认收到该变更指令,则此一项或多项工程变更确立。在发包人没有正式下达变更指令前,总承包企业不得擅自对工程实施任何变更,否则发包人会提出索赔。

3)总承包企业履行合同失败导致的变更

总承包企业履行合同失败,如有工序错误和工程质量低下、工期延误等,会导致工程变更甚至发包人索赔。发包人在确认变更事件导致工程变更后,向总承包企业发出变更意向通知书,一般包括以下内容:对变更事件的描述,工程变更内容及范围,简述变更对工程目标的影响,要求总承包企业提交变更的实施方案、变更费用及工期。

总承包企业应在合同约定的时间内根据实际情况及变更意向通知书的要求提交一份工程变更报告。发包人对工程变更报告进行评估后发布工程变更指令。

4)工程变更的价款确定

变更工程的费率或价格是发包人和总承包企业双方协商的重点。除非合同另有规定,发包人应根据合同条款确定或同总承包企业商定变更项目的计量方法、费率和价格,进而确定变更项目的合同价格。合同中已有适用于变更工程的价格,按合同已有价格计算变更工程价款;合同中只有类似于变更工程的价格,可以参照此价格计算变更工程价款;合同中没有适用或类似于变更工程的价格,由发包人与总承包企业协商单价和价格。批准一项变更时,发包人应按照合同条件的要求,商定或确定对合同价格和付款计划表的调整(包括合理利润),还可以考虑总承包企业提交的建议。

5)工程变更处理注意事项

项目部及项目合同负责人员要高度重视项目合同变更,依据项目合同变更程序和相关的管理制度,规范合同变更活动和行为。合同变更申请要形成书面文件并且填写合同变更单,合同变更单包括变更内容、变更理由和处理措施、变更性质和责任承担方、对项目质量安全费用进度等影响。变更申请要进行评审,评审内容包括变更原因、变更技术方案和实施方案以及变更对技术、质量、安全、费用、进度、职业健康和环境保护等方面的影响程度,以此有针对性地提出实施要求和控制计划并作出测算。

合同部门按照合同变更程序进行合同变更管理,对变更影响范围较大或重大的合同变更,要报上级管理部门评审,最终报请工程总承包项目负责人确认和批准。若项目合同变更涉及费用、进度和变更技术方案的适宜性,合同部门要与项目发包人协商,获得项目发包人的认可和批准,形成书面文件,该文件将作为合同的组成部分。

总承包企业项目部应按照合同变更程序进行分包合同变更管理,根据分包合同变更的内容和对分包的要求、项目情况和需要,向项目分包人发出书面指令或通知,要求对分包范围和内容进行变更,在变更指令和通知发出前,要对变更范围和内容所需要的工期和费用做出测算,对变更实施的工作环境的影响作出评估,经双方评审并确认后,按照变更程序处理。

总承包企业项目部接受项目分包人书面的合理化建议,对其在技术性能、质量、安全维护、费用、进度和操作运行等方面的作用及产生影响进行分析和评审,确认后即构成分包合同变更,按照变更程序处理。分包合同变更作为分包合同的组成部分,要按照合同管理的程序和要求实施管理。

12.5 合同索赔管理

12.5.1 发包人未能按时提供施工所需现场

总承包企业开出履约保函后,就有权进入和控制整个工程。如果发包人未能及时向总承包企业提供进入和控制现场的权利,使总承包企业遭受延误或产生额外费用,总承包企业有权要求延长工期和索赔额外费用及合理利润。此时,总承包企业应该及时发索赔通知,索赔因设备或人员闲置、保函延期、占用资金利息和物价上涨等因素而产生的额外费用。

12.5.2 因执行发包人指令而导致的索赔因素

在项目执行过程中,发包人从安全等角度出发,可能会向总承包企业发出一些工地指令,这些指令会造成或将会造成总承包企业的施工工期延误或费用增加。这些指令包括:

(1)施工工程中因发现化石、有价值的物品或文物、具有地质和考古意义的结构物和其他遗迹或物品,发包人可能要求暂停施工,总承包企业因执行这一指令而导致延误和增加费用,总承包企业据此可向发包人提出索赔要求。

(2)工程变更和调整指令。工程项目的设计方案在总承包企业建议和发包人要求下,在合同文件中都已明确确定,但在项目建设过程中,发包人可能会对设计的局部提出设计变更和调整要求,新的要求可能需要增加项目建设的费用甚至影响工期,这些也构成了总承包企业索赔的依据。

(3)通知暂停施工的指令。在施工过程中,发包人随时可以发出让总承包企业整个或部分工程暂时停工的指令。总承包企业由于执行这些指令,暂时停工和复工导致了工期延误和费用增加,应该向发包人提出索赔要求,有权获得工期和费用补偿。

(4)加速施工指令。在工程施工过程中,发包人可能由于种种原因发出指示,要求总承包企业加快施工进度,提前完成整个或部分工程,总承包企业可以向发包人索赔由此增加的大量设备、周转性材料和人工的成本。

12.5.3 人为障碍索赔

总承包企业认真执行其他当局要求的程序而延误或干扰了总承包企业的工作,同时这些延误和干扰是经验丰富的总承包企业在投标前所不能预料的,由此造成的工期延误或工程中断应被认定是延长工期的理由,总承包企业有权索赔。

由于发包人原因而造成对完工试验干扰和无故延误,致使总承包企业增加费用的,总承包企业可以向发包人提出延长工期和补偿增加费用。竣工试验中,如果发包人无故拖延总承包企业进场进行竣工试验或者拖延总承包企业调查,导致总承包企业增加费用,总承包企业可以索赔此类费用和合理利润。

12.5.4 发包人提供的原始数据错误索赔

发包人的要求出现错误,导致总承包企业增加费用和(或)工期延误的,发包人应承担由此增加的费用和(或)工期延误,并向承包人支付合理利润。

发包人应向总承包企业提供施工现场及毗邻区域内的供水、排水、供电、供气、供热、通信、广播电视等地下管线资料、气象和水文观测资料、相邻建筑物和构筑物、地下工程的有关资料,以及其他与建设工程有关的原始资料,并承担原始资料错误造成的全部责任。发包人应对其提供的测量基准点、基准线和水准点及其书面资料的真实性、准确性和完整性负责,对其提供上述基准资料错误导致总承包企业损失的,发包人应当承担由此增加的费用和(或)工期延误,并向总承包企业支付合理利润。

12.5.5 发包人的风险索赔

由于"发包人风险"所列因素而导致整个工程、总承包企业货物、文件遭受损失或损坏,总承包企业应通知发包人修复,并可以索赔由此产生的工程延误和费用。

12.5.6 法律变更的索赔

如果在投标基准日期后工程所在国的法律有改变,包括适用新的法律,废除或修改现有法律,或对此类法律的司法或政府解释有变,使总承包企业已经或将遭受延误或增加费用,总承包企业可以据此向发包人索赔。

12.5.7 总承包企业停工

合同履行过程中发生下列情形之一的,总承包企业可向发包人发出通知,要求发包人采取有效措施予以纠正。发包人收到总承包企业通知后的28天内仍不履行合同义务,总承包企业有权暂停施工,并通知监理人,发包人应承担由此增加的费用和(或)工期延误责任,并支付总承包企业合理利润。

(1)发包人未能按照合同约定支付价款,或拖延、拒绝批准付款申请和支付证书,导致付款延误的。

(2)监理人无正当理由,没有在约定期限内发出复工指示,导致总承包企业无法复工的。

(3)发包人无法继续履行、明确表示不履行或实质上已停止履行合同的。

(4)发包人不履行合同约定其他义务的。

12.5.8 总承包企业终止合同

总承包企业暂停施工28天后,发包人仍不纠正违约行为时,总承包企业可向发包人发出解除合同通知。但总承包企业的这一行为不免除发包人承担的违约责任,也不影响总承包企业根据合同约定应享有的索赔权利。

12.5.9 其他

还有一些潜在的索赔因素在通用合同条款里面没有体现,但发生后也将给总承包企业带来很大的损失,应该在特殊条款中给予约定。例如在国际工程中发生的货币利率及汇率变化、合同推迟生效或者工程推迟开工、生产资料价格变化等。

12.6 合同争议解决

在出现索赔和被索赔的情况时,往往会因两方的观点不一致而相互争执不下,这时候就需要申请争端解决。所以在签订审核合同风险时,要认真对待争议裁决条款。

12.6.1 范围不明确争议

合同的工程承包范围是总承包企业投标报价的基础,也是总承包企业向发包人交付工程建设成果的界定,更是双方签订合同的基础。合同的范围通常会在发包人要求中予以说明,但是发包人的要求文件一般比较简洁,而且在合同文件中,发包人要求是先于招投标文件的,当发包人要求与招投标文件有不一样的地方,又或是要求不明确时,双方对合同的范围就容易产生争议。合同中发包人要求也会发生变化,当发包人和总承包企业理解不一致时,也容易产生争议。

设计范围的不明确也是范围争议的一个主要部分。在合同中,发包人只提供初步设计,通常情况下仅能用于估价,具体的设计工作还是由总承包企业来承担。此时,发包人在合同中对工作范围的描述仅是对项目的重要部分进行界定,缺乏对细节部分的说明,这时就需要总承包企业在进行详细设计时加以考虑。一般情况下,总承包企业是很难做到准确理解"满足项目的使用和功能要求"这类笼统的描述,因此容易导致双方对设计范围理解不同而引发争议。

12.6.2 工期拖延争议

工程实践中引起工期拖延的原因是多方面的,尽管在合同中通常会对总承包企业原因造成工期拖延的责任作出规定,也会对非总承包企业原因引起的工期拖延适当予以延长。但实际情况是,尽管合同中有详尽的规定,当工期拖延时,发包人和总承包企业在责任划分上出现意见分歧,当事双方可能会寻找各种理由来指责是对方的过错,以此来逃避责任或改变计算方法和标准来减少赔偿金额,从而产生工期拖延争议。

工期拖延通常会由多种原因造成,根据引起原因的不同,工期拖延可以分为两种:

(1)由非总承包企业过错引起的工期拖延。这时总承包企业不一定能得到经济上的补偿,但通常可以获得原谅,有权获准延长合同完成的时间。例如不可抗力引起的延误,不利自然条件或客观障碍引起的延误,罢工或其他经济风险导致的延误,发包人或发包人代表原因导致的延误。

(2)由总承包企业自己过错引起的延误。这时如果没有发包人或其代理人的不当行为,总承包企业就需要无条件地按照合同规定的时间完成任务,无权获准延长工期,否则就构成违约。

12.6.3 索赔争议

索赔争议是指发包人对总承包企业提出的索赔要求不予承认,或是双方在索赔金额上不能达成一致。例如发包人援引免责条款以解除自己的赔偿责任;发包人认为总承包企业的索赔依据不足或是总承包企业对索赔金额的计算不合理,无法接受;发包人要求扣除总承包企业因质量缺陷、工期超时等问题支付的罚金的数额过大,致使总承包企业所得补偿减少等。

12.6.4 采购争议

采购争议是指总承包企业在负责采购完成工程所必需的一切物资(包括设备、材料等在内)的过程中,因设备和材料的质量、价格以及试验等方面发生的争议。采购设备和材料的价格以及质量对工程项目有着重大的影响。

采购争议主要包括以下情形:

(1)实践中,经常发生的是总承包企业在采购时利用合同文件中"满足发包人要求"这一笼统规定,以次充好来赚取更多的利润。发包人肯定不会接受此种情况,或是要求总承包企业更换符合质量标准的设备和材料,或是接受这种情况但会相应降低合同价格。当合同双方都片面追求己方利益时,争议就会产生。

(2)总承包合同通常对整个工程采用的技术标准和规范都有明确规定,包括重要设备的制造标准。但实践中常发生的情况是,总承包企业从发包人指定的厂家采购某一设备,但该厂家在制造该设备时未采用项目规定的制造标准,而是采用自己的标准,这时合同对此又没有明确规定时,合同双方就会产生争议。

(3)对采购的设备和材料进行试验是总承包企业交付工程所不可缺少的,当发包人按照合同规定进行试验时,总承包企业应给予配合。对于在试验过程中因发包人改变试验方法和地点而需要增加的试验费用,由谁承担也是争议产生的潜在因素。

12.6.5 合同文件表述错误争议

合同文件表述错误争议是指由于合同文件表述错误而出现双方责任无法界定,由此引发的争议。

表述错误通常包括两种情况:

(1)发包人的表述错误或不明确容易引起总承包企业误解,并且这种表述错误是总承包企业不容易发现的。当总承包企业按照错误的表述进行工程建设遭受损失时,发包人往往引用合同条款中的规定,拒绝补偿总承包企业的损失。但是,总承包企业是按照合同规定来进行工程建设的,损失不应由其承担,因此会不可避免地产生争议。

(2)发包人有意隐瞒本应向总承包企业提供的资料,当总承包企业根据自己的经验或者其他途径获取的信息仍无法对合同做出准确理解而造成损失时,这部分损失应该由谁来承担以及承担份额的分配也会引发合同争议。

12.6.6 终止合同争议

终止合同是一种非常严重的行为,任何一方终止合同都会严重损害合同另一方的利益,因此终止合同引发的争议也是最多的。终止合同有时是在某种特殊情况下为避免更大损失而采取的必要补救方法,双方当事人应该事先在合同中规定终止合同时各方的权利和义务,以便于合理解决争议。终止合同争议包括以下情况:

(1)总承包企业责任引起的合同终止。例如总承包企业严重拖延工程,并已被证明无能力改变这种局面;总承包企业破产或严重负债而无力偿还,致使工程停滞等。如果合同中没有明确规定,发包人将要求总承包企业赔偿因工程终止造成的损失,总承包企业则会要求发包人对其已完成的工程付款,并要求补偿已运到现场的材料、设备和各种设施的费用等,由此引发争议。

(2)发包人责任引起的合同终止。例如发包人不履行合同约定拖延付款并被证明无力偿还欠款、无力清偿其他债务或者破产,而且已经影响了总承包企业的正常工作等。总承包企业要求发包人赔偿因终止合同而遭受的严重损失,由此引发争议。

(3)不属于任何一方责任引起的合同终止。例如不可抗力所造成的合同终止,受不可抗力影响的一方未履行合同而造成损失,如果合同中没有明确约定可以免除其责任,将会引起争议。

(4)其他原因引起的合同终止。例如发包人因改变设计方案通知总承包企业终止合同,发包人同意给予总承包企业适当补偿,但总承包企业认为补偿不足或要求赔偿利润损失和丧失其他工程承包机会而造成的损失,由此引发争议。

12.7　合同执行情况评估

项目风险具有客观性、偶然性、可变性。但由于工程项目的环境变化、项目的实施遵循一定的规律,因此风险的发生和影响也有一定的规律性,是可以进行预测的。

在项目收尾完成或者收尾期间,还要进行合同后评估,通过这样一个过程能够将项目来源阶段、项目执行阶段以及项目收尾阶段中的利弊得失及经验教训总结出来,为以后工程合同管理提供宝贵的经验。

1)合同签订过程中的评估重点

(1)合同目标与实际完成情况的对比;

(2)投标报价与实际工程价款的对比;

(3)测定的成本目标与实际成本的对比;

(4)以后签订类似合同的重点关注方面。

2)合同执行情况评估

(1)合同执行中风险应对能力的高低程度;

(2)合同执行过程中有没有出现特殊的、按照合同文件无法解决的事项,今后防止类似问题的措施。

3)合同管理绩效的评价

(1)合同条件和条款的适宜性;

(2)合同履行情况;

(3)合同管理的职责、程序、工作绩效;

(4)经验与教训总结和归纳。

第 13 章 项目财务管理

总承包项目一般规模大,投入的资金较多,单独一家企业难以承担高额的资金风险,而总承包项目参与方较多,各联合体都必须按照总承包联合体合同协议在项目实施过程中投入一定的资金,以满足项目的资金需求,维持项目建设运转,降低各自的财务风险。另一方面,各方进行投资融资也需要获得相应的收益,涉及各方利益的分配,总承包项目的财务管理就比常规项目的财务管理复杂。

根据总承包联合体协议,各参与方在项目不同阶段都必须投入一定比例的资金,以维持项目的运转。项目前期要利用货币资金购买各种材料物资为施工进行储备,货币资金形态向储备资金形态转化。施工阶段,储备资金形态转化成生产资金形态。一方面用货币资金支付人员工资和其他各项费用,另一方面还要使用机械设备等固定资产,这些固定资产的损耗价值通过折旧转化成生产资金。随着工程建设完成,生产资金形态转化为成品资金形态。在整个资金运动过程中,实现各参与方资产的保值增值。项目财务管理是为了加强总承包项目财务管理,保障项目现场施工进度,强化资金收支监管,保证资金安全。

总承包项目财务管理须遵守国家相关法律法规,项目现场财务管理人员应按照相关内容及财务准则执行;按公司相关财务制度要求完成现场财务制度,项目现场所有财物支出必须由各级管理人员在符合规定的相关单据上共同签字确认。

13.1 项目收入

按照总承包合同及联合体协议的约定,项目现场建设资金收入主要来源于合同约定的进度款收入、存款利息收入、材料调差收入、合同外变更收入以及项目建设初期由主承包单位或工程分包单位临时调往现场的款项等。现场建设资金不允许有账外资金,不允许坐支现金。

要以项目联合体的名义成立项目部并开设项目临时银行账户,联合体项目部应认真履行合同责任和义务,根据合同主体要求及时向业主开具不同税率的发票、收据,催收工程进度款,同时加强对联合体各成员单位履约管理,并提供合同外变更收入必要的资金支持,提高总承包方的资金周转率。

13.2 保函及保证金

建设项目工程保函实际上是用保函代替保证金形式。对建设单位而言是分担履约责任,提高履约能力的体现,不仅能保证工程项目的顺利推进,还能最大限度地保护总承包企业和建设单位双方的利益。

根据合同的要求依次为投标保函、履约保函、开工预付款保函、质量保证金保函。在提供履约保函、开工预付款保函、质量保证金保函时,项目经理部门需结合合同要求、项目所在地区情况、图纸的优化设计、总承包联合体成员单位的战略合作等对项目实施过程和目标产生的不利因素进行风险评估。

(1)在向业主提交投标书时,要同时提供投标保证金保函,担保金额一般为招标价的3%,招标工作结束后退回。

(2)履约保函是在已经取得中标通知书并签订合同后向建设单位提供的一种担保形式。履约保函的担保金额为合同价的10%~30%(另有约定除外),一般在工程交工后中止。

(3)开工预付款保函是在合同签订后,项目的前期准备工作已完成,已经做好正式开工准备时,向建设单位提供。开工预付款的担保金额不得超过合同建安费的10%,根据合同要求在合同预付款扣完时退还。

(4)质量保证金保函是一种见索即付保函,该保函的担保金额为3%~5%,一般是在工程完工后,担保期限为两年,在缺陷责任期内给建设单位造成损失且没有质量保证金抵押的情况下,建设单位可持该保函前往出具该保函的银行进行索赔,银行对保函限额内的要求都必须赔付。

13.3 进度款收支

总承包企业项目合同部按总承包合同约定的本项目计量支付管理要求,形成书面确认文件,并及时编制和申报进度款计量计价文件,编制内容应全面、完整,对已完工程量及时计量,特别是对变更、索赔、主材调差的项目,要及时按照合同约定进行申报,并在进度款计量计价中进行考虑,确保申请内容与工程实际进度保持一致。

(1)当施工进度单位完成一定的形象进度后,将已经完成的工程量清单经总承包合同部汇总后和工程拨款申请单报送该项目现场监理单位总监审核。

(2)监理单位总监对清单上的现场工程形象、进度、工程量进行确认,认证后,在工程量清单上签署审核意见后报建设单位工程部。

(3)建设单位工程部对现场已完成并经验收合格的工程量清单进行确认,在工程量量清单上签署审核意见后,报业主现场财务部。

(4)建设单位财务部经对工程量进度报表的汇总核对后,签署意见上报该项目主管领导。

(5)建设单位项目主管领导根据预算及工程完成情况,确认是否同意拨款,签署意见后退回建设单位工程管理部。

(6)建设单位工程管理部根据施工合同中确定的支付款、支付条款和审定的清单价款,提出付款意见,审核付款金额,开具工程拨款审批单。

(7)建设单位财务部收到经各级领导签批的拨款审批单,复核无误后,待总承包企业开具应收账款发票和实收收据后,向总承包企业支付款项。

(8)总承包企业在收到建设单位拨付的进度款后,根据项目合同根据其他联合体成员单位的中期结算单——支付该期进度款。

13.4 监督项目现场建设资金使用过程,提高资金使用效率

为了保障项目施工进度顺利进行,总承包联合体应对各联合体成员单位的资金使用进行有效监督、控制,确保项目资金专款专用,不发生挪用、转移资金的现象,保证不通过权益转让、抵押、担保承担债务等任何其他方式使用基本结算户的资金。

(1)各联合体附属单位应在联合体牵头单位或主体施工单位指定的银行开立该项目专用账户,用于收取项目进度款。

(2)联合体牵头单位或主体施工单位与银行和联合体其他单位分别签订资金三方监管协议,用于保证资金安全,做到专款专用。

(3)加强对资金使用的审批,确保各联合体单位的服务满足相关合同的要求,进而最大限度地保障总承包合同的顺利进行。

(4)各联合体承包单位在办理资金支付业务时,应提供经联合体及建设单位审批的资金计划审批表(表13-1),审批表应附合同及该笔合同的结算单、发票、收据复印件。

资金计划审批表 表13-1

单位名称:(盖章)　　　　　　　填报日期:　年　月　日　　　　　单位:元

			付 款 信 息					
序号	资金用途	收款单位名称	用款方式	收款单位银行及账号	合同金额	本次支付金额	已累计支付金额	备注
1								
2								
3								

续上表

付款信息								
序号	资金用途	收款单位名称	用款方式	收款单位银行及账号	合同金额	本次支付金额	已累计支付金额	备注
4								
5								
6								
7								
8								
小计	(大写)						(小写)	¥
设计施工总承包企业申请		总监办审核	管理处审批					
经办人			审批付款金额	(大写)		分管副处长	(小写)	¥
财务负责人			管理处工程科	管理处财务科			管理处处长	
项目经理								

填表须知:1. 本表除意见栏外,不得用手工填写,并加盖公章。
2. 所有审批必须附施工合同、劳务合同、购货发票等资料复印件。
3. 分类填列(施工队伍、材料款、机械租赁及其他)每类小计。
4. 不按规定办理的,总承包企业将不予办理。
5. 填表时原则上应依据本月资金用款计划表执行,其他情况应在备注栏说明情况。

13.5 项目年度预算与年度考核

13.5.1 年度预算

1)项目年度预算编制依据

(1)总承包企业下达的年度计划产值;

(2)标后预算、项目总承包合同。

2)项目年度预算主要指标计算方法

(1)年度预算应上缴切块利润 = ∑[年度计划细目工程量×该细目(合同清单单价 – 标后预算单价)] – 年度预算(其他工程费 + 间接费 + 期间费用) – 年度预算税金

年度预算其他工程费、间接费、期间费用以标后预算下达的额度为控制标准,根据项目工期、年度计划完成的工程量和相应的人力资源配置等因素综合测算。

(2)年度预算收入 = ∑(年度计划细目工程量×该细目合同清单单价)

(3)年度预算成本费用 = 年度预算(直接工程费 + 其他工程费 + 间接费 + 期间费用) = 年

度预算收入－年度预算应上缴切块利润－年度预算税金

(4) 年度预算应缴纳税金＝年度预算收入×综合税率

13.5.2 年度考核

1) 项目年度考核依据

(1) 总承包企业下达的标后预算,与项目经理部签订的项目承包经营合同;

(2) 总承包企业下达的年度预算;

(3) 财务部门提供的项目上缴切块利润和各项费用清单;

(4) 项目上报的主合同的履行情况及考核年度业主批复的最后一期计量支付证书、考核年度最后一期远程结算报表;

(5) 分包合同管理情况及考核年度最后一期劳务或工程分包计量支付证书;

(6) 项目经济活动分析报告;

(7) 总承包企业不定期对项目检查、抽查、认定的有关资料或业主、监理反馈的有关信息、资料;

(8) 经审批的标后预算变更报告;

(9) 企业制定的相关财务规章制度。

2) 年度考核主要指标计算方法

(1) 年度实际应上缴的切块利润＝∑[细目年度累计计量工程量×该细目(合同清单单价－标后预算单价)]－年度实际(其他工程费＋间接费＋期间费用)－年度实际税金

(2) 年度实际收入＝年度累计计量产值＝∑(细目年度累计计量工程量×该细目合同清单单价)

(3) 年度实际成本费用＝年度(直接工程费＋其他工程费＋间接费＋期间费用)＝年度实际收入－年度实际应上缴的切块利润－年度实际税金

(4) 年度实际应缴纳的税金＝年度累计计量产值×综合税率

总承包企业根据月度集中远程结算汇总统计年度实际应上缴的切块利润,并与下达的年度预算对比分析,结合项目质量、安全、进度、环保等目标的完成情况和财务部门提供的相关资料,对项目经理部进行年度考核预兑现,详细说明项目是否完成了年度预算,是否足额上缴了应上缴的切块利润。

13.6　项目成本分析

工程项目成本分析的主要目的是通过计划成本与实际成本的对比,计算成本偏差;对施工过程中影响成本的各种因素进行分析,找出造成成本偏差的原因,根据项目的实际情况,制定出切实可行的纠正成本偏差的措施,以达到降低各种生产消耗和各种成本费用,实现成本持续改进的目的。

13.6.1 成本分析的原则

(1)计划、核算和分析相匹配的原则。

(2)全面分析和重点分析相结合的原则。

(3)事后分析与事前、事中分析相结合的原则。

(4)实事求是和力求准确的原则。

(5)量价分离,定量与定性相结合原则。

(6)与相关技术经济指标相结合原则。

13.6.2 成本分析的分类

(1)按照工程成本形成过程和施工工艺可分为工料机资源成本分析、作业成本分析和作业中心成本分析等。

(2)按成本核算期分析可分为月、季、年度成本分析、特定期间成本分析和项目总成本分析。

(3)按照工程实体的结构、部位、功能可分为单位工程成本分析、分部工程成本分析、分项工程成本分析。

13.6.3 成本分析内容

1)损益对比分析

主要是对分析期内各分项工程损益进行计算并与计划进行对比,是分析期内施工分项工程总量和工程施工情况信息的综合反映。

2)间接费分析

对于间接费,从费用项目和单位工程量消耗间接费两方面来进行分析。

(1)费用分析:主要分析当期各分项工程的间接费用消耗情况和单位产量间接费细目的实际与计划单位产量费用对比分析。

(2)单位产量间接费对比分析:通过对各部门的月度、季度、年度以及开工至今的单位产量间接费的实际与计划之间的对比来反映各期目标与实际之间的距离,以便改进。

3)人力资源成本分析

主要是分析人力资源成本费用、工时单价、岗位人力资源成本情况和分项工程单位产量人工费的对比情况,以便了解当期单人成本消耗、岗位人力资源成本消耗和单位工程量人工成本消耗的情况。

4）设备资源成本分析

设备资源成本的分析,是为了让项目经理从整体上了解每一台设备的使用情况,包括设备的收支情况、设备台班单价分析情况,以及各分项工程对机械费的消耗情况。具体从以下几个方面来分析：

(1)设备资源成本的费用及效益分析。

(2)分项工程各工序使用的机械情况分析：主要通过分项工程各工序使用的机械台班数量对单机台班的分摊来进一步实现对分项工程各工序使用的机械费进行分摊。

(3)设备资源成本台班单价对比分析：主要通过本月、本季度、本年度以及本工程开工至本月末四个方面的台班单价之间的分析来反映各期台班单价的变动情况。

(4)分项工程单位产量消耗机械费对比分析：主要对各分项工程单位产量消耗机械费情况进行对比分析。

5）材料资源成本分析

材料资源成本的分析,主要是分析其中的材料单价、材料用量、材料成本、出入库价差、材料库存以及单位工程量材料费的消耗情况等内容。具体包含以下几方面内容：

(1)原材料库存情况分析：主要是为了掌握材料资源的月度库存情况。

(2)原材料成本价差分析：通过材料采购价与材料出库价对比、材料入库总成本和材料出库总成本对比来分析各种材料的月度单位价差和成本价差。

(3)原材料成本单价分析：分析当月入库材料的成本费用构成及数量、单价,并且通过本月入库单价与月初库存平均单价之间的比较来反映材料单价的涨跌情况。

(4)分项工程单位工程量材料费消耗分析：通过分项工程单位工程量材料费消耗的纵横向对比分析来反映当期相对期初和计划单位产量材料费的涨跌情况以及单位产值材料费的节超情况。

6）工程进度及统计产值

反映分析期内各分项工程统计产量、合同单价和统计产值分析情况。

7）分项工程成本对比分析

根据成本计划中分项工程的直接费计划内容,综合反映一个分项工程在分析期内所完成的情况与其相应消耗的各成本费用情况,主要是对工程消耗工料机数量、单价和金额进行分析。

8）供应商往来情况分析

反映分析期内总承包项目经理部与各类供应商之间所发生的资金借贷关系。

13.6.4 成本分析管理

总承包项目成本核算部门在规定的时间内组织相关部门、人员对各部门的成本分析结果和分析报告进行详细分析,形成项目成本分析总报告,并及时把项目成本分析汇总报告交给总承包项目经理。

1)成本分析期

总承包项目经理部至少每月进行一次成本分析。在项目经理部规定的时间内,各部门应将本部门的成本分析结果和报告提交给成本合同部门。

2)成本分析会

总承包项目经理部至少每月召开一次成本分析会议。由项目经理主持,主管成本合同副经理,主管机械副经理,主管物资副经理,总工,生产技术部、机械部、物资部、成本合同部、财务部、办公室、成本核算中心负责人及相关人员参加。

成本分析会议的主要内容:

(1)各部门通报本部门指标完成情况及生产成本偏差的原因;

(2)成本合同部门通报项目总体指标完成情况;

(3)财务部通报相关情况;

(4)根据原始记录及现场施工实际情况对存在问题进行分析并找出原因;

(5)提出纠正措施,对下一阶段成本控制标准进行修订。

3)成本对比分析总结性报告

总承包项目经理部每月按成本费用项目进行成本分析,提出截至本月项目实际发生的成本费用与成本计划相对应的成本项目进行逐项分析比较节超情况。对节超数额比较大的项目单列出来,明确该项成本是由哪些费用细目构成、各费用细目的发生日期以及确定该项成本费用所隶属的管理部门等详细资料,并就节超的原因与其隶属的相关部门预先进行交流分析,以此整理形成文字性成本对比分析报告。

4)成本对比分析结果信息的反馈

成本分析结果的反馈主要包含四个方面:

(1)作为调整成本计划的重要依据;

(2)作为成本考核的重要依据;

(3)作为下一阶段成本过程控制的重要参考依据;

(4)为项目成本管理改进提供依据。

因此,在成本对比分析结束后,组织项目成本精细化管理小组召开分析例会,总结成本节约的经验,吸取成本超支的教训,为下个月成本控制提供对策。

13.7 项目联合体风险费的使用

项目在开工前,经结合现场实际情况对设计图纸进行优化后的风险预判,在每一份的工程量计量报表中计提一定比例的风险费,用于合同计量清单内的工程量变化的资金调剂和工程进度的调剂。

对项目合同工程量清单内的使用,需要项目工程部、设计部对现场工程量实际情况进行核实后签署设计变更申请单,合同部根据工程量申请变更单对比清单价格后进行结算,财务部根据结算单做拨款。该笔资金不允许对项目联合体成员以外的单位借款,不允许对个人借款使用。

联合体成员单位如有特殊情况确需借款的,需提出书面借款申请,明确借款原因和归还时间,经施工项目经理、设计项目经理、联合体成员单位法人审批同意后,联合体财务在联合体领导小组提交资金拨款审批单,经联合体领导小组同意后方可拨款。联合体资金拨款审批单如表13-2所示。

联合体资金拨款审批意见表 表13-2

审批内容	
联合体项目施工经理意见: 签字: 年　月　日	
联合体项目设计经理意见: 签字: 年　月　日	
联合体领导审批意见: 甲方授权人: 乙方授权人: 年　月　日	

13.8　项目税务管理

项目纳税首先要注意工程合同中针对该项目纳税条款的规定,在合同的签订阶段,就需要对合同有一定的纳税筹划工作。在进行工程总承包项目的财务管理工作中,必须明确是否有免税或减税项目的存在以及办理免税或减税项目的相关手续。

纳税工作必须合理、合法,在合同签订阶段,由于设计服务和施工服务的税率要求不同,应将设计施工总承包合同在清单或合同约定中变为两个分合同,明确设计费和建安费的税率及开发票主体。明确纳税人跨地区提供的施工服务,现场财务人员在明确合同纳税主体方式的情况下,应在施工服务发生所在区域预缴该项目的增值税,并以预缴增值税或销售额为计税依据,预缴城市维护建设税、印花税、水利建设基金税的适用税率和增值税教育费附加适用税率就地计算缴纳城市维护建设税、印花税、水利建设基金税和教育费附加。

预缴增值税的纳税人在其机构所在地申报缴纳增值税时,以其实际交纳的增值税为计税依据,并按机构所在地的城市维护建设税、印花税、水利建设基金税适用税率和教育费附加征收率就地缴纳城市维护建设税、印花税、水利建设基金税和教育费附加。现场财务人员还需要在充分了解当地税法的基础上,根据项目当期计量收入缴纳企业所得税。

13.9 农民工及农民工工资管理

设计施工总承包项目是一种特殊形式的组合承包方式,由多家参建单位组成的联合体,施工分包企业相对比较多,劳务分包企业比较多,农民工人数比较多,管理难度大。虽然农民工欠薪的主体责任是雇佣企业,但根据2019年12月4日国务院第73次常务会议通过,自2020年5月1日施行的第724号国务院令要求,为规范农民工工资支付行为,保障农民工按时足额获得工资,设计施工总承包牵头单位有责任、有义务对劳务分包企业工资的支付进行监督,督促其依法支付农民工工资。对于不能及时、足额进行支付的,工程总承包企业未按合同约定与建设工程承包企业结算工程款,致使建设工程承包企业拖欠农民工工资的,工程总承包企业要先行垫付农民工被拖欠工资,先行垫付的工资数额以合同当期未结清的工程款为限。

(1)各联合体成员单位对分包进场的劳务企业的施工资格,"五证一书"(即营业执照、施工资质证书、劳务备案通知书、安全生产许可证、分包交易服务卡、法人授权委托书)进行审核并提供复印件。

(2)建立台账管理制度。劳务分包企业在项目现场应设置专门的管理机构,授权委派现场负责人,专业劳资员负责施工现场的日常工人管理工作,在劳务队入场前对每一位农民工进行实名制信息化登记,并签订针对该项目的劳动合同,合同应约定农民工在本项目的工种、按计件、工序或计时的合理计付方式;保证公平、公正、公开,有条件可采用日清月结的支付方式并约定工资的支付基础支付额,减少工资纠纷。

(3)建立农民工工资保证金制度。在联合体各成员单位与劳务队伍签订劳务分包协议时,应该有明确约定由劳务分包队伍缴纳农民工工资支付保证金的条款。开设农民工工资保证金专户和支付专户,并在每月工程量计量结算中扣除约定比例的农民工工资转入农民工保证金专户,剩余转入支付专户并对支付专户进行监管,保证专款专用。当劳务分包队伍发生工资纠纷,经调查属实,证据充分,总承包企业有权直接使用该队伍工资保证金垫付处理,垫付款项应从下月结算款中补足,当该队伍工程完工,农民工工资发放完毕,经公示不存在劳务工资纠纷时,其工资保证金一次返还。

(4)联合体应加强对农民工的管理,避免农民工恶性讨薪事件的发生。

13.10　工程结算与决算

工程竣工可以划分不同的阶段,分为工程结算和工程决算。

工程结算是总承包企业按照建设工程承包合同约定完成全部工程任务后,经验收合格,依照相关规定编制书面结算书形式工程量价从建设单位获得工程款的过程,工程结算资料是在施工完成且竣工后编制的,是工程财务文件之一。

工程结算的注意事项:

(1)审核工程量,确保施工图或竣工图工程量和实际完成工程量没有出入。

(2)保证工程清单定额单价套用准确无误,工程的清单单价按照国家计量定额单价具体标准规定,参照定额单价的明细字母可直接套用。

(3)对该项目相关资料进行梳理,从施工图纸、建设工程承包合同到施工全过程的动态资料都要一一核对,力求资料准确、完整、齐全,确保后续工程决算审核的正常进行。

(4)其他费用的使用及取费要坚持合情合理,由于计算方法不同于工程量和定额单价的套用,故要根据费用发生的情况具体对待。

工程决算是通过编制竣工决算数计算整个项目从立项到竣工验收、交付使用全过程中实际支付的全部建设费用,反映了工程建设项目的最终造价,是正确核定新增固定资产价值,办理固定资产交付使用手续的依据。

13.11　财务档案管理

1)会计资料的归档

项目在施工过程中,总承包企业财务人员应按月或季度将财务档案带回单位,移交财务核算中心,包括银行开户相关资料、现场银行对账单、银行收款单、银行利息收款单、银行手续费、支付报表、结算单、当地税务申报资料等。总承包企业财务人员发生变动时,财务管理主管应督促相关人员及时履行三方交接签字手续,交接的资料作为财务档案保存。

2)会计档案资料的管理

总承包企业财务人员负责现场财务档案资料的安全和完整,总承包企业财务人员负责对与财务会计有关的一切相关资料档案进行分类、移交、归档,按时间顺序定期装订成册,编号保管。

3)电子档案管理

在进行财务档案管理中,将电子档案与纸质档案区分管理,对电子数据进行计算机内部的审核和统计,将属于归档范围的电子会计资料仅以电子形式进行保存。

电子档案管理系统能够准确有效接收,完整读取电子会计资料,能够输出符合国家标准归档格式的会计凭证,报表会计资料,设定了经办、审核、审批等必要的审签程序。利用电子会计档案,符合电子档案的长期保管要求,并建立电子会计档案与相关联的其他纸质会计档案的检索要求。

电子档案要按月或其他固定时间段采取有效措施,防止电子会计档案被篡改。电子会计档案在项目结束移交时应将电子会计档案及其原数据一并移交,且文件格式应当符合国家档案管理规定。特殊格式的电子会计档案应与其读取平台一并移交。

第 14 章　项目风险管理

工程项目的立项和各种分析、研究、设计、计划都是基于未发生事件(政治、经济、社会、自然等各方面)的预测以及正常、理想的技术、管理和组织之上的。在项目实际实施及运行过程中,这些因素都有可能会产生变化,这些变化会使得原定的计划、方案受到影响,使原定的目标不能实现。这些事先不能确定的内部和外部的干扰因素,称之为风险。风险是项目系统中的不可靠因素,在任何工程项目中都存在。工程项目作为集合经济、技术、管理、组织各方面的综合性社会活动,它在各个方面都存在着不确定性。这些风险可能造成工程项目实施过程中出现失控现象,如工期延长、成本增加、计划修改等,最终导致工程经济效益降低,甚至项目失败。

公路设计施工总承包项目一般建设规模较大、里程较长、沿线地形、地质、环境、经济等制约因素复杂、多样;同时,施工周期较长(一般持续数年之久),各种内、外部因素出现变化的可能性较大。在项目实施过程中会面临各种各样的风险。为了避免和减少风险因素对工程造成的各种影响,在项目实施的整个过程中必须进行风险管理。通过在项目建设过程中利用科学的方法对可能出现的影响工程顺利实施的各种风险因素进行识别、评价和衡量、预防、控制,以达到提高项目整体风险防范能力和保障项目顺利、有效实施的目的。

14.1　项目风险管理体系和职能

项目风险管理是指通过风险识别、分析和评估来认识项目风险,并以此为基础合理采取应对措施和管理方法,对项目风险实行有效控制,妥善处理风险事件造成的不利后果,以最少的成本保证项目目标实现的管理工作。

工程总承包项目应建立项目风险管理体系,遵循"全面管理、预防为主、防控结合"的原则,提高项目整体风险管理能力,确保项目顺利有效实施。

为建立项目风险管理体系和完善其职能,工程总承包企业(项目部)需主要完成以下任务:

(1)制定风险管理规定,明确风险管理职责与要求;

(2)编制项目风险管理程序,负责项目风险管理的组织和协调;

(3)全面识别项目具体风险源,分析风险特征,评估风险结果,输出风险报告;

(4)制订具体项目风险管理计划,确定项目风险管理目标;

(5)将风险管理贯穿于项目实施的全过程,采取分阶段、分节点的方式进行动态化管理;

(6)选取适合项目风险管理的方法和工具;

(7)通过汇总已发生的项目风险事件,建立并完善项目风险数据库和项目风险损失数据库。

14.1.1 项目风险管理规定

工程总承包企业应制定风险管理规定,明确风险管理职责与要求,并对工程总承包项目的风险进行规范化管理。项目风险管理规定应包含下列内容:

(1)对工程总承包企业建立风险管理体系提出要求;

(2)证实工程总承包企业有能力保证项目全过程的风险都在可控范围内;

(3)规范工程总承包项目的风险管理;

(4)为工程总承包项目风险管理提供全方位的支持。

14.1.2 项目风险管理程序

工程总承包企业(项目部)应编制项目风险管理程序,明确项目风险管理职责,负责项目风险管理的组织与协调。项目风险管理程序主要有以下要求:

(1)项目部在项目经理领导下,依据工程总承包合同性质、项目规模和特点、项目风险状况以及工程总承包企业风险管理的规定与要求,编制项目风险管理程序;

(2)项目部内需建立专职项目风险管理的组织机构;

(3)需明确风险管理机构内每个岗位的具体职责与要求;

(4)风险管理程序要做到对项目全过程的风险管理进行统一组织、协调。

14.1.3 项目风险管理计划

工程总承包项目经理部应制订项目风险管理计划,确定项目风险管理的目标。项目风险管理计划是项目整体计划的重要组成部分,通常在项目策划阶段由项目经理组织编制。项目风险管理计划包括下列主要内容:

(1)确定项目风险管理的目标、范围、组织、职责与权限、负责人;

(2)进行项目特点与风险环境的分析;

(3)明确项目风险识别与风险分析的方法、工具;

(4)提出项目风险的应对策略;

(5)明确项目风险可接受标准的定义;

(6)进行项目风险管理所需资源和费用估算；

(7)提出有关项目风险跟踪记录要求。

项目风险管理目标与项目总目标息息相关,通过项目全过程的风险识别与管控,以最小的成本保证项目质量、安全、费用、进度、职业健康和环境保护等目标的实现。

14.1.4 项目风险管理范围

项目风险管理应贯穿于项目实施的全过程中,宜分阶段进行动态管理。

项目风险存在于项目的各个阶段、各个实施过程。不同阶段、不同过程项目风险的种类、影响程度和应对策略等不尽相同,随着时间的推移和项目实施的进程,项目风险产生的环境与条件都会发生一定的变化,要用动态管理的思维,按照项目实施的不同阶段,将项目风险管理贯穿于项目实施的全过程。

项目部应按照项目实施的不同阶段,编制项目风险登记册。在项目风险登记册中,应记录项目各阶段所要辨识的风险、采取的风险应对措施,以及对下一步风险管理工作要关注的重点等内容,并进行动态化管理。

14.1.5 项目风险管理数据库建立

建立风险管理数据库就是利用现代计算机软件技术对项目实施过程中得到的各类风险管理信息进行收集、整理、分析、记录、归档。风险管理数据库包括项目风险数据库和项目风险损失数据库。数据库的建立可以利用计算机辅助实现以下主要功能：

(1)为工程项目风险辨识提供参考信息；

(2)对工程项目进行风险评估和评价；

(3)为工程项目风险决策提供参考信息；

(4)对工程项目进行风险监控。

建立风险管理数据库主要有以下步骤：

(1)选取合适的风险数据库软件,可选用专业风险评估软件或利用常见的数据库软件自行开发；

(2)根据历史评估数据、风险理论体系和风险管理经验选择数据来源；

(3)在风险数据库软件中输入与工程相关的各类风险管理信息。

14.2 风险识别、评估与控制

为达到消除、减小或转移风险的目的,在项目实施阶段,总承包企业应根据风险管理体系的要求开展风险识别、风险评估,并采取合适的风险应对措施,以实现风险的有效控制。

14.2.1 风险识别

工程总承包企业(项目部)应在项目策划的基础上,根据风险来源等特征,依据合同约定对设计、采购、施工和试运行等各阶段的风险进行识别,并对风险的各种影响因素加以分类整理,形成项目风险识别清单,输出项目风险识别结果。

项目风险识别过程应包括下列主要内容：

(1)收集数据或信息,包括项目环境数据资料、类似工程的相关数据资料、设计与施工文件、过去项目的经验和历史资料;

(2)不确定性分析,可以从项目环境、项目范围、项目行为主体、项目阶段、项目目标等方面着手分析;

(3)确定风险事件,并将风险加以归纳、整理,建立项目风险清单体系;

(4)编制项目风险识别报告,风险识别报告通常包括已识别的项目风险、潜在项目风险、项目风险的征兆等。

项目风险识别过程中应综合考虑以下因素：

(1)正常的生产活动;

(2)停工、维修、临时抢修等活动;

(3)所有进入工作场所的人员的活动(包括合同方人员和访问者的活动);

(4)工作场所的设施(无论由本单位还是由外界所提供);

(5)事故及隐患的危害和影响,包括来自产品或材料的包装缺陷、结构失效、天气、地质灾害及其他外部自然灾害,恶意破坏或违反安全规程操作等;

(6)丢弃、废弃、拆卸和处理;

(7)以往工程活动的遗留问题;

(8)其他人为因素。

项目风险识别采取的主要技术方法有问卷调查、小组讨论、专家咨询、情景分析、政策分析、行业标杆比较、访谈法和图解法等。这些对于安全威胁信息的搜集、整理、分析,可以起到预警作用;通过及时调整和布防,可以加强对实际风险威胁的防范。对于各种威胁信息可以从如下渠道获取和识别。

(1)历史事件记录、类似地区发生的事件记录;

(2)政府应急部门有关的报告及数据统计;

(3)专题调查研究、行业报告;

(4)与员工的工作访谈、管理层访谈等;

(5)报纸、电视、互联网等媒体;

(6)社会安全专项检查表、问卷调查表;

(7)经验判断、专家咨询;

（8）统计推论、流程分析、头脑风暴、系统分析、模拟情景分析和系统工程技术方法等。

风险识别应考虑过去、现在、将来三种时态和正常、异常、紧急三种状态。项目部应通过风险识别确定活动、产品或服务中能够控制或能够施加影响的威胁因素。总承包项目部应采用下列方法加强项目风险因素识别：

（1）在每年年初，组织相关人员集中进行风险因素识别；

（2）在项目的策划阶段、项目设计及施工方法选定阶段，由总体或设计负责人组织相关人员集中进行风险因素辨识；

（3）在组织各项生产经营活动时，应全过程动态辨识危险因素；

（4）应建立激励机制，鼓励员工参与危险因素识别。

14.2.2 风险评估

工程总承包企业（项目部）应当根据设定的控制目标，全面、系统、持续地收集相关信息，结合实际情况，及时进行风险评估。开展风险评估，应当准确识别与目标相关的内部风险和外部风险，确定相应的风险承受度。风险承受度是能够承担的风险限度，包括整体风险承受能力和业务层面的可接受风险水平。

识别内部风险，应当关注下列因素：

（1）项目经理及其他高级管理人员的职业操守，所有员工专业能力胜任度等人力资源因素；

（2）组织机构、经营方式、资产管理、业务流程等管理因素；

（3）研究开发、技术投入、信息技术运用等自主创新因素；

（4）财务状况、经营成果、现金流量等财务因素；

（5）运营安全、员工健康、环境保护等安全环保因素；

（6）其他有关的内部风险因素。

识别外部风险，应当关注下列因素：

（1）经济形势、产业政策、融资环境、市场竞争、资源供给等经济因素；

（2）法律法规、监管要求等法律因素；

（3）安全稳定、文化传统、社会信用、教育水平、消费者行为等社会因素；

（4）技术进步、工艺改进等科学技术因素；

（5）自然灾害、环境状况等自然环境因素；

（6）其他有关外部风险因素。

应当采用定性与定量相结合的方法，按照风险发生的可能性及其影响程度等，对识别的风险进行分析和排序，确定关注重点和优先控制的风险。

应当根据风险分析结果，结合风险承受度，权衡风险与收益，确定风险应对策略。

应当合理分析、准确掌握董事、经理及其他高级管理人员、关键岗位员工的风险偏好，采取适当的控制措施,避免因个人风险偏好给企业经营带来重大损失。

应当综合运用风险规避、风险降低、风险分担和风险承受等风险应对策略,实现对风险的有效控制。

工程项目至少应当关注下列风险:

(1)项目立项缺乏可行性研究或者可行性研究流于形式,决策不当,盲目上马,可能导致难以实现预期效益或项目失败;

(2)项目招标暗箱操作,存在商业贿赂,可能导致总承包企业实质上难以承担工程项目、中标价格失实或相关人员涉案;

(3)工程造价信息不对称,技术方案不落实,概预算脱离实际,可能导致项目投资失控;

(4)工程物资质次价高,工程监理不到位,项目资金不落实,可能导致工程质量低劣,进度延迟或中断;

(5)交竣工验收不规范,最终把关不严,可能导致工程交付使用后存在重大隐患。

应当建立和完善工程项目各项管理制度,全面梳理各个环节可能存在的风险点,规范工作流程,明确职责权限,做到决策与策划、概预算编制与审核、项目实施与价款支付、竣工决算与审计等职权相互分离,强化工程建设全过程的监控,确保工程项目的质量、进度和资金安全。

14.2.3　风险控制

工程总承包企业(项目部)应根据项目风险识别和评估结果,开展项目风险控制工作。对已识别的风险应根据情况加以跟踪、监测剩余风险并添加新识别风险,以保证风险计划的顺利执行及有效性。

对一般风险采取控制和削减措施(包括技术、管理、法律和财务等措施),对特殊风险要制订专项方案,重大风险应制定相应的应急预案。

项目风险控制的范围和原则如下:

(1)管理各类风险处治前后的改变情况,对趋势加以分析、判断;

(2)风险控制涉及选择替代对策、应急预案、采取纠正措施,或修改项目风险管理应对策略和措施;

(3)持续开展风险识别、风险评价、风险应对,包括风险控制在内的整个风险管理过程。

项目风险控制主要有下列程序:

(1)持续开展项目风险的识别和度量;观察潜在风险的发展;追踪项目风险发生的征兆;采取各种风险防范措施;应对和处理各种风险事件,消除或缩小风险后果;管理和使用项目不可预见费;调整项目风险管理应对策略和措施等。

(2)项目专职风险管理职能机构或部门应定期汇总其他各部门风险应对策略和措施的有效性、风险评估时未曾估计到的后果,以及为适当应对风险所采取的中途纠正措施等,作为风险控制的依据。

（3）定期组织风险级别评定工作,对项目风险进行系统审视,对风险水平呈上升趋势的风险需再行制订应对计划,报项目经理批准后报相关部门执行。

风险控制的常见做法有：

（1）风险规避：采取主动放弃或加以改变,以避免与该项活动相关风险的策略。

（2）风险预防：采取措施消除或者减少风险发生的因素,是处理风险的一种主要方法。在项目决策阶段,通过对业主、分包商和供货商信用分析,项目的可行性研究及时发现和计算有可能出现的各种风险,并据此采取各种相应的管理程序、管理方式和管理方法。在合同投标、报价阶段,合同商务谈判签订阶段多采用风险预防的方法。

（3）风险转移：在危险发生前,通过采取方法或措施,将风险转移(分担)出去。一般来说主要有三种途径：一是将风险转移给相关方,比如总承包企业利用分包合同或采购合同转移自身承担的风险；二是将风险转移给担保人,比如银行保函；三是向保险公司投保,将风险转移给保险公司,一旦发生损失则保险公司承担一部分风险。

（4）风险保留：在掌握充分信息时为寻求机遇而承担风险。一般来说有三种途径：一是小额损失纳入生产经营成本,损失发生时选择承担风险,用企业的收益补偿；二是针对发生的频率和强度较大的风险建立意外损失风险基金,由损失风险基金在损失发生时进行补偿；三是对于大型企业,可建立专业的保险公司。

14.3 风险管理

工程总承包项目风险主要包括市场风险、环境风险、造价风险等,不同类型风险需要采取不同的管理方法和措施。

14.3.1 市场风险管理

市场风险管理是指工程总承包企业围绕总体经营目标,建立健全市场风险管理体系,通过在市场开发、工程承揽全过程的各个环节执行风险管理的基本流程,使市场风险处于可控状态,为工程总承包企业总体经营目标提供有效保证。

在信息跟踪、工程投标阶段应做好的市场风险管理工作主要有：

（1）在信息收集、信息跟踪阶段,应建立信息管理制度,经营部门应建立信息台账,并负责信息协调和定期更新。避免出现信息重复和信息浪费。信息跟踪单位应准确把握所跟踪项目的性质、类型、建设单位性质及与项目相关的风险因素,明确信息跟踪责任人、制定项目运作措施、提高项目中标率。

（2）应结合市场和自身实际情况,对工程总承包企业承接工程的类型、规模提出初步筛选标准,制定下限。对于不满足标准的,不允许承接,特殊情况下需报单位分管领导审批。

(3)应建立和完善工程投标前审批制度,对工程风险进行事前分析和预控,评审覆盖面应达到100%。在获取工程招标基本信息后,应组织相关部门对招标主体、招标条件、招标风险进行全面分析评审,对是否参与投标进行评审决策。

(4)投标前评审应根据风险级别进行分级评审。一类项目(高风险项目)指垫资5000万元(各单位可自行明确限额,下同)以上或BT(建设-移交模式)、BOT(建设-经营-转让模式)项目,应由工程总承包企业总经理主持召开总经理办公会议评审决策。二类项目(中风险项目)指垫资5000万元以下,或月工程进度款支付比例70%及以下,或投标保证金和履约担保金超过国家法定限额的项目,应由分管领导主持,投标单位和相关部门参加召开专题会议评审。三类项目(低风险项目)指不需要垫资、月工程进度款支付比例70%以上、投标保证金和履约担保金符合国家法定限额的项目,由经营管理部门会同财务、法律部门进行评审。

(5)投标报价编制过程中应做好风险防范工作,重点防范材料涨价风险估计不足,组价出现缺、漏、错项,措施费用记取不足,报价优惠幅度过大,未充分考虑发包人暂定价对报价的影响等风险因素,避免由于投标报价失误给工程总承包企业造成亏损风险,单位应建立投标报价决策分级审批制度,根据投标报价优惠幅度,由投标单位负责人、单位主管领导、企业负责人分级审批决策。

(6)工程总承包企业应制定合作项目管理办法,合作项目的信息筛选、工程投标、施工合同管理均应纳入市场风险管理体系统一管理。

工程总承包企业的市场风险管理应及早开始,在决定投标前应对业主欲发包的项目进行长期跟踪,收集基础及周边资料,做到在有限的投标期限内对市场风险作出尽可能充分的分析判断。在收到项目招标或议标信息后,工程总承包企业应及时启动市场风险管理程序:

(1)深入调查工程所在地的政治、经济、社会、法律、税收、外汇情况,同时了解所在国家或地区的劳动力、原材料的价格情况,以便准确地进行风险识别和分析,将相应的风险费计入投标报价。

(2)仔细研读招标文件和合同文件,如果发现任何不严谨、措辞不当或有歧义的情况,立即与发包方书面沟通,并且将沟通结果记录、存档,减少由于主观或客观原因造成的文件含混导致的损失。

(3)深入了解发包方的资金支付情况。调查发包方出具的资金安排证明,若为政府项目,要调查其财政状况,以及是否存在由于财政紧张而拒绝支付的历史;若为私人项目,要调查公司的财务状况、公司资信情况。

(4)进行详细的现场勘察和考察。工程总承包企业应该在时间、人力、资金允许的情况下,尽可能详尽地考察现场的地形地质、气候水文、市政管网等条件。

(5)考察更多的供货商。工程总承包企业在技术标中列出一些供货商名单,可在合同执行阶段的供货商选择上为自己留下更多的余地。

14.3.2 环境风险管理

环境风险管理是指工程总承包企业进行项目建设过程中面临的环境危害对人体健康、社会经济、生态系统等产生的风险进行有效管理和控制。环境风险管理是可持续发展的有利保障。

项目经理部应落实项目环境风险评估和管理工作:

(1)对项目所在地的公共环境资源和现场环境因素进行识别、分析,建立环境风险评估体系。

(2)编制环境风险管理实施计划,为实施、控制和改进环境管理计划提供必要的资源。

(3)确定项目环保管理人员,开展环境保护培训,提高项目全体人员的环保意识。

(4)对项目环境风险管理计划进行有效监察与监测,制定环境巡视检查和定期检查制度,动态识别潜在的风险因素和紧急情况,预防和减少对环境产生的影响。

(5)落实环境保护部门和监督部门对于工程建设的相关要求,建立良好的作业环境。

工程项目环境危害因素既包括水、气、声、光、渣等污染物排放或处置,能源、资源、原材料消耗以及危险品泄漏等人为因素,也包括暴雨、洪水、飓风、特别气象等自然因素,这些因素贯穿工程建设全过程。

工程总承包企业应减少人为因素对环境风险的影响。做好三废、噪声、光污染的管理,对施工、运输、装卸、储存、生活等产生的污水、有毒有害气体、粉尘物质、油烟、噪声、光污染等,应通过合理措施从源头上减少产生,并经过设备处理,把对于环境的破坏降到最低。

做好项目节能减排工作,在保证质量、安全的前提下,做到"节能、节地、节水、节材",优先使用节能、高效、环保的施工设备和机具,采用低能耗施工工艺,充分利用可再生清洁能源;施工现场物料堆放紧凑,减少土地占用,减少土方开挖量,保护周边自然生态环境;节约生产、生活用水,保护地下水资源,充分利用雨水资源;积极推广可靠的先进工程技术、施工工艺,采用新型环保材料,降低原材料浪费。做好危险品、污染源的排查处置,人员活动密集的区域禁止堆放危险品,隔离对人体健康有直接危害的污染源。

工程总承包企业应降低自然因素对环境风险的影响。自然因素往往是不可抗力因素,是不能预见、不能避免并不能克服的客观情况。项目经理部应通过预警、规避、转移、控制、自留等策略将风险降到最低。自然因素虽不可预见,但可以通过技术、经验等手段进行预先判断并做好警示工作,及时启动应急预案,从而合理调配生产资源、合理安排生产进度,尽可能规避、转移自然环境因素所产生的风险,减少损失。

工程建设应重视文明施工,在管理过程中应按照现代化施工的要求,使施工现场保持良好的施工环境和施工秩序,尽量做到最大限度地减少由于项目建设而产生的对周围环境的影响,做到现场平整、物料清楚、操作面清洁、废物排放有序、保持生态平衡,追求自然、建筑和人三者之间的和谐统一,促进项目所在地社会、经济和文化的良性发展。

14.3.3 造价风险管理

造价风险管理是指工程总承包企业对于工程建设成本和造价可能面临的风险通过系统、全面的分析,精准确定工程资金运转情况,保证合理开支与项目建设顺利进行,将项目利润和经济效益最大化的综合管理过程。

建设工程造价风险通常包括政策性调整风险、材料价格风险和工程总承包企业自主控制的风险:

(1)政策性调整风险,是指国家有关政策发生变化导致的价格风险。政策发生变化是指法律、法规、规章和地方政策发生变化,具体是指由市级及以上行政主管部门发布的关于税金、规费、安全文明施工费(包含措施费中的环境保护费、文明施工费、临时设施费和规费中的安全施工费)、建设工程定额综合工日单价、建设工程施工机械台班单价、施工仪器、仪表台班单价等政策性调整。

(2)材料价格风险,是指建筑材料、构(配)件、燃料等可调价材料在施工期间由于市场价格波动影响工程造价的风险。

(3)承包方自主控制风险,是指承包方根据自身技术水平及管理、经营状况等能够自主控制的风险,如管理费、利润等。

加强工程造价风险管理的领导和监督,项目经理是工程造价、成本管理的第一责任人,会计是项目成本管理的直接责任人,共同负责项目造价和成本管理工作,根据风险分析结果,制订项目成本目标、成本控制计划,分解落实,责任到人,把工程造价和成本控制贯穿于整个项目建设的全过程,保证造价和成本始终处于动态受控状态。

在施工管理过程中,项目经理部应自觉接受政府、建设单位、监理单位等工程造价管理部门的管理,主动及时请示、汇报工程造价管理情况。严格履行合同中有关工程造价方面的条款,加强与建设单位、监理单位的联系,认真落实关键工作指令。综合编制施工方案,分区、分段、分项编制施工预算,应及时提供工程预算结果与依据,积极配合审查单位的审核,准确确定各项价款。

对于工程变更和已经发生的工程调整,在规定允许的调整费用款项下,及时提出变更价格调整资料,积极配合建设单位和监理单位确定变更费用。施工过程中做好完整记录,全面收集整理项目工程造价的有关资料,定期累计计算已完工程款项,如实反映阶段性工作量与工程造价。

工程竣工后根据签证、变更资料、施工图纸、相关造价文件及合同立即编制竣工结算,及时提交建设单位与监理单位审查,积极配合审查工作,确定工程造价,尽快落实回款。

工程总承包企业除进行自身造价风险控制以外,还应在其他方面注意造价风险管理。

在与分包单位合作过程中,有计划、有依据地确定设计、采购、施工、试运行和培训相关单位,择优选择。实行采购预算管理制度,限额限量推行采购计划,控制订货价格、订货数量,减小采购中间环节,保持到货计划与项目计划的一致性,合理调度优化路径,最大限度降低采购成本。

严格培训所有工程人员,合理安排劳务公司作业程序,争取缩短作业周期,节省不必要的开支,降低劳务成本。编制试运行计划,强化试运行团队业务能力,高效保持运转正常。

第15章 项目收尾管理

15.1 收尾工作主要内容和基本要求

项目收尾管理是为了防范已完工项目组织机构长期存在给总承包企业带来的潜在风险,优化项目后期人员结构,全面履行项目总承包合同,减少竣工项目管理成本支出;项目收尾管理包含收尾阶段、保修阶段和保修期结束后阶段的管理;项目收尾阶段是指项目初验或交付日至项目满足终结条件并经总承包企业批准项目移交、项目经理部解散;项目保修阶段是指项目按照合同和业主要求,进入保修之日起,至工程项目保修期满(且工程质量保证金全部返还)。

15.1.1 项目收尾工作主要内容

(1)竣工收尾:依据合同,总承包向建设方移交最终的项目产品、服务或成果;
(2)竣工验收:依据合同约定,总承包配合建设方进行竣工验收;
(3)项目竣工结算;
(4)项目总结;
(5)项目资料归档;
(6)项目剩余物资处置;
(7)项目考核与审计;
(8)项目回访保修;
(9)项目考核评价。

15.1.2 项目收尾工作基本要求

(1)成立收尾项目管理工作领导小组;由项目经理负责牵头,总承包项目经理部各职能部门(含设计部门)及各分部(或工区)负责人负责执行项目收尾管理工作。
(2)总承包项目经理部制订工作计划,提出各项管理要求。

(3)总承包项目经理部应根据工程项目进展及交验情况,负责及时组织项目交验,并开展项目收尾工作。

(4)项目进入收尾阶段,总承包项目经理部应确定工程收尾责任分工,明确竣工资料、竣工结算、变更索赔、财务核算等工作的直接负责人并制定落实措施,报单位各对口职能部门进行审核。

(5)项目收尾阶段应是项目管理全过程的最后阶段,包括竣工收尾、验收、结算、决算、回访保修、管理考核评价等方面的管理。

(6)精细化管理,兑现项目合同,维护公司信誉和整体利益。

15.1.3 项目收尾工作计划编制

项目进入收尾阶段后,由总承包项目经理部根据实际情况上报项目收尾工作计划,明确收尾人员和职责,明确项目后期剩余工作计划安排,同时将收尾工作计划报单位各职能对口部门审核。

总承包项目经理部负责组织编制项目收尾计划并限期完成,项目收尾工作计划编制应包含以下内容:

(1)项目名称;
(2)项目收尾具体内容;
(3)项目收尾对人员、财务、固定资产、竣工结算、竣工验收、工作移交、项目总结及项目经理部机构撤销等管理要求;
(4)项目收尾进度计划安排;
(5)项目收尾文件档案资料整理要求;
(6)项目收尾计划编制、审核、批准程序。

15.2 项目交竣工验收

15.2.1 交竣工验收组织机构及职责

项目竣工验收前,业主应组织有关方面的专家成立竣工验收委员会或验收小组,研究制订交竣工验收实施方案。

(1)交竣工验收组织机构设立应包含以下内容:
①交竣工验收项目名称;
②验收专家组;

③验收组长、副组长、成员;

④验收各分项工程专业组组长、成员。

(2)交竣工验收职责:

①专家组:工程验收咨询、顾问;

②组长:全面领导和组织工程验收工作;

③副组长:在组长的领导下,具体负责项目验收的相关工作,组织检查验收各专业范围的有关事宜,指导各专业组的工作,形成验收意见;

④各专业组具体负责现场及资料的检查验收、问题汇总工作。

15.2.2 项目交竣工验收条件

根据《建设工程质量管理条例》第十六条规定,建设单位收到建设工程竣工报告后,应当根据施工图纸及说明书、国家颁发的施工验收规范和质量检验标准,及时组织设计、施工、工程监理等有关单位进行竣工验收。交竣工验收的工程项目在工程内容上要按照施工图纸、施工合同、图纸会审记录、设计变更单、技术核定单、现行施工规范及工程质量验收规范要求全部施工完毕。交付竣工验收的建设工程,应当符合以下条件:

(1)完成建设工程设计和合同约定的各项内容。

(2)有完整的技术档案和施工管理资料:

①工程项目竣工报告;

②分项、分部工程和单位工程技术人员名单;

③图纸会审和设计交底记录;

④设计变更通知单,技术变更核实单;

⑤工程质量事故发生后调查和处理资料;

⑥隐蔽验收记录及施工日志;

⑦竣工图;

⑧质量检验评定资料等;

⑨合同约定的其他资料。

(3)有材料、设备、构配件的质量合格证明资料和试验、检验报告。

(4)有勘察、设计、施工、工程监理等单位分别签署的质量合格文件。

(5)有施工单位签署的工程质量保修书。

15.2.3 项目交竣工验收流程

1)总承包项目经理部自检

项目完工后,总承包项目经理部要组织项目部有关职能人员开展自检工作,对拟报竣工工程的情况和条件,对照施工图纸的要求、施工合同的规定和现行工程质量验收规范,进行检查验收,主要包括竣工项目是否符合有关规定,工程质量是否符合现行质量验收规范,竣工资料是否齐全,施工完成情况是否符合施工图纸(包括变更)及使用要求等。自检合格后向项目建设单位提出验收申请,接受建设单位组织的竣工预验收检查,对于检查发现的问题,要制订整改方案和措施,并督促落实;当工程项目经检验并确认完成施工图纸和合同约定内容,达到竣工验收标准后,总承包项目经理部进行单位工程自评并填写"竣工验收通知单"报告项目监理单位。

2)竣工报告

当项目部的自评结果符合国家有关技术标准要求后,总承包项目经理部负责填写单位工程竣工报告,竣工报告由单位法定代表人签字并加盖公章,并提交给监理单位,由监理单位组织对工程进行初检,对工程质量等级作出评定,并编写评估报告。总承包项目经理部将监理单位返还的有监理单位总监理工程师、法定代表人签字盖章的竣工报告送建设单位,申请单位(或分部)工程竣工验收。

3)竣工验收

竣工验收由建设单位组织,省属质监站参加,作为施工单位应配合建设单位组织的专项验收;同时参加建设单位组织的由勘察设计、施工、监理、试验检测等单位代表和其他有关方面专家组成的验收组,对工程项目进行竣工验收,并汇报工程合同履约情况和在工程建设各个环节执行法律、法规和工程建设强制性标准的情况。

15.3 缺陷责任期管理

15.3.1 缺陷责任期定义

缺陷责任期是指承包人按照合同约定承担缺陷修复义务,且发包人预留质量保证金的期限,自实际竣工之日起计算。缺陷责任期一般为1年,最长不超过2年,具体由发承包双方在管理合同中约定,约定的缺陷责任期期限终止后14天内,由监理人向承包人出具发包人签认的缺陷责任期终止证书,并退还剩余的质量保证金。

通常情况下,缺陷责任期自实际竣工日期起计算。在全部工程竣工验收前,已经由发包人提前验收的区段工程或进入施工期运行的工程,其缺陷责任期的起算日期提前到相应工程竣工日。

15.3.2 缺陷责任期责任划分

缺陷责任期内,由承包人原因造成的缺陷,承包人应负责维修,并承担鉴定及维修费用。如承包人不维修也不承担费用,发包人可按合同约定扣除保留金,并由承包人承担违约责任。承包人维修并承担相应费用后,不免除对工程的一般损失赔偿责任。

承包人应在缺陷责任期内对已交付使用的工程承担缺陷责任,缺陷责任期内,承包人应尽快完成在交工验收证书中写明的未完成工作,并完成对本工程缺陷的修复或监理人指令的修补工作。监理人和承包人应共同查清缺陷和(或)损坏的原因。经查明属承包人原因造成的,应由承包人承担修复和查验的费用。经查验属发包人原因造成的,发包人应承担修复和查验的费用,并支付承包人合理利润。承包人不能在合理时间内修复缺陷的,发包人可自行修复或委托其他人修复,所需费用和利润的承担,由双方在联合体协议书中约定。

15.3.3 缺陷责任期的主要任务和工作内容

1) 缺陷责任期的主要任务

缺陷责任期是一种当工程保修期内出现质量缺陷时,总承包企业应当负责维修的担保形式。维修保证可以包含在履约保证之内,这时履约保证有效期要相应地延长到总承包企业完成了所有的缺陷修复。

缺陷责任期的起算日期必须以工程的实际竣工日期为准,与之相对应的工程照管义务期的计算时间是以业主签发的工程接收证书起。对于有一个以上交工日期的工程,缺陷责任期应分别从各自不同的交工日期起算。

2) 缺陷责任期的工作内容

(1) 检查承包人剩余工程计划。

监理工程师应定期检查承包人剩余工程计划的实施,并视工程具体情况,建议承包人对剩余工程计划进行调整。

(2) 检查已完工程。

监理工程师应经常检查已完工程,对工程交接时存在的缺陷及签发证书之后发生的工程缺陷情况进行记录,并指示承包人进行修复。

(3) 确定缺陷责任及修复费用。

监理工程师应对工程缺陷发生的原因及责任者进行调查。对非承包人原因造成由承包人进行修复的工程质量缺陷,监理工程师应对修复工作做出费用估价并向业主签发作为承包人追加费用的证明。

(4)督促承包人按合同规定完成竣工资料。

(5)全部或者部分使用政府投资的建设项目,按工程价款结算总额的3%左右预留保证金。社会投资项目采用预留保证金方式的,预留保证金的比例可参照执行。

15.4 项目结算

15.4.1 项目结算一般规定

(1)总承包项目部依据合同约定,编制项目结算报告。

(2)总承包项目部向建设方提交项目结算报告和资料,经双方确认后进行项目结算。

(3)项目竣工验收后,分包商应在约定的期限内向总承包递交工程项目竣工结算报告及完整的结算资料,经双方确认并按规定进行竣工结算。

(4)通过项目竣工验收程序,办完项目竣工结算,分包商应在合同约定的期限内进行工程项目移交。

15.4.2 项目结算依据

(1)工程合同;

(2)工程投标中标报价单;

(3)竣工图、设计变更、修改通知;

(4)施工技术核定单、材料代用核定单;

(5)现行工程计价、清单规范、取费标准及有关调价规定;

(6)有关追加、削减项目的文件;

(7)双方确认的经济签证、工程索赔资料;

(8)其他有关施工技术资料等。

15.4.3 联合体内部结算

根据招标文件或发包人要求,由联合体牵头单位在发包人指定银行设立联合体项目经理部账户,由牵头单位和联合体主体施工单位双方与银行协定共同管理;发包人可采用将工程款向联合体的牵头方支付和直接向各成员分别支付两种模式。通常情况下,发包人按合同约定的支付进度将每一笔工程款全部支付给牵头方。牵头方按其他成员所负责的分工再支付对应的价款。牵头方向发包人开具发票,其他成员方向牵头方开具发票。各方的支付和开票关系如图 15-1 所示。

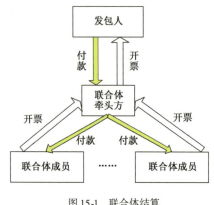

图 15-1 联合体结算

联合体牵头单位(设计方)和主体施工单位(施工方)双方本着平等互利、友好合作的原则,达成联合体协议书,双方利用各自的专长和资源履行联合体与发包人签订的工程合同规定的各项内容,同时约定联合体双方的风险划分、责任及义务、资金及财务、资金收取和使用的规定等,联合体内部结算主要包含以下几个方面:

(1)设计费与施工费。发包人支付合同价款中的施工图勘察设计费由牵头单位(设计方)所有。

(2)预留的工程现场变更。

(3)现场经费按年度结算。现场管理费由联合体账户向主体施工单位专用账户拨付现场经费。

(4)预留费双方利润分配。发包人向联合体账户每期计量支付中按各分项工程(除保险费)外支付款按一定比例留存在联合体账户内;每年度对留存在联合体账户的风险金,应根据项目工程进度和存在的风险预判,商议讨论后由双方法人书面签字方可使用。

15.5 项目总结

15.5.1 项目总结报告的编制

项目总结报告应包含公路工程项目执行报告、公路工程设计执行报告、公路工程施工总结报告及公路工程监理总结报告四个部分。

1)公路工程项目执行报告

(1)概况;

(2)建设管理情况;

(3)交工验收及相关问题;

(4)科研和新技术应用;

(5)对各参与单位的总体评价;

(6)对工程质量的总体评价;

(7)项目管理体会。

对建设规模、标准、工程数量、造价等有较大变更或变更较多的,应增加附表与批复情况对比,并说明理由。

2)公路工程设计执行报告

(1)概况;

(2)设计要点;

(3)施工期间设计服务情况;

(4)设计优化变更情况;

(5)设计体会。

3)公路工程施工总结报告

(1)工程概况;

(2)机构组织;

(3)质量管理情况;

(4)施工进度控制;

(5)施工安全与文明施工情况;

(6)环境保护与节约用地情况;

(7)施工中新技术、新材料、新工艺的应用情况;

(8)工程款支付情况;

(9)施工体会。

4)公路工程监理总结报告

(1)监理工程概况;

(2)工程质量管理;

(3)计量支付、工程进度和合同管理情况;

(4)设计变更情况;

(5)环保监理工作开展情况;

(6)交竣工验收中存在的问题及处理情况;

(7)监理工作体会。

15.5.2 项目总结报告的审定、提交、存档

公路工程项目执行报告、公路工程设计执行报告、公路工程施工总结报告及公路工程监理总结报告四个总结报告编制完成后,应提交给各参建单位的主管部门审定和评价。

根据现行《建设工程文件归档规范》(GB/T 50328)及《建设项目档案管理规范》(DA/T 28)等相关档案管理标准要求归档;对集中收集的项目总结相关文件材料进行分类、整理、编目、编写编制说明,装盒上架,更新完善档案柜标识。

15.6 考核评价与审计

15.6.1 考核评价

总承包项目结束后,对项目的总体和各专业进行考核评价,程序按制定考核评价方法、建立考核评价组织、确定考核评价方案、实施考核评价工作、提出考核评价报告五个步骤进行,其内容应包含:

(1)总承包企业主管部门依据项目目标管理责任书对总承包项目经理部进行考核。

(2)总承包项目经理部依据项目绩效考核和奖惩制度对项目团队成员进行考核。

(3)总承包项目经理部依据总承包企业主管部门规定对分包商及供应商进行后评价。

(4)建设工程项目结束后,应根据不同项目管理模式设置不同的项目考核评价指标。

项目考核评价定量指标包括建设工期、工程质量、工程成本、安全生产、职业健康安全、工程造价、实际投资、环境保护等。

项目考核评价定性指标包括经营管理理念,项目管理策划,管理制度及方法,新工艺、新技术推广,社会效益及其社会评价等。

15.6.2 审计

工程总承包项目审计是对工程总承包项目管理活动全过程进行的审计,是现代审计制度在工程建设领域的探索。总承包项目经理部应根据陕西省国家建设项目审计办法和总承包企业主管部门有关规定配合项目审计。

1)设计施工总承包项目审计的方法

(1)采取联合审计方式。这种方法中,由于审计人员的专业结构及综合素质存在单一性等问题,审计部门应组织工程技术、经营计划、物资管理等相关部门的专业人员组成联合审计组,对整个工程项目实施全过程的审计,规避审计风险。

(2)要加强内部沟通与协调。一般来说设计施工总承包项目投资额度大,涉及范围广,常牵涉到征地拆迁、环保、文物保护等多个方面,审计组应细化成多个小组分别审查,同时加强内部沟通协调。

(3)以成本费用为重要审计内容。这种方法要加强对人工、材料、机械等价格的审查,确保项目实施过程中发生成本真实、合理。

2)设计施工总承包项目竣工决算审计与传统事后竣工决算审计的不同

设计施工总承包项目竣工决算审计期间要严格审查合同、变更、签证等结算材料,确保真实反映该项目的建筑安装费用。要对决算编制依据、建设成本、投资结余等内容进行审计,严格控制投资限额,杜绝隐匿建设资金或搭车建设等现象。

传统事后竣工决算审计主要体现为报送审计,根据提交的工程结算书等资料进行审核,对有疑问的采取建设现场观察、测试。

3) 设计施工总承包项目审计需要重点关注的时间段

(1) 审计前期准备期间;

(2) 现场实施审计期间;

(3) 竣工决算审计期间;

(4) 审计报告期间;

(5) 问题整改期间。

4) 设计施工总承包项目审计的思考

设计施工总承包项目审计,有利于明晰各相关方的职责,及时发现并解决项目建设全过程、全领域中的各类问题,规范管理流程和管控体系,推进项目建设的有序开展和依法合规。

设计施工总承包项目审计需要精心谋划,分析预判审计需求,以保障审计组织,审计双方要充分沟通,有效交换审计意见确保审计效果,最后整改闭环,参建各方应在考虑审计整改建议和要求的基础上,结合本单位和建设现场的实际情况,制订整改计划和整改措施,并按要求进行整改,实现审计目标。

附录　项目管理实施方案

国家高速公路银百高速公路(G69)陕西境湫坡头(陕甘界)至旬邑公路设计施工总承包

项目管理实施方案

陕西省交通规划设计研究院
陕西路桥集团有限公司
二〇一八年一月

目　录

第一章　工程概况 ·· 283
　第一节　工程规模及技术标准 ··· 283
　　一、工程规模 ·· 283
　　二、技术标准 ·· 284
　第二节　沿线自然地理概况 ·· 285
　　一、地形、地貌 ··· 285
　　二、气候、气象 ··· 286
　　三、地质构造 ·· 287
　　四、水文地质 ·· 287
　　五、不良地质和特殊性岩土 ·· 287
　第三节　项目的特点、亮点和控制性工程 ······································· 289
　　一、项目的特点 ··· 289
　　二、项目的亮点 ··· 290
　　三、控制性工程 ··· 291
　第四节　交通、用水、电力与料场分布 ··· 292
　　一、交通、用水、电力 ··· 292
　　二、料场分布 ·· 293

第二章　工程管理目标 ··· 295
　　一、工期目标 ·· 295
　　二、质量目标 ·· 297
　　三、安全目标 ·· 302
　　四、环境保护目标 ·· 302
　　五、工程费用管理目标 ··· 302
　　六、文明施工目标 ·· 302
　　七、农民工工资清欠目标 ·· 302
　　八、廉政责任目标 ·· 302

第三章　项目管理机构 ··· 303
　　一、项目实施管理机构 ··· 303
　　二、项目实施组织机构及职责 ·· 303
　　三、总承包部与各分包部的关系 ··· 306

第四章　项目设计管理措施 308
第一节　设计工作质量控制目标及保证措施 308
一、设计质量控制目标 308
二、保证措施 308
第二节　后续设计服务工作 310
一、后续服务工作方针 310
二、后续服务工作安排 311
三、后续服务工作内容 311

第五章　项目施工管理措施与对策 313
第一节　施工总体布置和安排 313
一、总体布置 313
二、施工分部任务划分 313
三、驻地、场站及工地试验室设置 314
第二节　重点工程实施方案 317
一、支党河特大桥 317
二、梁渠沟大桥 318
三、湿陷性黄土地基 319
第三节　项目管理措施 320
一、工程进度管理 320
二、工程质量管理 321
三、安全管理 323
四、成本控制管理 324
五、标准化建设管理 324
六、环境资源保护 325
七、征地拆迁和环境保护 327
八、农民工工资保障 327
九、廉政建设 328

第一章 工程概况

第一节 工程规模及技术标准

一、工程规模

湫坡头(陕甘界)至旬邑公路是国家高速公路银百高速公路(G69)陕西省境内的重要组成部分,是咸(阳)旬(邑)高速公路向北的延伸,与甘肃省规划的甜水堡至罗儿沟圈高速公路相接。本项目对陕甘宁革命老区经济振兴、国家和陕西省高速公路网完善、区域优势资源开发以及红色旅游资源开发均具有十分积极的促进作用。

项目起于甘肃省正宁县花园村以北支党河特大桥甘肃岸桥头,跨过支党河进入陕西省旬邑县境内,路线基本沿南偏东方向布线,经旬邑县北崖头下穿 G211 后,在塬面基本平行于 G211 布线,在 K301+043 设主线收费站,经看花宫村和坪坊村之间的空地后转向南偏西方向,设湫坡头立交后,继续向南偏西设梁渠沟大桥跨过黄土冲沟,在塬面布线,经张家村、文家村西侧,到达太村工业园西侧,转向南基本平行于 G342 布线,在于家沟畔北侧设旬邑服务区,至胡家村西侧后转向南偏东方向,跨过 G342 在赤道社区西南侧设赤道立交与银百高速公路咸旬高速公路顺接,并与 G3511 荷宝高速公路旬邑至彬县段相连,路线终点为 K320+700。

本项目路线全长 24.939km,其中甘肃省正宁县境内长 0.619km,陕西省旬邑县境内长 24.32km。路基挖方 600.11 万 m^3,填方 151.64 万 m^3,防护排水 9.327 万 m^3,沥青路面 541820m^2,水泥混凝土路面 87710m^2,特大桥 1438m/1 座,大中桥 1397m/9 座,分离式立交 149m/2 座,天桥 1022m/15 座,通道涵洞 52 道,互通式立交 2 处,服务区 1 处,主线收费站 1 处,占地 2688.38 亩(1 亩≈666.67m^2)。

本项目批复概算总金额 25.244 亿元,其中建筑安装工程费 18.542 亿元。施工图预算总金额 25.098 亿元,其中建筑安装工程费 18.127 亿元。总金额较初步设计批复概算减少 0.146 亿元,减幅为 0.58%,建筑安装工程费较初步设计批复概算减少 0.415 亿元,减幅为 2.23%。本项目中标建筑安装工程费为 17.459 亿元,施工图建筑安装工程费比中标建筑安装工程费高 0.668 亿元。主要工程数量见附表 1-1。

主要工程数量表 附表1-1

序号	项目		单位	数量	备注
1	路线长度		km	24.939	
2	路基土方(挖方/填方)		万 m³	600.11/151.64	
3	路基防护/排水		万 m³	9.327	
4	路面(沥青/水泥混凝土)		m²	541820/87710	
5	桥梁	特大桥	m/座	1438/1	
		大中桥	m/座	1397/9	
6	互通式立交		处	2	
7	涵洞		m/道	872.7/34	
8	通道		m/道	449.14/18	
9	天桥		m/座	1022/15	
10	征用土地		亩	2688.38	
11	拆迁建筑物		m²	17724	
12	预算总金额		亿元	25.098	
13	平均每公里造价		万元	10063.76	

二、技术标准

本项目采用双向四车道高速公路设计标准,设计速度分别为80km/h和100km/h,路基宽度分别为25.5m和26.0m,设计荷载公路-Ⅰ级,设计洪水频率为:特大桥1/300、其余为1/100,地震动峰值加速度0.05g,对应地震烈度6度。其余技术指标按照《公路工程技术标准》(JTG B01—2014)执行。

本项目主线路线全长24.939km。其中,起点K295+761.00~K301+043(主线收费站中心)段,路基宽度为25.5m,设计速度为80km/h;K301+043~终点赤道枢纽立交段,路基宽度为26.0m,设计速度为100km/h(其中赤道枢纽立交范围内K318+900~K319+000段路基由26.0m过渡至25.5m,设计速度由100km/h过渡至80km/h)。

主要技术指标见附表1-2。

主要技术指标一览表 附表1-2

指标名称	单位	规范指标	采用指标	规范指标	采用指标	备注
公路等级		起点~K301+043		K301+043~终点		
		高速公路		高速公路		
设计速度	km/h	80	80	100	100	
路基宽度(四车道)	m	25.5	25.5	26.0	26.0	
圆曲线最小半径(一般值/最小值)	m	400/250	1000	700/400	860	
不设超高的圆曲线最小半径	m	2500	—	4000	—	路拱为2%

续上表

指标名称		单位	规范指标	采用指标	规范指标	采用指标	备注
平曲线最小长度(一般值/最小值)		m	400/140	719.140	500/170	616.680	
回旋线最小长度		m	70	150	85	110	
停车视距		m	110	110	160	160	
最大纵坡		%/m/处	5/700	4.0/800/1	4/800	2.8/960/1	
最小坡长		m	200	500	250	420	
竖曲线最小半径	凸形	m	3000	16000	6500	16000	
	凹形	m	2000	20000	3000	10000	
竖曲线最小长度		m	70	300	85	240	
设计荷载			公路-Ⅰ级		公路-Ⅰ级		
同向曲线间最短直线长度		m	320	—	400	611.6	
反向曲线间最短直线长度		m	160	252.029	200	329.106	
设计洪水频率	特大桥		1/300				
	大、中桥及路基		1/100				

第二节　沿线自然地理概况

一、地形、地貌

项目位于陕西省中部,关中盆地北部,陕北黄土高原南缘,处于关中平原向陕北黄土高原的过渡地带,路线走向近南北走向,经过旬邑县的赤道、太村、湫坡头等地。区内地势总体特征东北高西南低,最高海拔1350m,最低海拔1000m,相对高差350余米,地貌类型可以分为黄土残塬、黄土沟壑及河流谷地等地貌。

1. 黄土残塬地貌

黄土残塬分布于项目沿线的大部分区域,其塬面地势平缓,波状起伏,多表现为黄土宽塬,部分残塬塬面为长条状或串珠状,顶面狭窄,面积小,梁坡斜度一般为10°~25°,最大可达35°。黄土残塬表层被马兰黄土覆盖,厚度为10~30m,马兰黄土下部为巨厚的离石黄土。

2. 黄土沟壑地貌

黄土沟壑分布于黄土残塬之间沟谷中,坡陡谷深,多为"V"形沟谷,沟底纵向呈阶梯状,沟谷坡顶往往有直立黄土崖,中部为35°~55°的侵蚀坡,坡底堆积黄土坡积层。黄土沟壑岩土体主要为中晚更新统马兰及离石黄土,下部可见第三系三趾马红黏土。黄土残塬区地貌如附图1-1所示,黄土沟壑地貌如附图1-2所示。

附图1-1 黄土残塬区地貌

附图1-2 黄土沟壑地貌

3. 河流谷地地貌

项目区内有支党河、梁渠沟等河流,河谷多呈"U"形宽谷,河道发育为现代河流冲积泥、泥砂、砂砾,两侧为一、二阶地发育,部分地段可见三级阶地,其中一级阶地为近代冲洪积物,二级阶地上部为粉质黏土、粉土和黄土状土,下部为细砂、胶泥和砂卵石,三级阶地上部为次生黄土、粉土和粉质黏土,下部为砂石层。河谷两侧边坡陡立,多为黄土边坡,在支党河两侧边坡可见白垩系红色泥岩、泥质砂岩与砂岩互层。河流谷地地貌如附图1-3所示。

附图1-3 河流谷地地貌

二、气候、气象

项目区地处内陆,属暖温带半干旱大陆性季风气候区,由暖温带湿润半湿润气候向暖温带半干旱气候过渡,年平均气温9.0℃。一月平均气温-4.6℃,极端低温为-24.3℃;7月平均气温21.2℃,极端高温为37℃;霜期一般为10月中旬至次年4月中、下旬,最大积雪深度14cm。每年3~5月为西北季风期,最大风速12.7m/s。近几年,春季气温出现逐年增高趋势,冬春连旱和倒春寒现象出现较为频繁。夏季旱涝并存,部分地区经常出现雷电、冰雹、暴雨、大风等灾害性天气。秋季时常出现秋淋现象,冬季干旱较为明显。

项目区内年均降雨量为606mm,蒸发量大于1470mm。降雨在时间分布上随季节性变化极为明显,雨量分布差异较大。冬季降水量最少,只有21.1mm,占年降水量的3.6%;春季雨量开始有较大增加,达119.9mm,占年降水量的20.6%;夏季降水量继续增加,达280.8mm,占年降水量的48.1%,为雨量最丰沛的季节,其中8月降水量111.0mm,是一年中降水量最多的月份;秋季降水量开始减少,为162mm,占年降水量的27.7%,为次多雨季节。区内年内降水主要集中在6~10月,其中7~9月3个月降水量达421.4mm,占年降水量的72%,易形成黄土滑坡等地质灾害。

区域季节性冻土深度平均最大深度0.89m,最早结冻始于12月上旬,最晚解冻于次年2月下旬,相差160d左右。

三、地质构造

本区域位于鄂尔多斯盆地南部边缘,在构造单元上属陕甘宁台凹南缘,表现为一个大型的鄂尔多斯台向斜,项目区属于北西向的单斜构造,倾角3°~8°,属次级褶皱区的低褶曲带,少有断裂构造,褶皱宽平,背斜呈短轴状,一般出露白垩系地层,局部为侏罗系上部地层。

公路走廊带为陕北盆地南部褶皱带,总体表现相对稳定,本区新构造运动受华北板块构造总体活动格局的制约,以地块的振荡性不均匀升降为主导。中生代属陕甘宁盆地的组成部分,区内地层平缓,断裂构造不发育,规模较小,一般对工程地质影响较小。但受新生代构造活动的影响,断裂构造可通过再次活动,造成地层被错断形成新的破碎带和负地貌形态等。

根据《中国地震动参数区划图》(GB 18306—2015)和地震动峰值加速度图,项目区地震动峰值加速度$a=0.05g$,$T_g=0.459$,对应地震基本烈度为6度。

四、水文地质

项目经过区域属黄河水系泾河流域,区内支党河及梁渠沟等为泾河流域一级支流,总体流向由东北向西南,流经长,比降小。在支流上游河道狭窄,比降较大,河道具下切侵蚀作用;在下游河道较宽阔,地势较平坦,有一定的沉积。各支流次级支沟径流短,流量小,比降较大,河水以侵蚀作用为主。区内较大的河流多为常年流水,小支沟一般为季节性流水。主河道春、冬季流量小,夏秋流量大,洪水期为每年的7、8、9月。洪枯流量相差悬殊,泥沙含量较高。

项目区地下水主要类型有潜水和承压水。

五、不良地质和特殊性岩土

路线所在区不良地质现象主要为黄土滑坡、人工洞穴和煤矿资源压覆等。

1. 滑坡(滑塌)

黄土滑坡(滑塌)是本区主要的一种不良地质类型,主要分布于黄土沟壑区中,由于黄土垂直节理或裂隙比较发育,土质疏松,加上河水侵蚀往往造成边坡失稳,在重力作用下沿不透水层润滑面向坡下滑动位移。黄土滑坡运动速度快,突发性强。此外,大型黄土滑坡还具有多次滑动的特点,即一些新滑坡就是在原有滑坡的基础上复活形成。黄土滑坡与大气降水有着密切关系,区内大部分黄土滑坡都是在连续降雨、暴雨过程中发生的,黄土滑坡对路线的布设有一定的影响。对路线影响较大的为 HP15 滑坡。路线以桥梁的形式从 HP15 滑坡经过,通过后缘削方卸载+前缘弃方回填反压+临河坡脚支护+综合截排水治理后,经滑坡稳定性计算,该滑坡在饱和工况下是稳定的。路线经过 HP15 滑坡示意图如附图 1-4 所示。

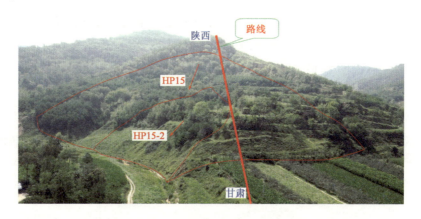

附图 1-4　路线经过 HP15 滑坡示意图

2. 人工洞穴

人工洞穴主要包括塬边窑洞、砖窑等。窑洞为本地区特有的建筑形式,是当地居民自古以来形成的居住习惯,多在塬面与沟壑交接处人工开挖形成洞穴。在项目区,窑洞主要分布于路线经过处的居民区或半山坡上,大多为新中国成立前所开挖,洞径一般为 1~2m,深度较小,约 3~5m。路线范围内存在废弃窑洞(附图 1-5)2 处(第一处 K296+450 右侧 3m,路线以桥梁的形式通过;第二处 K304+820 左侧距离路基 20~23m),其中第二处对路线有影响,设计中采用了回填以及夯实处理。

附图 1-5　废弃窑洞

3. 采空区

经调查,目前路线所经区域无采空区,但 K295+420~K295+650 段和 K300+310~K302+425 段存在压覆矿产问题,煤矿开采对项目区影响较大的主要有旬兴煤矿,煤层埋深在 250~600m,目前该矿正在建设,还未开始开采,煤矿采空区还未形成,主要存在煤矿资源压覆。

K295+420~K295+650 段压覆区为支党河特大桥梁,其稳定性至关重要,为了确保桥址区的安全,项目业主已在前期完成项目地质灾害评价,在桥址区压覆矿产范围内布设了 2 个 600m 的钻孔,通过钻探未发现可开采的煤层,压覆矿产区对特大桥的桥梁稳定性影响较小。

4. 特殊性岩土

项目区内特殊性岩土主要为湿陷性黄土和膨胀性黏土。

湿陷性黄土:全线广泛分布湿陷性风积黄土(包括马兰黄土和上层离石黄土),厚度 19~21m 不等,厚度较大,孔隙率大,结构疏松。湿陷类型和等级分别为Ⅱ级(中等)~Ⅳ级(很严重)自重湿陷,以Ⅳ级(很严重)自重湿陷为主。其对路基、桥涵构造物的稳定性影响大。一般路基可采用强夯和灰土垫层,并结合截排水措施处理,在距离村镇或现有道路 200m 内的路段,可采用灰土挤密桩,避免强夯对房屋及原有道路的破坏,湿陷性黄土地基处理深度 3~6m。针对桥梁基础,如果湿陷层都按负摩阻力计算,会造成较大的经济浪费,因此,参照现行《公路路基设计规范》(JTG D30)并结合黄土的物理特性,一般情况下地表水很难入渗到较深层的黄土中,所以在正常情况下建议桥梁以第一层古土壤的下限深度范围为界,其上层湿陷性黄土摩阻力给予负值,下层具有湿陷性的部分离石黄土给予正值(按低值考虑)。当采用桩基础设计时,应考虑其负摩阻力作用,并在桩基周围做好防排水措施,此时防排水尤为重要,防止地表水入渗至深层湿陷性黄土,导致湿陷进一步加剧,对桩基础造成威胁。

膨胀性黏土:根据工程地质调绘可知,在项目区梁渠沟附近出露有新近系渐新统的黏土岩(三趾马红黏土),在沟底局部出露,经取样测试试验,该黏土岩自由膨胀率在 20%~29% 之间,膨胀力介于 1.8~15.1kPa,属于非膨胀性岩土,路线主要以桥梁形式通过,对桥梁基础稳定性无影响。

第三节　项目的特点、亮点和控制性工程

一、项目的特点

通过结合本项目所在区域内的地形、地貌特点,以及项目建设条件的综合分析,本项目的主要特点可概括为"高、新、险、紧"。

"高"即桥墩高。支党河特大桥最大桥高 185m,最大墩高 175m;梁渠沟大桥 140m 主跨配

110m 墩高是陕西省目前波形钢腹板预应力混凝土连续刚构桥梁中规模最大的桥梁。

"新"即模式新、结构新。"模式新"是指本项目建设采用设计施工总承包、征地拆迁总承包的"双包"模式,该模式在陕西省高速公路建设中尚处于尝试与探索阶段,在高速公路建设领域具有一定的创新意义。"结构新"是指梁渠沟大桥主桥采用波形钢腹板预应力混凝土连续刚构的新型结构,该结构在陕西省同类规模桥梁中尚属首次应用,对提升陕西省钢结构桥梁的应用水平起到了积极作用。

"险"即环境险。本项目沿线高墩大跨桥梁较多,控制性工程均处黄土大沟壑纵横地段,特别是支党河特大桥部分桩基、墩柱还位于滑坡体上,施工环境危险,对施工过程中的安全管控要求高。

"紧"即工期紧。本项目地形、地质条件复杂,湿陷性黄土分布范围广,地基处理工程规模大,高墩大跨桥梁多,施工难度大,周边环境对工程施工影响大,项目合同工期为36个月,除去冬、雨季等不利天气因素,实际有效工期仅24个月,要在合同工期内高标准地完成本项目的建设工作,工期非常紧张。

二、项目的亮点

(1)工程设计施工总承包示范项目。本项目是陕西省交通运输厅推荐的交通运输部设计施工总承包模式建设高速公路示范项目,"设计施工总承包模式"在陕西省高速公路建设中尚处于尝试与探索阶段,通过本项目的建设管理实践,对设计施工总承包项目的风险控制以及管理措施形成一套可复制、可推广、可借鉴的管理经验。

(2)打造绿色公路典型示范工程。全面落实"五化"(发展理念人本化、项目管理专业化、工程施工标准化、管理手段信息化、日常管理精细化)要求,统筹资源利用,突出项目特色,充分利用设计施工总承包的优势,提升建设品质,把本项目打造成为绿色公路典型示范工程。

本项目在"新结构、新技术、新材料"应用方面均具有自身特色。大跨径波形钢腹板钢结构桥梁示范,新型钢板护栏防腐技术应用,新型电力电缆材料应用均可作为本项目在打造绿色公路典型示范工程中的"名片"。

(3)以"红直道、连陕甘"为品牌,以"1个统领、2个传承、3项提升、4位1体、5型高速"为指导,创建高速公路建设品质工程。

以"红直道、连陕甘"为品牌,积极发挥本项目在发展红色旅游、传承红色基因中的重要作用。

"1个统领"即以党的十九大新发展理念为统领;"2个传承"即传承秦直道历史文化、发扬陕甘老区革命精神;"3项提升"即建立标准化施工长效机制,全面推行工地信息化建设,做到理念提升、管理提升、品质提升;"4位一体"即以总承包模式为起点,全面打造设计、建设、运营、服务为一体的品质工程;"5型高速"即将本项目建设成资源节约型、品质引领型、环境友好型、智慧服务型、文化创新型的"5型高速公路"。

三、控制性工程

本项目主要控制性工程为"两桥一堑一枢纽",即支党河特大桥、梁渠沟大桥,K297+250~K299+180段深挖路堑和赤道枢纽立交。

1. 支党河特大桥

该桥位于甘肃省正宁县永和镇安兴村与陕西省旬邑县湫坡头镇湫坡头村,桥梁跨越两省交界处的支党河,支党河沟道属于河谷阶地和黄土残塬沟壑地貌。桥梁上部结构为6(5)×40m+(85m+4×160m+85m)+10×40m变截面预应力混凝土连续刚构和预应力混凝土预制连续箱梁,下部结构为单(双)薄壁空心墩、双柱式墩、薄壁空心墩,桥台采用柱式台,钻孔灌注桩基础。桥梁全长1458m,桥面宽度为2×12.4m,最大桥高185.5m,桩基础264根,盖梁35个,墩柱52根,箱梁124片。其中,主墩采用30根200cm直径群桩基础,最大墩高175m,上下部混凝土共计15.46万m^3,为本项目的控制性工程。

在旬邑县台岸坡分布牵引式巨型滑坡HP15。对该滑坡需采用清方卸载、回填反压、设置浸水抗滑挡墙及综合排水等措施综合治理,施工时应合理安排滑坡治理与墩台开挖的顺序,防止滑坡失稳,保证工程安全。

2. 梁渠沟大桥

该桥位于旬邑县湫坡头镇车门村南、太村镇张家村北,桥梁跨越东西走向的黄土沟壑,桥梁上部结构为4×40m+(75m+2×140m+75m)+4×40m波形钢腹板预应力混凝土连续刚构和预应力混凝土预制连续箱梁,下部结构为空心墩及柱式墩台、钻孔灌注桩基础。桥梁平面位于$R=1660m$的左偏圆曲线上,桥梁全长758m,桥面宽度2×12.4m,最大桥高118.5m,桩基础136根,盖梁20个,墩柱34根,箱梁64片。其中,主墩采用24根180cm直径群桩基础,最大墩高110m,波形钢腹板共计1422t,上下部混凝土共计6.97万m^3。

3. K297+250~K299+180段深挖路堑

受甘肃段接线位置及支党河桥位控制的影响,该段路堑最大挖深47.83m,边坡高度57.55m,挖方360万m^3,需就近弃土。结合湫坡头镇后崖头村周边地形,拟在周边冲沟中设置集中弃土场。深挖路堑上边坡采用平台植树、坡面植草的方式全面绿化,绿化与边坡开挖同步进行。充分利用绿化工程实施的有利时机,边坡成型一段绿化一段,在交工验收时力争做到坡面植被枝繁叶茂,基本看不到施工痕迹,使公路景观与周围环境相协调。

4. 赤道枢纽立交

赤道枢纽立交与同属G69高速公路的已建咸旬段直接相接,与G3511菏宝高速公路拟建的旬邑至凤翔段相连,设置10条匝道,立交区匝道桥梁全长966.2m,桥梁工程集中。主线及匝道与正在通车运营的咸旬高速公路拼接交叉施工,施工组织难度大,交通保畅压力重。

第四节　交通、用水、电力与料场分布

一、交通、用水、电力

1. 项目沿线交通

沿线公路路网发达，运输便利，可通过咸旬高速公路、211国道、342国道、306省道及四通八达的地方道路等运至现场。

2. 施工便道

便道规划将以211国道和306省道为依托，优先利用现有生产道路进行拓宽进入主线（节约临时用地成本），尽可能引伸便道。不能涉及的沟道依主线新建便道。

便道施工分为两个阶段：第一阶段先把两个连续刚构桥进场施工便道，与拌和站、钢筋加工厂及预制厂施工便道贯通，共计长度约18.4km；第二阶段是贯通主线纵向施工便道，共计长度约21.4km。

3. 临时用水

项目用水主要由生活用水和施工用水组成，根据现场实际情况及调查，本项目采用自备井与自来水相结合的方法解决临时用水问题。

4. 电力

项目沿线电力供应情况良好，工程用电可与地方电力部门协商解决，施工时可以通过增加变压器接入当地电网来满足工程用电。临时用电变压器布设见附表1-3。

临时用电变压器布设一览表　　　　　　　　　附表1-3

序号	位置	数量（台）	容量	用途
1	支党河桥	6	400kW/台	厂站及支党河桥用电
2	梁渠沟桥	5	400kW/台	厂站及梁渠沟桥用电
3	赤道立交	1	200kW/台	赤道立交桥用电
4	旬邑服务区	1	400kW/台	厂站及附件桥梁用电
5	K310+100	1	200kW/台	桥梁施工用电
6	K317+500左侧	1	1100kW/台	沥青、水稳综合拌和站用电
7	K303+100	1	250kW/台	第二水稳拌和站用电

二、料场分布

本项目共选料场10处,碎石、块片石料场4处(其中2处备选),砂料场3处(其中1处备选),石灰料场2处(其中1处备选),粉煤灰料场1处。碎石、块片石料场主要位于商洛市商州区杨峪河镇、板桥镇、泾阳县将路乡和铜川市黄堡镇一带(其中商洛市板桥镇和铜川市黄堡镇料场为备选),储量丰富,岩性主要为辉绿斜长角闪岩、闪长岩和石灰岩等,可用于面层、路基防护、排水、桥涵。运输方便,均有便道到达料场。砂料场位于咸阳秦都区吕南村渭河北岸、泾阳县桥底镇泾河上下游河滩和杨凌区揉谷镇的秦丰砂场(其中杨凌区揉谷镇的秦丰砂场为备选),主要生产河砂,品质良好,运输便利。石灰料场位于泾阳县云阳镇至赵镇沿线和宝鸡市岐山县京当镇双庵村(其中岐山县京当镇双庵村料场为备选),石灰纯净无杂质,质量较好,储量丰富,运输条件较好。粉煤灰取自渭河发电厂,储灰场面积较大,运输较便利。

1. 石料场

(1)碎石1

料场位于商洛市商州区杨峪河镇吴庄村南约2km,203省道路西。石源采自南岔沟两侧(自建采石场),岩性主要为辉绿斜长角闪岩,细晶结构,块状构造,主要矿物成分有石英、角闪石。石质坚硬,石料品质优良,储量丰富,日产成品碎石约2000~3000m^3,运输便利。集料表观密度为2.841g/m^3,压碎值18.1%,磨耗率17.8%,磨光值44,针片状含量6%,黏附性等级4级,石料品质优良,储量丰富,可供各种规格路面碎石,运输便利。该料场曾为西蓝商、西潼、青兰、西铜等高速公路提供上面层碎石用料,拟供应本项目全线上面层用碎石。

(2)碎石2

料场位于商洛市板桥镇西侧山上,岩性主要为闪长岩,质地坚硬,呈辉绿色,页面较为完整,储量较丰富,年产量15万t,运输条件便利。此料场石料曾为咸旬高速公路路面上面层碎石用料,拟作为本项目全线上面层碎石备用料场。

(3)碎石3、块石1、机制砂1

料场位于泾阳县将路乡北侧山上,主要以石灰岩为主,质地坚硬,呈灰褐色,岩面较完整,储量较丰富,可开采片、块石及机制碎石,碎石生产标号为05号、11号、13号三种型号,集料压碎值17.2%,黏附性等级4级,合计年产量100万m^3。此料场石料可用于除路面上面层以外的所有工程用料,曾用于咸旬高速公路路面铺设。目前由于炸药受限,采用破碎锤开采,成本升高。此处料场可作为本项目中下面层、基层、底基层及桥涵混凝土用碎石料场。

(4)碎石4、块石2、机制砂2

本料场位于铜川市黄堡镇西侧山上,主要以石灰岩为主,质地坚硬,呈灰褐色,岩面较完整,储量较丰富,可开采片、块石及机制碎石,碎石生产标号为 05 号、11 号、13 号三种型号,集料压碎值 17.8%,黏附性等级 4 级,合计年产量 90 万 m^3。此料场石料可用于除路面上面层以外的所有工程用料,曾用于咸旬高速公路路面铺设,拟作为本项目中下面层、基层、底基层及桥涵混凝土用碎石备用料场。

2. 粗砂、砂砾

(1)中粗砂 1

料场位于咸阳秦都区吕南村渭河北岸,主要出产中砂,材质较好,产量大,含泥量小,级配好,可作为本项目沿线混凝土、砌石等工程用砂。

(2)砂砾 1

料场位于泾阳县桥底镇泾河上下游河滩内,无覆盖,开采面积大。砾石岩性主要为石灰岩和砂岩,主要出产砂砾,可供本项目路基排水、防护工程用砂,运输条件良好。

(3)中粗砂 2、砂砾 2

料场位于杨凌区揉谷镇的秦丰砂场,在渭河河道里开采天然砂砾生产水洗砂,生产规模较大,储量丰富,运输便利,可用于本项目混凝土及浆砌工程备用料场。

3. 石灰

(1)石灰 1

本料场位于泾阳县云阳镇至赵镇沿线,沿山坡角一带有大量石灰窑。CaO + MgO > 93%,属镁质生石灰,材质尚好,产量大,含泥量小,开采运输较便利。

(2)石灰 2

本石灰料场位于宝鸡市岐山县京当镇双庵村,石灰纯净无杂质,质量较好,储量丰富,运输条件较好,可用作本项目石灰备用料场。

本项目采用商洛杨峪河镇、板桥镇,铜川黄堡镇,渭南市富平县等多处石料厂的石料。采用宝鸡市扶风县和杨凌区揉谷镇的渭河砂。采用宝鸡市岐山县京当镇双庵村生石灰。采用泾阳的声威水泥和礼泉、乾县的海螺水泥。钢材、木材、水泥等可由西安、咸阳等城市供应。

4. 粉煤灰

取自渭河发电厂,储灰场面积较大,现储灰量约 600 万 t,年产粉煤灰约 80 万 t,运输较便利,用于路面基层、底基层,运输条件良好。

5. 水泥

陕西泾阳声威建材有限公司位于泾阳县云阳镇蒋村,水泥各项指标经过检验,均满足要求,该厂规模大,储量丰富,运输便利。亦可采用冀东水泥、秦岭水泥,质量优良,产量丰富。主要用于供应沿线防护排水工程、附属工程、桥涵混凝土工程、路面基层及底基层所需水泥。

第二章　工程管理目标

本项目总体建设目标为:把项目打造成为"质量优良、安全耐久、生态环保、技术先进"的现代化绿色低碳高速公路,"内实外美"的设计施工总承包模式的品质工程。

一、工期目标

1. 总目标

2017年10月开始前期准备工作,2017年12月开始支党河桩基施工,2018年3月全面开工建设,2019年5月底路基土石方工程、桥涵工程(除支党河特大桥、梁渠沟大桥)完工,2019年7月底防护排水工程完工,2020年7月底支党河特大桥和梁渠沟大桥完工,2020年8月30日前完成路面工程施工任务,2020年9月底前包含附属工程在内的全部工程达到交工验收条件,总工期36个月。

2. 分期目标

(1)路基工程

节点工期:

路基(起点~K305+919):2019年3月底前完成70%路床交验,5月底前完成全部路床交验。

路基(K305+919~终点):2018年底前完成50%路床交验,2019年5月底前完成剩余路床交验。

形象进度目标:

挖方:2018年完成总量的80%,2019年4月底前完成剩余工程量。

填方、路床处理:2018年完成总量的65%,2019年5月底前完成剩余工程量。

防护排水:2018年完成总量的40%,2019年7月底前完成剩余工程量。

路基工程形象进度一览表见附表2-1。

路基工程形象进度一览表 附表2-1

项目	形象进度目标		
	2018年	2019年	2020年
路基挖方	完成80%	4月底前全部完成	—
路基填方	完成65%	5月底前全部完成	—
防护排水	完成40%	7月底前全部完成	—

(2)桥梁工程

节点工期:

桥梁(不含支党河特大桥和梁渠沟大桥):2018年11月底前桥梁下部结构全部完成,2019年7月底前桥梁上部结构全部完成。

支党河特大桥、梁渠沟大桥:2018年10月底前完成全部桥梁桩基工程,2019年4月底完成主桥墩柱,2019年8月底完成引桥墩柱盖梁浇筑,2020年5月底主桥双幅合龙,2020年7月底前完成桥面混凝土铺装及护栏施工。

形象进度目标:

桩基础:2018年10月底完成所有工程量。

下部结构工程:2019年4月底全部完成。

箱梁预制及安装:2018年11月底完成梁板预制,2019年3月底前完成梁板安装。

桥面系工程(不含支党河特大桥和梁渠沟大桥):2018年完成总量的45%,2019年5月底前完成剩余工程量。

桥梁工程形象进度一览表见附表2-2。

桥梁工程形象进度一览表(不含支党河特大桥、梁渠沟大桥) 附表2-2

项目		形象进度目标		
		2017年	2018年	2019年
主线桥梁	桩基	—	10月底全部完成	—
	桥梁下部结构	—	12月底全部完成	—
	箱梁预制、安装	—	11月底预制完成	3月底安装完成
	桥梁上部结构	—	完成45%	5月底前全部完成

(3)路面工程

节点工期:

2019年5月底前完成底基层试验路铺筑,6月底完成基层试验路铺筑,7月开始水稳层大面积铺筑,7月底完成沥青下面层试验路铺筑,8月开始沥青下面层大面积铺筑,2019年完成70%基层和下面层。

2020年4月完成中、上面层试验路铺筑,2020年8月底前完成全部路面工程。

形象进度目标:

基层(底基层)铺筑:2019年完成总量的70%,2020年5月底前完成剩余工程量。

沥青下面层铺筑:2019年完成总量的70%,2020年6月底前完成剩余工程量。

沥青中、上面层铺筑:2020年8月底前完成所有工程量。

路面工程形象进度一览表见附表2-3。

路面工程形象进度一览表　　　　　　　　　　　　附表2-3

项　目	形象进度目标		
	2018年	2019年	2020年
基层、底基层	—	完成70%	5月底前全部完成
下面层	—	完成70%	6月底前全部完成
中、上面层	—	—	8月底前全部完成

注:支党河特大桥路面计划2020年7~8月间全部完成铺筑。

(4)房建工程

2019年4月房建工程全面开工建设,2019年底完成所有房建主体工程。房建工程装修于2020年3月开工,7月底达到入住条件。

(5)交通安全、机电工程

2019年6月交通安全、机电工程全面开工建设,2020年9月底完成全部交通安全、机电工程。

(6)收费大棚工程

2020年4月收费大棚工程全面开工建设,8月底完成收费大棚工程。

(7)绿化工程

高边坡绿化工程与深挖路堑同步实施,其余路段绿化工程于2018年9月开始施工,2019年4月底前完成全部上边坡绿化,2019年10月底前完成全部绿化工程。交工验收时达到视线范围内看不到施工痕迹的绿化效果。

总体施工计划横道图见附表2-4,支党河特大桥施工计划横道图见附表2-5,梁渠沟大桥施工计划横道图见附表2-6。

二、质量目标

1. 设计质量目标

施工图设计按照技术先进、经济合理、安全适用、质量优良的原则,符合有关法律、行政法规的规定,符合相关工程勘察设计的技术规范,杜绝由于地质变化等原因引起的较大、重大设计变更,控制一般设计变更,合理优化设计,控制工程造价。

总体施工计划横道图

附表2-4

项目		2017年 10月	11月	12月	2018年 1月	2月	3月	4月	5月	6月	7月	8月	9月	10月	11月	12月	2019年 1月	2月	3月	4月	5月	6月	7月	8月	9月	10月	11月	12月	2020年 1月	2月	3月	4月	5月	6月	7月	8月	9月
施工准备		■	■																																		
路基工程	挖方			━━━━━━━━━━━━━━━━━																																
	填方、路床处理					━━━━━━━━━━━━━━━━━																													
	防护、排水工程							━━━━━━━━━━━━━━																										
路面工程	基层、底基层铺筑											━━━━━━━━━━																					
	沥青下面层铺筑													━━━━━━																	
	沥青中、上面层铺筑																			━━━━━										
	附属工程																					━━━━━							
桥梁工程	桩基础											━━━━━━━━━																	
	下部结构													━━━━━━━━━															
	箱梁预制、安装															━━━━━━━━										
	上部结构																	━━━━━━━━							
房建工程																									━━━━			
交通安全工程																										━━━	
机电工程																										━━━	
收费大棚工程																										━━	
绿化工程															━━━━━━━━━━━━━━━━━━━━━━━	

时间

附录 项目管理实施方案

支党河特大桥施工计划横道图

附表2-5

序号	项目	时间
1	施工准备	2017年11月—12月
2	引桥桩基础	2018年4月—11月
3	引桥承台	2018年5月—11月
4	引桥墩柱	2018年6月—11月
5	引桥盖梁	2018年7月—11月
6	箱梁预制	2018年9月—10月
7	箱梁安装	2018年11月—2019年6月
8	湿接缝湿接头	2019年3月—8月
9	引桥桥面护栏	2019年4月—10月
10	6号过渡墩位（桩基、承台、墩柱）	2018年4月—9月
11	主桥7号墩位（桩基、承台、墩柱）	2018年2月—9月
12	主桥8号墩位（桩基、承台、墩柱）	2018年4月—11月

续上表

序号	项目	2017年			2018年												2019年												2020年								
		10月	11月	12月	1月	2月	3月	4月	5月	6月	7月	8月	9月	10月	11月	12月	1月	2月	3月	4月	5月	6月	7月	8月	9月	10月	11月	12月	1月	2月	3月	4月	5月	6月	7月	8月	9月
13	主桥9号墩位 桩基				■	■																															
	承台						■	■																													
	墩柱								■	■	■	■	■	■	■																						
14	主桥10号墩位 桩基								■	■																											
	承台									■	■																									
	墩柱										■	■	■	■	■																						
15	主桥11号墩位 桩基									■	■																										
	承台										■	■																									
	墩柱											■	■	■	■																						
16	12号过渡墩位 桩基										■	■																									
	承台											■	■																								
	墩柱												■	■																							
17	0号块及挂篮拼装																		■																		
18	主桥悬浇箱梁																		■	■	■	■	■	■	■	■	■	■									
19	合龙段																														■						
20	桥面铺装及护栏施工																															■	■	■			
21	附属工程																																		■	■	■

附表2-6

梁渠沟大桥施工计划横道图

序号	项目	2017年			2018年										2019年												2020年								
		10月	11月	12月	1月	2月	3月	4月	5月	6月	7月	8月	9月	10月	11月	12月	1月	2月	3月	4月	5月	6月	7月	8月	9月	10月	11月	12月	1月	2月	3月	4月	5月	6月	7月	8月	9月
1	施工准备						■																													
2	引桥桩基础										■																									
3	引桥承台											■																								
4	引桥墩柱													■																						
5	引桥盖梁														■																					
6	箱梁预制														■																					
7	箱梁安装																		■																	
8	湿接缝湿接头																				■															
9	主桥4号 桩基 承台 墩桩									■			■	■																						
10	主桥5号 桩基 承台 墩桩										■			■	■																					
11	主桥6号 桩基 承台 墩桩									■			■	■																						
12	主桥7号 桩基 承台 墩桩										■			■	■																					
13	主桥8号 桩基 承台 墩桩										■		■		■																					
14	主桥悬浇箱梁																		■																	
15	桥面铺装及护栏																																	■		
16	附属工程																																			■

2. 施工质量目标

分项工程一次验收合格率达100%，单位工程一次验收合格率达100%，工程项目交工验收质量评分大于95分，项目竣工验收质量优良，无重大工程质量安全责任事故，创建省级优质工程。

路基局部沉陷、桥头跳车及路面早期破坏等质量通病得到有效治理，实现实体工程"三年无病害，设计使用年限内不大修"；桥梁工程安全、耐久，实现主体工程质量零缺陷；质量抽检单点关键项目合格率达到94%以上，关键指标合格率达到98%以上，弱项指标合格率达到90%以上。

三、安全目标

建设过程中确保不发生重大安全事故，避免发生特大安全事故，轻伤率控制在施工总人数的2‰以下，力争实现安全生产零死亡目标；创建"平安工地"示范项目，争创"平安工程"。

四、环境保护目标

勘察设计、施工符合相关法律、法规要求，且其全过程环境保护达标。过程中接受环境保护、水土保持监理的监督指导，项目环境保护验收一次性通过。

五、工程费用管理目标

项目实施过程中无违纪违规行为发生。确保工程资金使用安全，无挪用现象。合理优化设计，控制工程造价，确保联合体各成员的合理利润。

六、文明施工目标

建设工地所有管理人员持证上岗，现场标识齐全、标志醒目，施工便道砂石化，驻地建设庭院化，混凝土施工、钢筋加工工厂化，现场管理规范化。创建省级文明工地，打造文明施工的样板工程。

七、农民工工资清欠目标

保证农民工工资每月足额发放，力争做到无投诉、无上访、无阻工事件发生。

八、廉政责任目标

认真贯彻落实党中央、陕西省委、陕西交通建设集团关于党风廉政建设的各项规定要求，遵守"八项规定"要求，建立健全的党风廉政建设责任制，确保无违规违纪案件发生。

第三章　项目管理机构

一、项目实施管理机构

本项目是由陕西省交通规划设计研究院和陕西路桥集团有限公司组成的联合体,共同参与项目投标以及中标后进行项目的实施,为了保障项目顺利实施,双方设立联合体管理委员会,组织协调项目的实施,落实陕西省交通建设集团和旬邑至陕甘界高速公路管理处的有关指示及会议精神,督促联合体总承包项目经理部全面落实项目的合同内容,对项目实施过程中出现的重大问题进行决策。

管理委员会成员如下:
主　任:栾自胜(陕西省交通规划设计研究院院长)
副主任:程道虎(陕西路桥集团有限公司总经理)
成　员:周彦军　吕　琼　王久让　陈长海(设计单位)
　　　　石　强　郑二璞　马朝鲜　米　娜(施工单位)

管理委员会确定周彦军和石强为管理委员会执行委员,同时作为联合体总承包项目经理部各自单位的分管领导,管理委员会下设管理委员会办公室,办公室设置在陕西省交通规划设计研究院项目建设管理部,办公室主任由项目建设管理部部长覃春辉担任,负责落实联合体管理委员会的指示和要求。

二、项目实施组织机构及职责

联合体双方成立陕西省交通规划设计研究院陕西路桥集团有限公司湫坡头(陕甘界)至旬邑高速公路设计施工总承包项目经理部(下称"总承包项目经理部"),代表联合体双方组织、协调项目的实施,并全面负责现场管理工作;负责项目设计变更和施工管理,项目实施过程中工程质量、安全、进度、"五化"(发展理念人本化、项目管理专业化、工程施工标准化、管理手段信息化、日常管理精细化)措施、文明工地、环境保护以及廉政文化建设;完成项目业主交办的其他任务。

1)总承包项目经理部机构设置

总承包项目经理部行使项目管理职能,对项目进行设计和施工管理,完成本项目的设计施工任务,下设七部两室及两个路基桥梁分部以及交通安全、机电、房建、绿化四个附属工程分部。总承包项目经理部组织机构框架图如附图3-1所示。

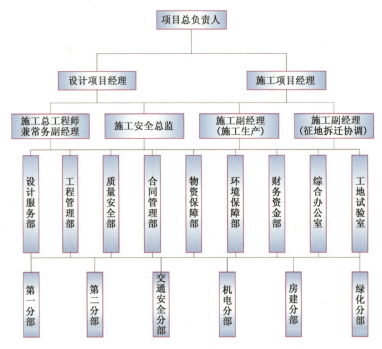

附图3-1 总承包项目经理部组织机构框架图

2)总承包项目经理部职责分工

(1)主要管理人员职责。

项目总负责人职责:负责项目实施的总体管理工作;围绕联合体管理委员会制定的总体目标进行管控;及时就项目实施过程中重大问题与建设业主沟通;协调联合体各单位之间的关系;每月进行质量、进度、安全检查;负责上级领导的迎检工作。

设计项目经理职责:负责施工过程中设计优化方案的审查、汇报以及设计后续服务工作,根据施工进度及时做好各项工程的技术交底工作和各专业的协调工作,并解决设计技术方面的各种问题,参与重大工程的技术决策;负责项目合同审定,对计量支付进行管理。分管设计服务部。

施工项目经理职责:负责项目实施过程中的施工组织管理;按月、季度、年度计划,负责完成项目进度管理目标;负责项目实施环境保护、"五化"措施、文明工地管理;负责项目建设环境保护工作;负责对上级领导检查的现场安排、布置工作;负责项目合同审定,对计量支付进行管理,并对施工分部资金使用情况进行监管;负责联合体总承包项目经理部的后勤保障工作。分管合同管理部、综合办公室、财务资金部、物资保障部。

施工总工程师职责:负责项目实施过程中的质量、安全和施工技术管理,负责完成项目质量、安全管理目标;组织制订和审定施工技术方案、变更方案、安全方案,负责"四新"技术的推广应用。分管工地试验室。

安全总监:负责审定项目各项安全方案,组织施工现场的安全生产协调、监督、检查与考评及平安工地建设工作;负责对分部安全应急预案、安全专项方案的审核上报工作,适时组织各分部开展各项安全应急演练活动。分管质量安全部。

施工副经理(施工生产):协助施工项目经理完成项目进度、环境保护、文明工地管理目标。分管工程管理部。

施工副经理(征地拆迁协调):协助施工项目经理完成项目建设环境保护管理目标。分管环境保障部。

(2)部门职责。

设计服务部职责:负责设计图纸符合性审查、设计变更、设计优化、设计文件技术交底工作;参与施工技术方案的审定;负责工地现场200万元以下资金的变更处理。

合同管理部职责:负责合同管理及计量支付,办理变更、索赔相关手续;负责与建设业主、监理单位就变更方案进行沟通与汇报;制订计量支付规则;推广应用新技术、新工艺、新材料。

工程管理部职责:负责施工进度和技术管理工作,制订工程进度、环境保护等相关的管理制度;负责施工计划、统计报表、施工技术方案的编制、上报并监督实施,组织竣工资料的整理和移交。

质量安全部职责:负责施工质量和安全管理工作,制订质量安全管理制度;负责质量、安全监督检查,组织开展质量、安全专项活动;负责重大突发事件的上报与处置工作。

财务资金部职责:负责项目财务管理及收支工作,制订资金收支管理办法;负责成本核算、资金筹措与使用事宜,牵头组织、协调项目各类审计。

环境保障部职责:配合项目业主做好环境保护和征地拆迁工作;加强与上级主管部门和沿线各级政府及相关部门的联系,紧紧依靠当地政府共同做好群众宣传教育工作,及时处理各种纠纷和突发事件。

综合办公室职责:负责行政、后勤和安全保卫工作;负责对上、对下通信联络和文书往来管理;协同质量安全部完成重大突发事件的上报工作。

工地试验室职责:负责项目总体试验和检测工作。负责做好试验数据汇总分析,及时向监理和建设单位上报试验统计报表及试验总结。负责做好与建设、监理或第三方试验检测单位等相关方的沟通;服从业主、监理工作指令,接受监督、检查和指导。

(3)施工分部职责。

第一分部:负责 K295+761~K305+919 段路基桥梁工程实施(包含湫坡头立交)。

第二分部:负责 K305+919~K320+700 段路基桥梁工程实施(包含赤道立交);负责全线路面工程实施和全线小型构件预制。

房建分部:负责全线房建及收费大棚工程实施。

机电分部:负责全线机电工程实施。

交通安全分部:负责全线交通安全设施工程实施。

绿化分部:负责全线绿化及环境保护工程实施。

总承包项目经理部管理人员汇总表见附表3-1,总承包部项目管理人员汇总表见附表3-2。

总承包项目经理部管理人员汇总表　　　　　　　　　　附表3-1

部门	总负责人（项目经理）	其他技术管理领导	路基工程师	桥梁工程师	路面工程师	试验检测工程师（试验员）	专职安全工程师（安全员）	文职人员	环境协调人员	合计
总部	1	7	3	3	1	1	1	3	2	22
第一分部	1	5	2	6		1	13	2	3	33
第二分部	1	4	3	3	3	1	14	2	3	34
工地试验室		1	1			13		1		16
合计										105

总承包部项目管理人员汇总表　　　　　　　　　　附表3-2

姓名	年龄	拟担任职务	技术职称	工作年限	类似施工经验年限
总承包部					
许楠	40	项目总负责人	高级工程师	20	
姚慧	34	设计经理	工程师	10	
周元成	49	施工经理	高级工程师	26	15
任万鹏	39	施工副经理兼项目总工	高级工程师	17	10
官党社	46	安全总监	高级工程师	25	10
刘新宝	52	施工副经理	高级工程师	25	12
张卫东	46	施工副经理	高级工程师	25	11
崔宏奎	40	经理助理	高级工程师	17	8
齐钊	43	设计服务部部长	工程师	24	
秦杰	32	合同管理部部长	工程师	9	6
陈超	32	工程管理部部长	工程师	9	6
闫旭辉	30	质量安全部部长	工程师	8	5
薛永刚	36	财务资金部部长	会计师	12	8
刘建涛	45	环境保障部部长	工程师	23	10
黄晓静	43	综合办公室主任	工程师	21	15

三、总承包部与各分包部的关系

本项目路基桥涵工程、路面工程由联合体主体施工单位陕西路桥下属分公司组织实施。

总承包部设置功能齐全的组织管理机构,依据合同对各施工分部的合同履约、质量、安全、进度、文明工地等情况进行监督和管理,并负责将业主和监理方的各项指令传达至各分部并督促落实。各施工分部受总承包部直接管理,负责落实总承包部的各项指令,并对施工现场的质量、安全、进度、文明工地等情况直接负责。为确保业主和监理方各项指令、各种会议精神能在第一时间迅速传达至各施工分部,将各分部项目经理、项目总工程师纳入总承包部质量、安全、进度等管理领导小组,便于施工现场的管控和各种指令的落实。总承包部将依据总承包合同条款及业主和监理方对本项目的相关制度和管理办法制定总承包项目实施细则,加强对施工分部的管控,加大考核、奖罚力度,确保本项目施工各阶段和总体目标的顺利实现。

第四章 项目设计管理措施

第一节 设计工作质量控制目标及保证措施

一、设计质量控制目标

杜绝由于地质变化等原因引起的较大、重大设计变更,控制一般设计变更,合理优化设计,控制工程造价。

二、保证措施

针对本项目的具体要求和特点,制定以下保证措施,为项目顺利实施奠定基础。

1. 统一思想,提高认识,转变常规设计思路

为做好本项目的勘察设计工作,院内先后多次召开专题会议安排部署相关事宜,要求全体参与勘察设计的人员要统一思想,充分认识做好本项目的重大意义,改变以往设计、施工分离的常规设计思路,从施工的角度开展设计工作,将设计和施工有机结合,加强外业勘察的力度和精度,使设计方案更加完善。同时,要求全体人员牢固树立精细化设计理念,在保证结构安全的前提下,充分消化吸收各方意见,因地制宜地做好设计方案的优化工作,确保方案科学、合理、可行,减少"差、错、漏、碰"等问题的发生,提高项目的设计效率,避免工程浪费、变更、返工,降低建设和后期的运营管理成本。

2. 建立完善的组织管理机构

为确保项目的顺利实施,除严格按照设计院内部的设计管理制度执行外,同时根据联合体合作协议书的相关要求,陕西省交通规划设计研究院完成总承包过程中的施工图勘察设计和后续服务工作,协同陕西路桥集团有限公司组建设计服务部,及时解决项目实施过程中的设计优化和设计变更工作。

3. 联合体双方共同参与勘察设计,提升了勘察设计质量

在施工图勘察设计阶段,联合体双方共同参与项目外业调查,设计中充分合理吸收一线施工技术人员的意见和建议,与施工单位无缝对接,使施工工艺、筑路材料、取(弃)土场更加贴近施工现场实际情况。在内业设计阶段,联合体双方共同对设计方案进行研究,对设计图纸、工程数量进行核对,让施工技术人员提前介入,了解设计意图,掌握施工控制和施工工序,便于施工组织;让设计人员充分考虑施工工艺和施工方法,使设计方案切实可行。通过联合体双方共同参与项目的勘察设计,大大降低了施工过程中的工程变更风险,提高了勘察设计质量。

4. 加大地质勘察深度和精度,确保设计方案合理准确

地质勘察资料是工程设计的依据与基础,直接影响工程方案的确定。常规项目勘察设计,受设计周期的影响,往往进入到内业设计阶段,地质勘察还没有结束,仅靠地质勘察的中间成果就完成了设计,导致设计文件与实际地质情况脱节,施工过程中容易发生变更。为避免这种现象的发生,在本项目中,特别对水文、不良地质、特大桥等对造价影响较大的敏感节点加大了地质勘察深度,确保勘察的切实可靠,从而保证了设计方案的合理准确,避免了后期大的方案调整和变更。

5. 做好工程方案的比选和论证

在施工图设计中,特别是在选择路线方案时,要认真贯彻"地质选线、生态选线",在满足规范标准的要求下,尽量使路线与地形相拟合,避免路基的高填深挖和绕避不良地质,并综合考虑区域布局的发展,尽量避免由于设计深度不够和论证不充分造成设计方案的反复,从而影响工程进度和后期工程设计变更。

6. 加强筑路材料的调查

为避免料场变化引起设计变更,在本项目中,设计方与施工方一同对筑路材料进行调查,使施工工艺、筑路材料、取(弃)土场更加贴近施工现场实际情况。同时,调查中尽量采用已有料场,避免新的开采。对可供料场加强勘探、调查和取样的深度和数量,确认其规模、品质和开采运输方式,尽量减少料场变更。

7. 加强征地拆迁和环境协调的调查工作

在外业调查中,重视征地拆迁和环境协调的调查工作。特别对经村庄、工业园附近的征地拆迁进行详细调查,同时加强与地方政府的沟通,确定每一个通道、涵洞、天桥、平面交叉道路的位置与尺寸,并签订相关协议,减少后期项目实施过程中由于环境协调问题引起的设计变更。

8. 组织专人对设计文件进行核查,提高设计深度和质量

为确保设计质量,抽调责任心强、素质高、经验丰富的管理人员,介入施工图设计核查工作,了解和熟悉地形地貌特征、设计方案、技术难点,有针对性地提出合理化建议。重点核查特殊路段、重要结构物、防护形式、排水系统、平面交叉等设计方案,解决设计图纸中出现的"差、错、漏、碰"现象,提高设计深度和质量,尽量减少后续的设计变更,并对设计审查意见的落实

情况逐一核查,监督落实到位。

9. 成立特殊结构桥梁技术顾问专家组,做好全过程技术支持

针对本项目支党河特大桥及梁渠沟大桥"高、大、新、难"的技术特点,为保证在建设过程中技术攻关和咨询成果的可靠性、连续性,由联合体双方抽调或外聘设计与施工业务骨干和专家成立技术顾问专家组。在项目实施的全过程中,结合工程进展定期或根据需要召开技术研讨会,负责本项目特殊结构桥梁的设计方案、施工组织、施工专项方案以及建设过程中发生的设计、施工技术疑点、难点问题的咨询审查工作。

技术顾问专家组成员如下:马保林　周彦军　陈长海　吴战军　刘俊起　张充满　何建新　卢仁义　李玉幸

施工阶段需要专家咨询论证的要点如下:

(1)支党河特大桥主桥薄壁空心墩4m高实心段混凝土体积较大(约400m^3),讨论分两次浇筑的必要性及间隔时间。

(2)讨论薄壁空心墩间系梁后施工的可行性,主要涉及钢筋的预埋及连接问题。

(3)连续刚构桥现浇段支架预压应考虑成桥后的支座反力问题,图纸也未明确给出预压重量,应讨论并给出预压原则及重量。

(4)梁渠沟波形钢腹板运输、安装工艺。

(5)梁渠沟波形钢腹板桥梁施工计划采用吊架式挂篮施工,混凝土浇筑采用顶、底板错位浇筑法(R-W工法),讨论其可行性。解决此种施工方式下预拱度的设置问题。

(6)讨论合龙施工外部环境温度无法满足设计图纸要求的10℃时,是否需要调整合龙顺序及顶推吨位。

第二节　后续设计服务工作

按照业主和联合体总承包项目经理部的要求,提供全程优质的服务,及时把握和了解工程动态,参与施工管理,积极解决工程中所遇到的技术问题。

一、后续服务工作方针

本项目后续服务按照"提前介入、全天候待命、过程跟踪、完工核查"的原则开展工作。提前介入是指每个分项、分部工程开工前要对一线施工技术人员和施工队伍进行一次技术交底工作;全天候待命是指所有设计后续人员要全天候保持通信畅通,随叫随到,及时解决工程中出现的一切技术问题;过程跟踪是指在施工过程中及时关注工程是否按照设计文件实施,是否满足设计要求;完工核查是指每个分项、分部工程完成后要对设计成果落实情况进行最后核对。

二、后续服务工作安排

1. 后续服务人员安排

施工期间联合体总承包项目经理部组建设计服务部完成本项目的后续服务工作,设计经理为本项目后续服务工作负责人,分管设计服务部,全面负责本项目的后续服务工作。

主要后续服务人员安排见附表4-1。

本项目后续服务人员安排表　　　　　　附表4-1

序号	姓　　名	职务及职能	在本项目中职责
1	许楠	高级工程师	项目总负责人兼后续服务组组长
2	姚慧	工程师	设计经理兼路基路面分项负责人
3	齐钊	工程师	设计服务部部长兼桥涵分项负责人
4	李西平	工程师	路线交叉、安全设施分项负责人
5	田盟钢	高级工程师	机电分项负责人
6	贤德安	高级工程师	房建分项负责人
7	安登奎	高级工程师	绿化分项负责人

2. 后续服务时间安排

后续服务时间同工程建设期,自开工之日起至竣工验收结束。

三、后续服务工作内容

1. 总承包项目经理部组建设计服务部,落实后续服务的各项承诺,协助解决各种与设计有关的问题,现场服务坚持三阶段集中服务

(1)第一阶段核查与施工图设计同时进行,即在施工单位放线后,设计经理带领各分项负责人对沿线的构造物设置和地基处理方案等与地形、地物相结合的程度进行核查,并根据核查情况及时优化施工图设计。

(2)路基工程施工接近尾声时,路基工程分项设计负责人要带领路基设计专业人员对沿线的排水系统进行认真核查。

(3)路面工程施工接近尾声时,安全设施及沿线设施分项负责人要带领本专业设计人员,对全线的交通安全及沿线设施进行全面核查。

2. 通过各项核查进一步优化设计

(1)在业主和总承包项目经理部指定的时间内,每个分项工程开工前,做好设计文件的技术交底工作和现场控制点的交接工作(交桩),解释施工图设计理念并提供施工图设计方案咨询。

（2）及时处理与解决施工中与设计有关的问题,包括修改完善设计或变更设计,对于一般性变更七天内完成并提交;复杂的变更十五天内完成并提交。设计服务部参与施工管理,对设计成果在工程实践中的落实情况予以关注,并对施工程序、工艺质量未达到设计要求的问题,及时向总承包项目经理部反映。

（3）在规定的时间内完成对施工方案及设计方案的优化。

（4）参与工程质量事故分析,并对因设计造成的质量事故,提出相应的技术处理方案。

（5）设计服务部定期进行工地巡查,听取各参建方对设计方面的意见,解决工地存在的有关设计方面的技术问题。

（6）项目交(竣)工验收前,设计经理应及时进行设计总结,编写设计报告。

（7）参加本工程的交工、竣工验收,提交设计工作报告,并配合质量监督部门校核工程是否按施工图设计施工。

（8）总承包项目经理部优先保证对本项目后续服务期间资金和软、硬件设备的投入,应用先进的软件和精良的仪器设备,配合项目实施。

（9）建立奖惩机制并制定相关制度,鼓励后续人员积极参与设计优化工作。

3. 设计变更

（1）设计服务部根据估算变更金额,将超过50万元变更相关资料上报联合体委员会审批,并根据联合体委员会意见执行。

（2）设计服务部将估算金额超过200万元的变更、支党河特大桥、梁渠沟大桥、房建及机电工程变更交由设计院相关专业设计所承担;200万元以下资金变更由设计服务部现场负责。

（3）设计服务部建立变更台账,写明时间、地点、事项、原设计情况、现场情况、变更理由、变更方案及处理结果。根据现场提出变更,对现场与原设计情况进行核查,填写变更现场勘查单,并留存影像资料,下发变更图纸并根据估算工程量计算出变更金额并根据权限处理。变更工程施工完成后,联合工程管理部进行现场核查,针对变更所定段落长度、宽度、厚度、结构物尺寸等进行现场确认,并填写现场变更工程量确认单,并及时根据清单单价估算变更金额。

（4）设计服务部下发变更图纸给工程管理部并签写图纸移交清单,由工程管理部对相关分部下发。设计服务部对变更上报文件进行审核,依据变更图纸及变更工程量确认单进行复核。

第五章 项目施工管理措施与对策

第一节 施工总体布置和安排

一、总体布置

依据项目总体工期要求,结合工程特点,本项目计划实行以总承包项目经理部为主体进行总体规划和协调,各专业工程由施工分部划分区段进行工程施工管理,各作业队伍具体实施的二级管理体系。结合工程类别及工程量分布,挖方弃方调配利用,预制厂和拌和站设置,以及地方政府行政区划等情况,按照有利于施工组织管理,最大限度节约资源的原则,计划将本合同段工程划分为六个施工分部组织实施。其中路基桥涵和路面等主体工程划分为两个施工分部,房建、机电、交通安全、绿化工程各由一个施工分部负责组织实施。

二、施工分部任务划分

本合同段主体工程包括路基桥梁和路面工程,由陕西路桥集团有限公司组织实施,设两个施工分部,具体施工任务划分如下:

第一分部:负责 K295+761～K305+919 段路基桥梁工程实施(包含湫坡头立交)。

第二分部:负责 K305+919～K320+700 段路基桥梁工程实施(包含赤道立交);负责全线路面工程实施和全线小型构件预制。

各施工分部路基桥梁工程数量统计见附表 5-1。

施工第一、二分部工程量划分表　　　　　　　　　　　　　　　　附表 5-1

分部	第一分部	第二分部
负责工程范围	K295+786～K305+919 段路基桥涵	K305+919～K320+700 段路基桥涵 全线路面工程 小型构件预制
路基挖方	570.1 万 m^3	115.1 万 m^3
填方	11.5 万 m^3	142.9 万 m^3

续上表

分部	第一分部	第二分部
防排水	6.1 万 m³	5.5 万 m³
特大桥	1438m/1 座	
大中桥	758m/1 座	637m/8 座
分离式立交	76m/1 座	46m/1 座
天桥	天桥 979m/14 座	733m/11 座
预制箱梁	245 片	302 片
通道涵洞	283.2m/13 道	935.4m/37 道
互通式立交	湫坡头互通式立交	赤道枢纽立交
沿线服务设施	主线收费站、湫坡头匝道收费站	旬邑服务区
路面		548630m²
概算造价	7.3 亿元	6.0 亿元

三、驻地、场站及工地试验室设置

1. 总承包项目经理部驻地

总承包项目经理部计划设在太村镇工业园区内,主线 K309+700 左侧,租用当地职田水站自建五层楼房(三楼办公,五楼住宿),共有房间 43 间,会议室、活动室等满足项目办公和生活需要。

三楼办公区设 18 间办公室,分别为设计服务部、工程管理部、合同管理部、质量安全部、环境保障部、财务资金部、综合办公室七个职能部门及 BIM(建筑信息模型)室,会议室约 120m²,可容纳 80 人,院内可同时停放汽车 30 余辆,后院设有篮球场、羽毛球场及锅炉房。五楼生活区设 24 间职工宿舍及 1 间员工活动室,职工宿舍为双人间,员工活动室约 120m²,有台球桌、乒乓球桌、跑步机等活动设施。

总承包项目经理部厨房、餐厅、接待室及部分员工宿舍设置于主楼西南侧附属楼,两层楼房,满足对外接待、职工就餐及住宿需求。

2. 场站建设

根据本项目工程规模和地形特点,全线计划设三个水泥混凝土拌和站、两个梁板预制厂、一个小型构件预制厂、六个钢筋加工厂、两个水稳拌和站、一个沥青拌和站,由各施工分部负责建设和管理。各场站的具体设置如下:

(1)第一分部(K295+761~K305+919)。

第一分部项目驻地选址位于 K296+300 右侧 200m 处,房屋类型为自建形式,采用彩钢房结构,占地面积约 4.5 亩。

第一分部第一混凝土拌和站、钢筋加工厂拟设置在支党河大桥 10 号墩右侧(K296+300

右侧),占地约20.3亩,主要负责支党河大桥钢筋加工及混凝土供应,同时负责甘肃岸引桥箱梁预制混凝土供应。

第二拌和站、钢筋加工厂、箱梁预制厂拟设置在梁渠沟大桥0号台桥头路基右侧(K305+000),占地约25亩。主要负责梁渠沟大桥及K299+448.103范围内一分部分离式立交桥、涵洞、通道、天桥及路基防护排水工程的水泥混凝土供应、箱梁预制(支党河大桥甘肃侧引桥除外)和钢筋加工。

(2)第二分部(K305+919～K320+700)。

第二分部项目部驻地选址在赤道枢纽立交路线左侧500m处的赤道中心小学,共两层44间房,同时还利用教学楼附近空地建设生活、卫生、职工娱乐等相关设施。

在K314+300左侧设置集中混凝土拌和站、预制厂及钢筋加工厂,占地面积约40亩(占用部分服务区),负责本段范围内水泥混凝土供应和钢筋加工。

在赤道互通立交FK0+000东侧约50m田地处设置一处钢筋加工厂,负责赤道互通立交桥钢筋施工。

在S306省道周边距离主线(K317+500)左侧约2.7km处设置沥青及第一水稳拌和站,占地87亩,负责全线沥青面层及部分水稳混合料加工。

在湫坡头立交(K303+100处紧邻高速公路主线)设置第二水稳拌和站,占地约50亩,负责梁渠沟大桥小桩号侧的水稳混合料加工。

临建场站布设见附表5-2。

临建场站布设一览表　　　　　　　　　　　　　　　附表5-2

单位		总包部		中心试验室	
位置		K309+700左侧,太村镇职田水站		K318+150左侧,赤道社区	
职能		总包部项目经理部,负责全线工程施工管理,房间43间		负责全线工程试验检测	
临建	序号	第一分部		第二分部	
		位置	职能	位置	职能
驻地	1	K296+300左侧	项目经理部,负责K295+786～K305+919段路基桥涵工程实施,占地4.5亩	赤道枢纽立交左侧赤道中心小学	项目经理部,负责K305+919～K320+700段路基桥涵工程实施;负责全线路面工程实施;负责全线小型构件预制,房间44间
	2	K304+700	二工区驻地,占地1.9亩		
拌和站	1	K296+300左侧	混凝土第一拌和站,占地24.8亩,设2台HZS90型拌和楼,供应支党河特大桥混凝土	K303+100	第二水稳拌和站,占地50亩,计划安装1台700型拌和楼

续上表

单位		总包部		中心试验室	
拌和站	2	K304+700	混凝土第二拌和站,占地10.5亩,设2台HZS90型拌和楼,供应梁渠沟大桥、梁厂及第一分部施工段落构造物混凝土	K314+300右侧服务区	第三拌和站占地15亩,设两台H90型拌和楼
	3			K317+500左侧2.7km处	沥青及第一水稳拌和站,占地约86亩,计划配置1套4000型沥青拌和楼及1台750型水稳拌和楼
箱梁预制厂	1	甘肃段收费广场路基	设置箱梁预制厂,设22个台座,预制44片40m箱梁	K314+300	设置箱梁预制厂,占地15亩,设12个台座预制80片箱梁
	2	K304+700	箱梁预制厂,占地9亩,设16个台座,预制144片40m箱梁,存梁30片		
钢筋加工厂	1	K296+300左侧	钢筋加工厂,占地7.1亩,供应支党河特大桥钢筋加工	K314+300左侧	设置钢筋加工厂,占地2.3亩,小型构件预制厂,占地5亩
	2	K304+700	钢筋加工厂,占地7.1亩,负责预制梁厂钢筋加工	赤道立交	设置钢筋加工厂,占地4亩,供应赤道立交桥梁施工
	3	K305+600右侧	钢筋加工厂,占地3.2亩,负责梁渠沟大桥上下部钢筋加工		

3. 工地试验室建设

根据本项目工程特点,为加强质量管理,有效利用资源,按照操作便利、工作高效的原则,总承包项目经理部计划设立工地试验室,对本合同段试验工作进行统一协调管理,协助总承包部开展质量管理。工地试验室由总承包部委托陕西兴通监理咨询有限公司试验检测中心组建,与总承包部和第一、二施工分部签订三方试验检测服务合同,总承包部和第一、二施工分部共同对其负责。

(1)工地试验室对总承包部职责:
①负责全线路基、桥涵工程的原材料入围及报批工作;
②负责全线路基、桥涵工程的混凝土、砂浆、净浆、标准击实等标准试验的试验及报批工作;
③负责对工程实体进行抽检,协助总承包部开展质量监督和相关检查工作;

④负责全线外委试验的相关工作,试验费用由相应施工分部承担;
⑤负责对外联系管理处、总监办、中心试验室等上级单位;
⑥按照合同要求配备试验检测设备及试验人员,接受业主和质监站的履约检查;
⑦协助总承包部做好交(竣)工验收相关工作;
⑧完成总承包部交办的其他任务。
(2)工地试验室对施工分部职责。
①负责进场原材料的质量管理工作,负责各自试验相关标志、标牌的制作和管理;
②负责砂石、石灰材料的检测工作;
③负责水泥、钢筋及焊件的取样工作;
④负责路基压实度及其他现场检测工作;
⑤负责混凝土、砂浆配合比的监控,试件的制作、养护及强度检测工作;
⑥负责以上试验相关资料的整理工作及监理签认工作;
⑦做好第三方检测及交(竣)工验收的相关配合工作;
⑧负责相应外委试验的费用结算工作;
⑨完成试验室对总承包部职责范围外的其他试验检测工作;
⑩严格履行监理程序,负责向监理单位报检;
⑪完成施工分部交办的其他工作。

第二节　重点工程实施方案

一、支党河特大桥

1. 施工组织

桩基拟安排两个施工队伍:桥梁一队负责 0~9 号桩基成孔与灌注,桥梁二队负责 10~22 号桩基成孔与灌注;桥梁承台、墩柱、盖梁拟分为三个施工队伍:桥梁三队负责 0~9 号下部结构施工,桥梁四队负责 9~15 号下部及上部连续刚构施工,桥梁五队负责 16~22 号桥梁下部结构施工;箱梁预制及安装由桥梁六队负责完成;桥梁七队负责该桥桥面系施工。40m 以上墩柱施工需设置施工电梯和塔式起重机,确保施工安全。考虑到便于梁板安装,甘肃侧引桥箱梁预制厂拟设置在甘肃段路基上,在进行 8 号墩边跨现浇段前完成箱梁安装。

2. 施工方法

该桥共有桩基础 264 根,根据地质资料计划采取旋挖钻成孔和冲击钻成孔两种工艺进行施工。8 号墩、9 号墩和 10 号变截面薄壁空心墩计划采用爬模法施工,其余空心墩计划采用翻模法施工,圆柱墩计划采用定型钢模分一至两次进行施工(第一次施工至中系梁处,第二次施工至墩顶)。圆柱盖梁采用抱箍法施工,方柱盖梁采用穿钢棒法进行施工。主桥连续刚构采用挂篮悬臂浇筑施工,引桥箱梁采用梁厂集中预制,架桥机进行安装施工。

3. 安全专项方案

(1)针对该桥桩基施工、深基坑施工、高墩施工、悬臂浇筑施工、架桥机箱梁安装作业施工等安全风险点,结合设计图纸、施工方案和现场环境编制安全专项方案,并委托第三方评估单位进行安全风险专项评估,根据专项风险评估确定的风险源等级,提出相应的风险控制措施。

(2)桥梁区滑坡治理应加强技术交底,制定专项施工方案,委托第三方在施工前及施工完成后进行持续变形监测,及时掌握施工过程中及施工完成后边坡的变化特征。

(3)施工便道设置错车道、安全警示标志、限速标志、临边防护和加强养护等措施,确保车辆和行人安全。

(4)邀请桥梁方面的专家根据施工进展定期召开施工安全培训,营造"人人讲安全,人人懂安全,事事为安全,时时想安全,处处要安全"的安全生产氛围。

二、梁渠沟大桥

1. 施工组织

桩基拟安排一个施工队伍:桥梁一队负责0~12号桩基成孔与灌注;桥梁承台、墩柱、盖梁拟分为两个施工队伍:桥梁二队负责0~5号、6~12号(引桥)下部结构施工,桥梁三队负责4~8号(主桥)下部及上部连续刚构施工;箱梁预制及安装由桥梁四队负责完成(含支党河陕西侧引桥箱梁预制);桥梁五队负责该桥桥面系施工。40m以上墩柱施工需设置施工电梯和塔式起重机,确保施工安全。

2. 施工方法

该桥共有桩基础136根,根据地质资料计划采取悬挖钻成孔和冲击钻成孔两种工艺进行施工。薄壁空心墩计划采用翻模法施工,圆柱墩计划采用定型钢模分一至两次进行施工(第一次施工至中系梁处,第二次施工至墩顶)。圆柱盖梁采用抱箍法施工,方柱盖梁采用穿钢棒法进行施工。主桥连续刚构采用挂篮悬臂浇筑施工,引桥箱梁采用梁厂集中预制,架桥机进行安装施工。

钢筋加工厂和预制厂按照"五化"标准进行建设,制梁设备全部采用国内同行业中的先进设备,其中钢筋加工采用数控钢筋弯曲中心、钢筋弯弧线机、数控钢筋弯箍机、数控钢筋切断机。直径超过25mm以上的钢筋连接优先选用套筒机械连接。预应力张拉采用智能张拉设备。孔道压浆采用真空辅助压浆设备,并用饱满度检测仪进行检测。同时,两座桥梁分别建立质量、安全信息监控系统,实行质量、安全信息动态监控。

3. 安全专项方案

(1)针对该桥桩基施工、深基坑施工、高墩施工、悬臂浇筑施工、波形钢腹板吊装施工、架桥机箱梁安装作业施工、安全用电等安全风险点,结合设计图纸、施工方案和现场环境编制安全专项方案,并委托第三方评估单位进行安全风险专项评估,根据专项风险评估确定的风险源等级,提出相应的风险控制措施。

(2)针对施工便道坡陡弯急的特点,通过增设错车道,设置安全警示标志、限速标志、临边防护和加强养护等措施,确保车辆和行人安全。

(3)邀请桥梁方面的专家根据施工进展定期召开施工安全培训,营造"人人讲安全,人人懂安全,事事为安全,时时想安全,处处要安全"的安全生产氛围。

三、湿陷性黄土地基

本项目区域内湿陷性黄土为第四系上更新统马兰黄土、中更新统上部离石黄土。该类黄土具有典型的孔隙架空结构,浸水湿陷性特征较明显,一般具有不同程度的自重湿陷性,局部具有非自重湿陷性,对路基的稳定性影响较大。

对于挖方路段,路床底部以下自重湿陷性消除的路段,基底碾压后仅对路床换填处理,路床上部40cm填筑8%灰土,路床下部80cm填筑5%灰土。路床底部以下自重湿陷未消除的路段,先对路床底部进行重夯后再对路床进行换填处理,路床上部40cm填筑8%灰土,路床下部80cm填筑5%灰土,重夯能量级为600kN·m。

对于填方路段,路堤边坡高度$H \leqslant 8m$的湿陷性黄土地基路段,采用强夯处理。强夯能量级为:路堤边坡高度$H \leqslant 8.0m$的非自重湿陷性黄土地基及$H \leqslant 4.0m$的自重湿陷性黄土地基,能量级为1000kN·m;$4.0m < H \leqslant 8.0m$的自重湿陷性黄土地基,能量级为1200kN·m。强夯夯锤为圆形,直径2.5m,单点夯击能采用1000(1200)kN·m,满夯时采用800(1000)kN·m,满夯时夯点彼此搭接1/4。夯点的夯击次数根据试验段现场试夯确定,要求最后两击的平均夯沉量不大于5cm,夯坑周围地面不发生过大的隆起,不因夯坑过深而发生提锤困难。

当路基距离构造物(房屋、管道等)小于150m时,地基不宜采用强夯处理。不宜采用强夯处理的路段,采用灰土垫层处理,地基清表后设置8%灰土垫层。厚度分别为:路堤高度$H \leqslant 4.0m$的Ⅱ级自重湿陷性黄土地基,垫层厚度为40cm;路堤高度$4.0m < H \leqslant 8.0m$的Ⅱ级自重湿陷性黄土地基、Ⅲ级自重湿陷性黄土地基、Ⅳ级自重湿陷性黄土地基,垫层厚度均为60cm。

路堤边坡高度$H > 8.0m$的湿陷性黄土路段,地基采用灰土挤密桩和灰土垫层处理,路肩范围内桩长5m,路肩范围外桩长4m,灰土挤密桩桩径为0.4m,非自重湿陷性黄土地基桩心距$D = 1.2m$,自重湿陷性黄土地基桩心距$D = 1.1m$,采用灰土挤密桩处理的湿陷性黄土路段采用10%灰土分层回填、夯实,保证桩体内平均压实系数不小于97%,桩间土挤密系数不小于0.90。

第三节　项目管理措施

树立"用制度管人、用制度管事"的管理理念,建立行政管理制度、项目管理制度等管理办法,形成指导项目全过程、管理全周期的一系列管理制度,通过完善的制度管理体系来规范项目建设日常管理。

一、工程进度管理

按照 2020 年 9 月底前主体工程全部完成的进度控制目标,把阶段目标细化为年度目标和季度任务,超前谋划、精心组织,重点做好工序衔接和工序管理,适时开展阶段性大干活动、劳动竞赛、按月考核,均衡推进各项工程建设。

1. 做好施工各项准备工作

(1)根据工程特点和各分部施工力量,科学合理划分施工段落,以进度快慢控制施工规模。

(2)做好场站布置、施工力量投入策划,计划各分部在进场之后分阶段将各自段落内先期开工点提交总承包部,以便提前联系设计、征地拆迁等事项,确定拌和站和预制厂的设置方案(位置、占地面积,拌和楼的配置型号及数量,预制厂的占地面积、台座的数量),做好临建工作,确保中标后迅速进行施工。

(3)做好技术准备,施工图设计阶段提前介入,安排技术人员熟悉、复核图纸,对于关键工程,陕西省交通建设集团牵头成立攻关小组,制定合理工艺措施和方案,针对支党河特大桥及梁渠沟大桥的高墩爬模、翻模施工编制作业指导书,提前对施工人员进行培训交底。

(4)环境协调人员提前进入工地,做好挖方弃土场选址和前期谈判,做好施工用电、用水等各项联络、申报手续准备工作,确保进场后能迅速投入生产。

(5)做好工地试验室选址和筹建准备工作,做好总承包项目经理部驻地及工地试验室建设,及时进行标准试验、主要原材料报批工作,确保试验工作不影响分项工程开工时间。

2. 加强计划管理

(1)严格按照合同工期和建设业主要求,以关键工程为控制节点,详细分解施工计划,将月计划任务分解至每一天,实行进度每日报制度,每 10 天召开生产调度会,分析存在的问题并制定改进措施,实现旬保月、月保年、年保总体的进度目标。

(2)加强计划考核,本项目计划设立考评基金,施工中将采用重要工程节点专项考核、月综合考评、大干活动考核相结合的方式,推进生产进度,对每月考评结果进行排名。

(3)抓好"工、料、机、法、环"的管理,下达生产任务时,对生产要素(人员、设备、材料)投入提出明确要求,并列入考核范围,对生产要素投入情况进行重奖重罚,以投入保进度,确保计划任务圆满完成。

(4)及时调整计划,当总工期目标发生变化或前期工程严重影响下阶段工程施工时,及时调整施工计划和施工工序,优化工艺,增加施工人员、机械设备,以保证达到总体工期要求的目标。

(5)抓好支党河特大桥、梁渠沟大桥、赤道立交等控制性工程的计划管理,严格按照进度计划对工程进行控制管理。

3. 加强环境保护和设计服务保障

(1)总承包部成立环境保障部,并安排一名主管征地拆迁、环境协调的副经理,负责将本合同段环境保护工作进行统一协调和管理,与施工分部做好职责划分,加强与建设业主、地方政府和群众的沟通协调,创造良好的施工环境,保障工程建设顺利进行。

(2)加强施工技术人员与设计后续服务的沟通协调,及时确定设计变更方案,保障施工生产不间断,工序衔接不受影响。

4. 做好施工进度均衡和纠偏管理

(1)支党河特大桥和梁渠沟大桥为本项目的控制性工程,直接制约并影响总体目标顺利实现。为确保其顺利实施,我们必须对支党河特大桥及梁渠沟大桥施工建立"全面管理、过程控制"的思路,将进度、质量、安全、合同、成本、文明施工等要素综合起来统一管理,进行全过程控制。

(2)对处于水坝内的桥梁下部结构工程,必须在枯水季节施工完毕,防止洪水暴发造成不必要的财产损失和进度延误。

(3)绿化工程紧随路基作业施工。对于成型的边坡及平台、弃土场,成型一块绿化一块。

(4)正确处理好土方工程与结构物工程、主体工程与附属工程的关系,齐抓共管,均衡推进。

(5)路面工程提前备料,上面层石料和机制砂安排专业化生产、集中供料。

(6)房建工程的所有设施和路基土建工程同步开工建设。

(7)对于连续两月进度不满足计划要求的现象,需增加人员和设备投入,并根据情况调整施工队伍。对于月综合考评连续三次排名末尾的施工分部或控制性工程进度连续三个月不能达到计划要求的,要求分公司领导蹲守工地,解决存在的问题,一个月内无明显改观的,更换项目经理,分公司法人驻守工地,若仍无改观,收回全部或部分工程,另外安排施工力量。

二、工程质量管理

建立健全工程质量保证体系,重点做好施工工艺控制,全面开展施工标准化活动。

1. 组织措施

(1)总承包部成立由施工项目经理任组长的工程质量管理领导小组,成员由项目领导和有关部门负责人组成,成立由总承包部、工地试验室和各施工分部相关人员组成的工程质量联合巡查组,按巡查情况和旬、月考核结果,分析质量形势、查找原因,提出合理的处理和改进措施。按照工程特点将全线工程划分为若干工区,按巡查情况和旬、月考核结果按工区汇总考核并建立奖罚措施。

(2)本项目将对施工分部项目经理、总工程师、质检部长、工程部长以及试验室主任等"五大员"的资历作出明确要求,要求其必须具有至少一个高速公路类似项目同岗位经验,同时对"五大员"的出勤率和更换条件提出更高、更严格的要求。

(3)从总承包部到施工分部,建立严格的质量管理制度和自检体系,实行质量一票否决权,坚决杜绝违章、违规、蛮干现象发生,并在施工中加强检查落实。

(4)总承包部成立工地试验总室,对各施工分部的试验分室进行统一协调、指导和管理,对标准试验、原材料试验、钢筋焊接试验等进行统一检测,协助总承包部质量部门进行质量抽检。

2. 技术措施

(1)严格图纸会审。设计文件图纸(包括设计变更图纸)下发前由总承包部和施工分部安排分级会审,图纸必须经过两名以上技术干部审核并填写审核意见,最后由总工程师审核后交由总承包部设计经理,根据意见修改完善或答复。

(2)加强技术交底。单位工程开工前,由工程部和设计合同部联合对总承包部和施工分部技术和管理人员进行设计交底,使所有人员理解设计意图,同时要求各分项工程开工前,各施工分部要召开由技术人员、现场施工人员以及总承包部质量部门参加的施工技术交底会议,明确工艺要求和顺序,确保按图施工。

(3)严格落实"首件工程认可制",以施工分部为单元,每个单元内首件工程必须经总承包部、监理、建设业主验收合格后,才能进行大面积施工。尤其是墩柱、盖梁、预制箱梁、桥梁护栏等重点部位和外露部位,首件工程未达到预期要求的,必须返工,彻底重做,树立好样板,为后续工程管理奠定基础。

(4)实行模板准入制。为确保混凝土工程外观质量,提升建设品质,本项目墩柱、盖梁、预制梁板、桥梁护栏、连续刚构使用的模板实行进场准入制度,模板试拼装必须在厂家进行,由施工分部报请总承包部、监理和建设业主至厂家验收通过后,方可进入工地现场,否则,对于未按程序考察通过的进场模板,须24h内清理出厂并重罚。

(5)加强原材料管理。本项目永久工程使用的钢筋、钢绞线、型钢、水泥、锚具、橡胶支座、外加剂等由总承包部委托物资公司统一采购供应,并严格实行准入审批制,所有重要原材料厂家必须经总承包部、监理、建设业主派人到厂家实地考察通过后才能选用,施工中加强原材料进场检验和管理,按规定频率做好试验检测。不合格原材料坚决不予使用并在24h内清理出场。

(6)建立工程质量责任卡制度,保证质量责任可追溯至具体责任人。落实工程建设各岗位、各环节质量责任,明确质量领导责任人和直接负责人。

(7)建立工程质量责任追究制度,严格落实工程质量终身负责制,建立质量追究责任制,并根据业主和上级质量监督部门的每次检查结果情况,制定对分部经理、总工程师和质检人员的相应奖罚措施。

3. 过程控制

(1)加强培训和交流。专业技术工种必须持证上岗,对桥梁振捣工、模板工、电焊工、机架人员等在施工过程中加强岗位培训,提高实际操作水平,每月召开不少于两次现场观摩会,开展示范工程观摩学习活动和缺陷工程反面剖析会,总结经验,改进工艺。

(2)坚持严格的工程中间验收检测制度。在重点工程重要工序施工前,由总承包部组织监理、建设业主等单位对上一道工序组织全方位的检查验收,验收合格后方可进入下一道工序。

(3)加强钢材、水泥等重要原材料的盘点,对重要原材料从领用、进出场、库存等过程加强监管,采用信息化手段加强过程控制,防止偷工减料。

(4)每月组织试验室对工程实体进行抽检,将质量与进度、安全共同纳入每月综合考评,奖优罚劣。

4. 重点工程保证措施

(1)分项工程开工前编制专项施工方案,邀请顾问专家进行评审,以确保方案的科学性、合理性、安全性和经济性,并全过程进行指导。

(2)总承包部牵头制定作业指导书,用以指导和规范现场施工。提前对施工中经常出现的一些问题进行研判,预防可能发生的质量通病,针对这些问题产生的原因进行分析,提出具体的预防措施。

(3)加强现场管理人员的业务培训和一线施工人员的技能培训,采取内部培训和邀请专家培训相结合的方式,制订学习计划和培训方案,提高现场标准化管理水平。建立促进施工班组技能培训制度,提高班组员工技能水平,增强其学习力、实践力,从而提升项目建设水平和施工质量。

三、安全管理

安全管理,重在预防。在项目实施过程中认真贯彻"安全第一、预防为主、综合治理"的安全管理工作指导方针和"谁主管,谁负责;谁检查,谁监督;谁在岗,谁落实"的原则。

(1)建立健全安全生产管理组织机构。总承包部、施工分部必须成立专门的安全管理机构,设立专职安全管理人员,各施工工区、施工队必须有专职安全管理人员,专职安全管理人员不能兼职。

(2)树立安全生产零死亡目标,建立健全安全生产责任制度,逐级签订安全生产责任书,明确各级安全生产责任。杜绝重特大生产安全责任事故发生,减少一般性事故发生。

(3)严格执行安全风险评估制度,按照《关于开展公路桥梁和隧道工程施工安全风险评估试行工作的通知》(交质监发[2011]217号)的要求,扎实详细地做好本项目安全风险评估,并根据危险源制定相应的应对措施,结合工程实际,编制切实可行的高墩施工、临时用电、路基高边坡挖方施工等安全生产应急预案。

(4)加强安全交底。在每次施工技术交底时应同时进行单独的书面安全交底,交底要做到管理人员、技术人员、施工操作人员、机械人员全覆盖。

(5)确保安全生产投入。加强安全生产经费的管理,安全生产经费按实际发生单独结算,并必须经安全管理人员和部门签字认可,否则不予结算或延迟结算。

(6)加强过程检查,实行整改销号制度。严格按"平安工地"的要求落实各项措施,加强过程检查,对每次安全检查中发现的问题编号记录在案,实行安全问题限时销号制度,日常检查与综合检查相结合,并与安全经费计量结算挂钩。

(7)强力推行班前安全教育制度。每天早班作业前,由班组长对施工人员进行安全教育,总承包部对此项工作通过检查记录和暗访的形式检查落实情况,并纳入安全考核范围。

(8)制定防汛抢险应急管理办法,各参建单位与气象、防汛办等相关部门建立汛情、雨情、大风通报协议,排查隐患、准备应急物资,做好防汛抢险工作。

四、成本控制管理

在项目实施过程中,把握细节管理,科学、合理地使用项目建设资金,降低工程造价,提高投资效益。

(1)加强地质勘探工作,避免由于地质勘探深度不够产生大量的变更费用而造成费用超概算。

(2)在确保工程设计质量的前提下,优先采用新工艺、新材料,同时对方案的经济性进行比较,降低工程造价。

(3)树立节约意识,把有限的资金用在工程建设上,加强管理费的支出控制和监督,坚决制止一切不合理支出。

(4)制定《设计变更实施细则》和《工程计量支付管理办法》,加强过程控制,严格按程序报批变更,防止计量过程中的提前计量和多计。

五、标准化建设管理

(1)认真学习《陕西省公路建设工程质量工作要点》、陕西省交通建设集团公司主编的高速公路标准化施工技术指南等有关资料,抓好标准化建设的落实工作。

(2)加强工地标准化建设。严格按照"三集中、四统一"的要求,做好驻地建设、施工便道、梁厂、钢筋加工厂、拌和站等标准化建设。本项目所有的驻地、场站建设必须有规划图纸,并经过总承包部、监理和建设业主联合评审通过后方可建设,所有的标识、标牌、安全帽、彩旗、工服等由总承包部统一设计、统一加工。

(3)为提升建设品质和企业形象,本项目计划在推行标准化建设、精细化管理的同时,在每个施工分部打造至少一个标准化典范工程观摩点,预制厂采用机器人养护,高墩施工采用液压爬模施工工艺等。

(4)项目拟建信息化管理系统,主要包括项目管理辅助系统(计量支付、合同管理、形象进度、电子沙盘等)和工程质量及安全远程监控系统。实现桥梁、梁厂等工程现场施工质量情况的有效控制及试验数据、高边坡安全监测数据的同步传输,完成对工程质量、安全、进度、费用等各方面的有效管控。

(5)加强质量通病的治理。对于本项目来说,路基"三背"(涵洞涵背、桥台台背、挡土墙墙背)回填和路基基底处理、桥梁高墩施工、连续刚构施工、上部现浇和整体化等方面是工程质量管理的薄弱环节,也容易出现质量问题。总承包部将针对以上质量薄弱环节,以标准化工艺为切入点,制定标准化质量控制要点和施工手册,通过开展多项、专项治理活动集中力量消除这些质量通病。

(6)开展创亮点、搞示范工程观摩活动,计划多次组织召开分项工程现场观摩会,树立典型示范工程,总结推广先进施工工艺及施工经验,以点带面,提升实体工程内在和外在质量。同时,将适时组织质量管理水平差和外观质量差的反面典型现场整改分析会,查原因、找差距,改进施工工艺,让所有管理人员和现场操作人员树立"粗活做细、细活做精、精益求精"的理念,努力提升施工标准化管理水平。

(7)加强施工标准化技术培训。建立职工培训夜校,对全线参建的主要技术和管理人员,包括专业劳务分包队的技术负责人、技术工人进行业务技术培训,提高工序操作水平。

六、环境资源保护

1. 水土保持及生态环境保护的措施

(1)对施工界限内、外的植物、树木等尽力维持原样。砍除树木和其他经济植物时,应事先征得所有者和业主的批示同意,严禁超范围砍伐。

(2)清表土作为公路沿线具有植物生长所需营养元素的表层腐殖土,本项目考虑施工时集中收集表土资源,最大限度地减少清表对植被和表土资源的破坏。清表土作为临时占地复耕用土和路基边坡绿化用土,总承包部在合同内应明确要求施工分部将合同段范围内路基清表土、临时占地清表土及路基挖方弃土集中堆放,若发生将表土丢弃或乱堆乱放的现象,按照5~10万元/次的标准进行处罚。

(3)营造良好环境。在施工现场和生活区设置足够的卫生设施,经常进行卫生清理,同时在生活区周围种植花草、树木,美化生活环境。

(4)及早施工防护工程、排水工程和裸露地表的植被覆盖,防止水土流失。

(5)工程完工后,及时进行现场清理,并按设计要求采用植被覆盖措施。

(6)对有害物质(如燃料、废料、垃圾等)要通过正确的环境保护处理手段就地进行处理掩埋或运到指定地点进行掩埋,防止对动植物造成损害。

(7)深挖路基边坡开挖,应自上而下,逐级开挖,并按照开挖一级防护一级的原则进行施工,防护排水完成后及时进行绿化施工,以减少雨水冲刷对边坡稳定性的影响,增强交工时的绿化效果。

(8)弃土场选择当地坡度较缓的荒沟侧坡,坡面进行植草防护,坡顶设置排水沟防止水土流失、生态破坏。弃土完成后,及时对顶面进行整平和复耕。施工便道安排洒水车经常进行洒水养护,尽可能防止灰尘对生产人员和其他人员造成危害及对农作物造成污染。对于弃方量超过 50 万 m^3,弃土高度超过 20m 的弃土场,各分部应与总承包部一起配合环境保护、水土保持等部门做好后期弃土场稳定性评估分析等工作。

2. 水环境保护措施

(1)生活污水采用化粪池处理。

(2)施工机械的废油废水,采取集中收集,集中排放至指定地点等有效措施加以处理,不得随意排放,造成河流和水源污染。

(3)本项目所有驻地、场站的施工废水必须经过沉淀或净化处理后方可向外排放,且应集中排放至指定处所。

(4)对于钻孔灌注桩钻孔施工中排放的泥浆、清洗拌和设备及工具的水泥浆、油污等在排放前,采取过滤、沉淀妥善处理,不得污染河道。

(5)冲洗集料的水或施工废水,经过过滤、沉淀后才允许排入河道。

3. 大气环境及粉尘的防治措施

(1)施工场地和运输道路应经常洒水养护,尽可能防止灰尘对生产人员和其他人员造成危害及对农作物的污染。

(2)车辆运料过程中,对易飞扬的物料用篷布覆盖严密,且装料适中,不得超限。车辆轮胎及车外表用水冲洗干净,不得污染道路。

(3)对于易松散和易飞扬的储备材料用彩条布覆盖严密。

4. 土地资源的保护

(1)取土场在取土结束后,采用整治或者覆土措施,加以改造利用,并根据整治后土地的位置、坡度、质量条件等因素确定其用途。

(2)取土场开挖形成的开挖边坡,根据取土场的位置、坡高、土地质量和取土场整治后的土地利用方向,结合土体开挖进行削坡。

(3)取土场开挖时边坡坡高小于或等于 3m 时,边坡坡度控制在 1:1.5 以下,土地质量好的,改造作为农业用地;土地质量差的,改造作为林业用地,造林种草,重建植被。

(4)为保护生态环境节约资源,减少占地,弃土场尽量选在荒沟内,弃土后应及时进行绿化复耕,有效增加耕地或林地,节约资源。

七、征地拆迁和环境保护

征地拆迁工作应在管理处的统一领导下,充分依靠沿线地方政府,做好深入细致的宣传教育工作,实事求是,妥善处理好各类征地拆迁及建设环境保护问题,减少路地矛盾的发生。

(1)征地拆迁协调人员需熟悉有关公路建设征地拆迁的法律法规、政策规定,配合沿线地方政府进行细致、耐心的宣传动员工作,减少征地拆迁阻力,加强沟通与联系,积极争取沿线广大群众的理解和支持。

(2)各施工分部与总承包部、管理处应做到"一个窗口对外",即征地拆迁协调机构向群众统一宣传相关法规、政策,做到群众信任征地拆迁协调机构,不轻信其他任何单位或个人不切合实际的宣传。

(3)在施工过程中若出现群众阻挡,征地拆迁协调人员应做到"先制止,后处理;先施工,后解决",并且随叫随到,确保施工的正常进行。

(4)"油气管线、三线杆"的拆迁应及时与产权单位沟通协调,进行现场确认,并督促有关单位尽快进行拆迁补偿协商工作,尽快实施迁移改造,确保工程的顺利进展。

(5)各施工分部临时用地的占用必须经自然资源部门统一征占,并将签订的临时用地协议和缴纳的土地复耕押金等费用的有效复印件上报总承包部备存,严禁未经自然资源部门核准私自随意占用耕地。

(6)对于因设计变更而增加的建设用地,及时报自然资源部门审核并督促相关手续办理,确保工程的顺利进展。

八、农民工工资保障

为了进一步规范本项目各施工分部农民工工资发放,预防和解决拖欠农民工工资问题,维护农民工的合法权益,确保陕甘界至旬邑高速公路项目和谐、顺利进行建设,根据有关规定,项目管理中将采取以下办法保障农民工工资支付问题。

(1)总承包部成立由财务资金部和综合办公室等有关人员组成的农民工工资保障领导小组,监督施工分部对劳务队伍逐一进行审查和登记,对分包负责人、主管技术人员、农民工的姓名、籍贯和身份证号逐一进行登记(要求各专业劳务分包队的农民工推选一名农民工为他们的代表人,对每月农民工工资发放时进行内部监督)。

(2)各施工分部项目经理为农民工工资发放的直接责任人,同时要安排专人负责落实农民工工资的发放工作。

(3)要求各施工分部与劳务分包负责人共同对每一位农民工的工资予以确定,并建立银行账号,与银行签订资金监管协议,建立由劳务队负责人造表、施工分部审核、银行直接发放、总承包部定期核查的发放监管体系。

(4)各施工分部必须在施工工地醒目位置设立公示牌,向农民工公示《农民工工资支付管理办法》主要内容,并公布管理处、总承包部的监督电话。

(5)建立工资保障金制度,并按照合同在每期计量支付报表中扣除金额的2%,作为施工分部支付农民工工资的保证金,专项用于该工程拖欠工资的垫付。

九、廉政建设

认真贯彻中央和地方有关反腐倡廉的会议和文件精神,加强队伍思想政治建设,建立教育、制度、监督并重的预防和惩治腐败体系。在工程建设管理中扎实有效地开展党风廉政建设和反腐倡廉工作,保证项目健康有序发展。

(1)认真贯彻落实中央、地方和企业各级党委关于党风廉政建设的工作部署和要求,严格遵守各项廉政规定,确保无重大违纪违法案件发生。

(2)认真履行"一岗双责"工作职责,严格落实《建设单位廉洁从业风险防控手册》,严格遵守党纪国法,积极组织各种形式党风廉政建设理论和法规制度学习,重点加强对关键岗位人员的廉政教育,把员工廉洁从业教育贯穿于日常业务工作之中,在安排工作任务时对廉洁从业提出要求,做到反腐倡廉必须常抓不懈,拒腐防变必须警钟长鸣,使廉洁从业与建设项目管理工作同部署、同落实、同检查、同考核。

(3)严明党的政治纪律。在思想上、政治上、行动上同党中央保持一致,坚决维护党的集中统一,坚决贯彻上级党组织的各项决策和决定,决不允许上有政策、下有对策,决不允许有令不行、有禁不止,决不允许在贯彻执行党组织部署上打折扣、做选择、搞变通。

(4)认真贯彻落实党风廉政各项法规制度,严格遵守国有企业领导人员廉洁从业和党员领导干部廉洁自律的各项规定,做到制度面前没有特权,制度约束没有例外,确保各项制度不折不扣落到实处,严于律己,以身作则,做好表率。

(5)加强作风建设。要认真贯彻落实上级单位关于"八项规定"的各项要求,认真执行党中央"厉行勤俭节约、反对铺张浪费"的有关要求,工作人员下工地检查工作,要轻车简从,不得接受施工分部、施工队超标准接待,不得收受施工分部、施工队的礼金、礼品和有价证券等,不得参与任何不正当娱乐活动。

(6)遵守"三重一大"集体决策制度,严格执行有关工程建设招投标、设计变更、计量支付、工程分包、监理管理及人、财、物管理等方面法律、法规和规章制度,注重源头治理,堵住管理漏洞,预防违纪违法案件的发生。

(7)深化工程建设领域突出问题和"小金库"专项治理工作,巩固治理成果,建立长效机制,推进"阳光工程"建设,着力打造优质工程、廉洁工程。